NEUROMODULAÇÃO
NÃO INVASIVA

VOL. 2

Potencializando a aprendizagem

PRESIDENTE DO CONSELHO
Maurício Sita

PRESIDENTE
Alessandra Ksenhuck

VICE-PRESIDENTES
Cláudia Pires e Julyana Rosa

DIRETORA DE PROJETOS
Gleide Santos

EDITOR
Anselmo Vasconcelos

EDITORIA JÚNIOR
Júlia Almeida

ASSISTENTE EDITORIAL
Emerson Xavier

REVISORES
Karine Roncete, Luísa Bérgami, Paulo Mello e Vinícius Mendes

CAPA, DESIGN EDITORIAL E DIAGRAMAÇÃO
Ana Paula Nunes Medeiros

IMPRESSÃO
Printi

Dados Internacionais de Catalogação na Publicação (CIP)
(Câmara Brasileira do Livro, SP, Brasil)

Neuromodulação não invasiva : vol. 2 : potencializando a aprendizagem / coordenação editorial Márcia Lyra, Viviane Wisnievski. -- São Paulo : Literare Books International, 2025.

Bibliografia.
ISBN 978-85-9455-399-7

1. Aprendizagem 2. Estimulação cerebral - Uso terapêutico 3. Estimulação elétrica 4. Estimulação magnética cerebral I. Lyra, Márcia. II. Wisnievski, Viviane.

25-266138 CDD-616.891

Índices para catálogo sistemático:

1. Neuromodulação : Técnicas terapêuticas 616.891

Eliete Marques da Silva - Bibliotecária - CRB-8/9380

LITERARE BOOKS INTERNATIONAL LTDA.
Alameda dos Guatás, 102
Vila da Saúde – São Paulo, SP. CEP 04053-040
+55 11 2659-0968 | www.literarebooks.com.br
contato@literarebooks.com.br

MISTO
Papel | Apoiando o manejo florestal responsável
FSC® C196274

Coordenação editorial
Márcia Lyra
Viviane Wisnievski

NEUROMODULAÇÃO NÃO INVASIVA

VOL. 2

Potencializando a aprendizagem

Literare Books
INTERNATIONAL
BRASIL · EUROPA · USA · JAPÃO

SUMÁRIO

PREFÁCIO

PROF. DR. LUIZ ANTONIO CORRÊA

Doutor em Psicologia pela USAL (Universidad del Salvador) – Buenos Aires, Argentina. Com pesquisa em neuropsicofarmacologia, é pedagogo, psicólogo, psicanalista, neuropsicopedagogo e neurocientista. Já atuou nas áreas de psicologia clínica, como psicanalista; psicologia hospitalar, como psicólogo hospitalar; psicologia organizacional, como gestor de recursos humanos e psicologia educacional, como psicólogo escolar. É presidente da Sociedade Brasileira de Neuropsicopedagogia (SBNPp). Palestrante e professor universitário, ministra, atualmente, palestras em congressos, seminários e simpósios, bem como aulas em cursos de pós-graduação em vários estados brasileiros, e também no exterior, em disciplinas referentes à educação; psicanálise; neurociência; neuropsicologia; neuropsicopedagogia e neuropsicofarmacologia, esta com direitos autorais.

Contatos: luizantonio.correa@outlook.com.br
Facebook: Luiz Antonio Correa
YouTube: Luiz Antonio Correa
Instagram: @luizantonio.correa

É com imenso prazer e satisfação que aceitei escrever o prefácio deste maravilhoso compêndio: *Neuromodulação não invasiva: potencializando a aprendizagem – volume 2*.

A ciência está constantemente buscando novas técnicas para tratar e acompanhar os processos de aprendizagem e seus desafios. Além dos procedimentos clássicos, como medicamentos e psicoterapia, a neuromodulação surge como uma possibilidade promissora. Essa técnica envolve a modulação dos padrões de atividade cerebral por meio de estímulos, sendo utilizada para restaurar funções, reduzir sintomas de base neurológica e aprimorar as funções cognitivas – fundamentais para o sucesso acadêmico. É uma opção valiosa para pacientes que não podem ser tratados com medicamentos.

Atuando no sistema nervoso, a neuromodulação auxilia no tratamento de diversas condições neurológicas e psiquiátricas. Seu sucesso depende da escolha do método apropriado conforme a necessidade específica do paciente. Em resumo, a neuromodulação engloba um conjunto de técnicas que alteram o funcionamento cerebral, promovendo, assim, a qualidade de vida.

Os capítulos deste livro evidenciam a importância e a eficácia da neuromodulação no tratamento de transtornos do neurodesenvolvimento, na melhoria da aprendizagem e no desenvolvimento cognitivo.

No Capítulo 1, "Sinapses em transformação: o papel da neuromodulação na aprendizagem", Viviane Wisnievski aborda o campo da neuromodulação não invasiva, destacando sua influência na aprendizagem e no desenvolvimento cerebral. A autora do artigo também discute a neuroplasticidade, essencial para compreender como as intervenções neuromodulatórias funcionam, especialmente em cérebros em desenvolvimento. Outro tema abordado são as bases neurofisiológicas dessas técnicas e suas aplicações em transtornos como TDAH e TEA, além de ressalvar questões éticas e de segurança no uso em crianças e adolescentes. Na segunda parte, a autora explora biofeedback e neurofeedback, com foco na HEG (hemoencefalografia) e na estimulação do nervo vago, oferecendo métodos para treinar o cérebro a regular sua atividade. O capítulo destaca a relação entre neuroplasticidade, aprendizagem e neuromodulação, sugerindo que essas técnicas podem otimizar intervenções terapêuticas, personalizando abordagens para necessidades específicas e viabilizando um futuro mais seguro e eficaz na otimização da aprendizagem e da plasticidade cerebral.

No Capítulo 2, "Neuromodulação: uma abordagem inovadora para o tratamento do TDAH – estudo de caso", Márcia Lyra apresenta um estudo de caso de uma paciente de dez anos com transtorno do déficit de atenção com hiperatividade (TDAH), no qual a aplicação de neuromodulação, combinada com ferramentas neuropsicopedagógicas, resultou em melhorias escolares significativas, oferecendo uma perspectiva promissora para profissionais e familiares. O capítulo detalha os métodos e resultados utilizados, demonstrando o potencial da neuromodulação como uma abordagem eficaz para o tratamento não medicamentoso do TDAH.

No Capítulo 3, "Aprimorando o cérebro: neurofeedback para potencializar a aprendizagem no TDAH em adolescentes", Cíntia Mota e Sônia Alencar destacam que o neurofeedback é uma ferramenta promissora na neurociência para melhorar a aprendizagem de adolescentes com TDAH. Esse transtorno é caracterizado por falta de atenção, hiperatividade e impulsividade, com disfunções relacionadas a atenção, regulação emocional e coordenação motora, observadas em áreas cerebrais como o córtex pré-frontal, os gânglios da base e o cerebelo.

No Capítulo 4, "Introdução à neuromodulação não invasiva e aprendizagem: perspectivas multidisciplinares", Edjane Nascimento da Silva e Leticia Ribeiro abordam o impacto da neuromodulação não invasiva nos processos de aprendizagem e desenvolvimento cognitivo. Elas analisam as fases do desenvolvimento cognitivo e a aprendizagem em diferentes etapas, além de apresentarem um caso clínico de sucesso com uso de neurofeedback em um paciente com TDAH e dislexia. É uma leitura acessível e fundamental para profissionais e pais interessados em utilizar a neuromodulação como ferramenta de apoio terapêutico.

No Capítulo 5, "Fundamentos neurofisiológicos e mecanismos de ação da neuromodulação para os processos de aprendizagem", Bruna Aparecida do Nascimento Bacico discorre sobre o fato de que, nas diferentes fases do desenvolvimento humano, é crucial proporcionar oportunidades para que o cérebro atinja seu máximo desempenho. Tanto as habilidades de aprendizagem quanto as socioemocionais requerem a orientação do neuropsicopedagogo para auxiliar crianças, adultos e idosos a alcançarem seu potencial máximo. O cérebro é nossa ferramenta mais poderosa e é essencial saber como utilizá-lo adequadamente, com estímulos cognitivos apropriados. Quando surgem dificuldades na aquisição de habilidades acadêmicas ou em casos de transtornos neurológicos, as intervenções neuropsicopedagógicas com neuromodulação podem ser realizadas para promover a aprendizagem e melhorar a qualidade de vida. Essa abordagem preventiva, baseada na neurociência e na tecnologia, é fundamental para o desenvolvimento de crianças e adultos confiantes em seu potencial.

No Capítulo 6, "cardioEmotion@ e biofeedback: a tecnologia como suporte para a aprendizagem", Hélen de Cássia Sousa Sanz destaca a complexa relação entre saúde equilibrada, aprendizagem e intervenções psicopedagógicas, ressaltando a importância de uma abordagem holística que considere aspectos físicos, mentais, emocionais e sociais. Fatores como família, escola e profissionais de saúde são essenciais para o desenvolvimento saudável desde o nascimento. No artigo, são discutidos os desafios enfrentados por indivíduos em situações de estresse, como provas escolares, e a influência negativa disso no desempenho acadêmico e no bem-estar emocional. São apresentadas estratégias psicopedagógicas para lidar com a ansiedade e o estresse, incluindo tecnologias emergentes, como a neuromodulação e fotobiomodulação. A neurociência também é abordada para compreender a resposta do corpo ao estresse e a importância de práticas psicopedagógicas baseadas em evidências científicas. O capítulo finaliza incentivando os leitores a refletirem sobre a colaboração em rede, com valorização das diferenças e busca constante por novos conhecimentos e práticas para inovação e crescimento pessoal.

No Capítulo 7, "Impulsionando o desempenho escolar: neuromodulação como catalisadora das funções executivas", Ana Carolina Palermo e Cyntia Minardi apresentam a neuromodulação como uma técnica promissora para melhorar as funções executivas e o desempenho escolar. Estudos mostram que déficits nessas funções estão ligados a problemas de aprendizagem e baixo rendimento escolar. A pesquisa e o desenvolvimento tecnológico prometem expandir o uso da neuromodulação e melhorar significativamente o sucesso acadêmico.

No Capítulo 8, "Neuromodulação e funcionamento executivo", Ana Paula Amaro, Maria Leticia Vieira e Thiago M. Marcos abordam a relação entre as coerências cerebrais e as funções executivas, destacando a importância dessas funções no funcionamento do cérebro. O artigo aborda um estudo de caso de uma criança com TEA e TDAH que mostra como a baixa conectividade pode afetar a alfabetização e o comportamento. A neuromodulação é apresentada como uma técnica que pode melhorar as funções executivas e o desempenho escolar, sendo essencial para a aprendizagem acadêmica. A pesquisa e o desenvolvimento tecnológico prometem expandir o uso da neuromodulação, oferecendo novas oportunidades para melhorar a aprendizagem e o sucesso escolar.

No Capítulo 9, "tVNS e aprendizagem: otimização cognitiva para aprimoramento da aprendizagem", Tales de Souza Roberto Sales explora o papel revolucionário do tVNS (estimulação transcutânea do nervo vago), destacando não apenas essa inovação, mas também a promessa de intervenções personalizadas que ampliem o potencial cognitivo de estudantes em diversas fases do desenvolvimento. Esse capítulo lança luz sobre a confluência entre as neurociências e a pedagogia, apontando caminhos inovadores para práticas educacionais que valorizam as singularidades neurocognitivas de cada aluno e promovem ambientes de aprendizado que priorizam o bem-estar e a realização plena de seu potencial.

No Capítulo 10, "Transtorno do espectro autista (TEA): abordagens terapêuticas e neuromodulação não invasiva", Philip Sanches discute a importância de explorar o potencial e superar limitações, especialmente no contexto do transtorno do espectro autista (TEA). O autor destaca a possibilidade de desenvolvimento e melhora das habilidades das pessoas com TEA por meio de técnicas adequadas e intervenções corretas. São abordadas psicoterapias integrativas complementares – como a neuromodulação – baseadas em experiências pessoais e em artigos científicos. A ciência oferece possibilidades de mudança no cérebro por meio de estímulos não invasivos, permitindo que pessoas autistas melhorem, recuperem atrasos e aprendam novas habilidades, potencializando o funcionamento cerebral e as conexões neurais.

No Capítulo 11, "Aprimoramento das habilidades comunicativas sociais na dupla excepcionalidade", Aline Aparecida dos Santos e Camila Bertaglia tratam da importância do aprimoramento das habilidades sociais na adolescência, período de transição crucial marcado por transformações cognitivas, físicas e emocionais. Tanto indivíduos típicos quanto aqueles com dupla excepcionalidade, como TEA nível 1 de suporte e altas habilidades, passam por processos de desenvolvimento, sendo essenciais a autonomia, a independência e as habilidades sociais desde a infância. Adultos como pais, terapeutas e professores desempenham papéis fundamentais nesse processo, ensinando a arte de voar rumo aos sonhos e desejos. O neurofeedback, por meio do EEG (eletroencefalograma), surge como abordagem complementar para melhorar a qualidade de vida e a aprendizagem, como demonstrado em um estudo de caso de um menino de 11 anos e 9 meses com habilidades excepcionais, mas com desafios comportamentais intensos.

No Capítulo 12, "Autismo e neurofeedback", André Schelling narra a jornada de um jovem com TDAH e TEA nível 1 de suporte, que, aos 25 anos, está passando por um tratamento inovador de neurofeedback. O terapeuta André Schelling Cunha compartilha as experiências do jovem que descreve sua evolução com o tratamento, incluindo a diminuição da hipervigilância, melhora no sono e na flexibilidade cognitiva, redução da ansiedade e irritabilidade, melhora na empatia e na autoaceitação, além de maior sociabilidade e confiança. Sua história destaca o potencial de superação e crescimento individual, oferecendo insights para profissionais de saúde e para aqueles que buscam compreender melhor as neurodiversidades. O autor também ressalta a importância de um olhar individualizado e de ferramentas específicas para cada pessoa, convidando os leitores a refletirem sobre a valorização das diferenças e a promoção de um mundo mais inclusivo e compreensivo.

No Capítulo 13, "Transtorno específico da aprendizagem: estratégias neuromodulatórias", Brunna Vasconcellos aborda a ligação entre a infância e os transtornos de aprendizagem, destacando a terapia neuromodulatória, especialmente a estimulação transcraniana por corrente contínua (ETCC), como uma abordagem promissora para melhorar o desempenho cognitivo e fortalecer as redes neurais associadas à aprendizagem.

No Capítulo 14, "Neuromodulação no tratamento de pacientes com dislexia", Mariana R. Mendonça Chagas e Thays Milena S. Gonçalves discutem a neuromodulação como uma opção promissora para tratar a dislexia, condição que afeta a aprendizagem e a vida diária de muitas pessoas. Técnicas neuromoduladoras, como a estimulação transcraniana por corrente contínua e o neurofeedback, têm mostrado resultados positivos na estimulação de áreas cerebrais relacionadas a leitura, escrita, funções executivas e processamento visual. Uma abordagem multidisciplinar e centrada no paciente é essencial, oferecendo novas perspectivas para o manejo da dislexia.

No Capítulo 15, "Neuromodulação no transtorno do desenvolvimento intelectual e desenvolvimento cognitivo", Kely Piccoli destaca a neuromodulação não invasiva como técnica eficaz no tratamento de várias condições, como o transtorno do desenvolvimento intelectual. Técnicas não invasivas de neuromodulação são investigadas como aliadas no tratamento dessa condição, destacando seu potencial para melhorar o desenvolvimento cognitivo e a qualidade de vida dos indivíduos, aproveitando a neuroplasticidade.

Por fim, no Capítulo 16, "Perspectivas futuras na neuromodulação e na educação", Daniela Rech e Léia Flauzina destacam que, na educação do futuro, a neuromodulação é vista como uma ferramenta essencial para ajudar os alunos. Atualmente, alunos e professores estão se adaptando a novas tecnologias para auxiliar na aprendizagem e promover a saúde mental dos alunos, com o neurofeedback sendo uma ferramenta valiosa nesse processo.

Esta publicação aborda as tecnologias de neuromodulação e neurofeedback na saúde e na educação, oferecendo informações e perspectivas inspiradoras para os leitores explorarem o cérebro humano e suas potencialidades terapêuticas e educacionais.

Maravilhosa leitura para todos!

CAPÍTULO 01

Sinapses em transformação

O papel da neuromodulação na aprendizagem

Descubra neste capítulo, em uma fascinante jornada de aprendizado e adaptação, como a neuroplasticidade transforma o desenvolvimento cerebral. Explore as promissoras técnicas de neuromodulação não invasiva, como tDCS (estimulação transcraniana por corrente contínua) e neurofeedback, que estão revolucionando o tratamento de distúrbios de aprendizagem, TDAH e transtornos de humor em crianças, potencializando suas capacidades cognitivas e emocionais.

Viviane Wisnievski

VIVIANE WISNIEVSKI

É psicóloga desde 2002 e doutoranda em Psicologia, destacando-se como uma das principais especialistas em neurofeedback no Brasil. Autora do best-seller *Descomplicando o neurofeedback* e coordenadora do livro *Neuromodulação não invasiva*, participa também como coautora em *TDAH e você*. Com especializações em Psicopedagogia (2010) e Neuropsicologia (2012), cofundou a Neurowork, a maior empresa de tecnologias aplicadas do país. Como coordenadora de cursos de pós-graduação em Neurofeedback e Neurociências Aplicadas à Saúde e Educação, prepara profissionais em técnicas avançadas de neuromodulação. Sua prática clínica é marcada pelo uso inovador de técnicas neuromodulatórias para melhorar a qualidade de vida de seus pacientes. Líder inspiradora na evolução da psicologia e das neurociências, eleva o padrão da prática neuropsicológica no Brasil, destacando-se como uma referência inigualável no cenário brasileiro de neurofeedback.

Contatos: www.neurowork.com.br
psicologavivianewis@gmail.com
Instagram: @vivianewis
Facebook: Viviane Wisnievski
LinkedIn: Viviane Wisnievski
41 99604 5292

Este capítulo explora o fascinante campo da neuromodulação não invasiva, com um foco especial em como suas técnicas podem influenciar a aprendizagem e o desenvolvimento cerebral. Iniciamos com uma discussão sobre a neuroplasticidade, a capacidade do cérebro de se reorganizar e formar novas conexões em resposta a experiências e estímulos. Este conceito é fundamental para entender como intervenções neuromodulatórias podem ser eficazes, especialmente em cérebros em desenvolvimento.

Neste artigo, serão abordadas as bases neurofisiológicas das técnicas de neuromodulação, destacando suas aplicações em distúrbios de aprendizagem, transtorno do déficit de atenção com hiperatividade (TDAH) e transtorno do espectro autista (TEA). Discutimos também as preocupações éticas e de segurança associadas ao uso dessas técnicas em crianças e adolescentes, enfatizando a importância de abordagens personalizadas e monitoramento cuidadoso.

Na segunda metade do capítulo, exploramos em profundidade as técnicas de biofeedback e neurofeedback, incluindo o uso de hemoencefalografia (HEG) e a estimulação do nervo vago. O biofeedback e o neurofeedback oferecem métodos não invasivos para treinar o cérebro a regular sua própria atividade, utilizando feedback em tempo real para promover padrões cerebrais mais saudáveis. A HEG, por sua vez, mede a atividade cerebral por meio do fluxo sanguíneo, proporcionando uma visão única sobre a função cerebral.

Este capítulo não apenas destaca as promessas dessas tecnologias, mas também explora a profunda interconexão entre neuroplasticidade sináptica, aprendizagem e neuromodulação. Ao entender como as sinapses se adaptam e se fortalecem em resposta a estímulos, podemos aproveitar as técnicas de neuromodulação para potencializar a aprendizagem e promover o desenvolvimento cognitivo. A capacidade de moldar as redes neurais de maneira direcionada abre novas fronteiras para intervenções educacionais e terapêuticas, oferecendo a possibilidade de personalizar abordagens para atender às necessidades individuais. Com uma base sólida de pesquisa e prática, esperamos que este trabalho inspire novas direções na ciência do cérebro, contribuindo para um futuro em que a aprendizagem e a plasticidade cerebral sejam otimizadas de maneira segura e eficaz.

Neuroplasticidade no cérebro em desenvolvimento

O cérebro humano é uma máquina extraordinariamente adaptável, especialmente durante os primeiros anos de vida. Essa capacidade de mudança e adaptação é o que chamamos de neuroplasticidade. Imagine o cérebro como uma cidade em constante construção, onde as experiências de vida são os engenheiros que moldam suas ruas e edifícios. Nos primeiros anos, essa cidade fervilha de atividade, com novas conexões sendo formadas em uma velocidade impressionante.

Durante a infância, o cérebro está mais aberto a reorganizações estruturais e funcionais. Isso significa que ele pode se adaptar rapidamente a novas informações e experiências, fortalecendo as conexões que são usadas com frequência e eliminando as que não são necessárias, em um processo conhecido como poda sináptica. Pense nisso como a poda de um jardim, na qual as plantas mais fortes são incentivadas a crescer, enquanto as menos úteis são removidas para liberar espaço.

Essa plasticidade é crucial para a aprendizagem e o desenvolvimento. Por exemplo: quando uma criança aprende a andar de bicicleta ou a tocar um instrumento musical, o cérebro está ativamente reforçando os circuitos neurais que suportam essas habilidades. Além disso, essa capacidade de adaptação não é apenas uma resposta a estímulos positivos; o cérebro também se reorganiza em resposta a lesões, encontrando novas maneiras de realizar funções que podem ter sido comprometidas.

No entanto, essa incrível capacidade de adaptação também tem seu lado delicado. Durante o desenvolvimento, o cérebro é particularmente sensível a influências externas, como o estresse ou a falta de estímulos adequados, que podem impactar negativamente seu desenvolvimento. Por isso, é essencial proporcionar um ambiente rico e seguro para que o cérebro em desenvolvimento possa florescer plenamente.

A neuroplasticidade é a base sobre a qual construímos nossas habilidades e conhecimentos ao longo da vida. Ela nos permite aprender, adaptar-nos e, em última análise, transformar-nos. E é esta capacidade de mudança que faz do cérebro humano uma das estruturas mais fascinantes e resilientes do nosso corpo.

No entanto, a jornada do desenvolvimento cerebral não é isenta de desafios. À medida que o cérebro se molda e se adapta, ele também enfrenta obstáculos que podem desviar seu curso natural. Transtornos de aprendizagem exemplificam como essa plasticidade pode ser tanto uma força quanto uma vulnerabilidade. Quando o ambiente não oferece os estímulos adequados, ou quando o estresse se torna uma constante, o cérebro em desenvolvimento pode encontrar dificuldades que impactam sua capacidade de processar informações e adquirir novas habilidades. É nesse contexto que a compreensão dos transtornos de aprendizagem se torna crucial, pois nos permite identificar e implementar estratégias que não apenas mitiguem esses desafios, mas também aproveitem a neuroplasticidade para promover um desenvolvimento saudável e equilibrado.

Com uma prevalência que varia entre 5% e 20%, os transtornos de aprendizagem (TAs) estão entre os problemas de neurodesenvolvimento mais comuns que afetam crianças em idade escolar. Imagine o cérebro como um complexo sistema de estradas, onde algumas vias podem apresentar obstáculos que dificultam o fluxo normal de informações. De acordo com o *Manual Diagnóstico e Estatístico de Transtornos Mentais – 5ª edição, texto revisado* (DSM-5-TR), um TA específico é diagnosticado quando uma criança enfrenta dificuldades persistentes, por pelo menos seis meses, na aquisição de habilidades básicas como leitura, escrita ou matemática. Essas dificuldades resultam em desempenhos em testes padronizados significativamente abaixo do esperado para sua idade, interferindo de maneira marcante no desempenho acadêmico e nas atividades diárias. É importante ressaltar que essas dificuldades não são explicadas por deficiências intelectuais, problemas sensoriais não corrigidos ou outras condições neurológicas ou psiquiátricas.

Comparadas às crianças com desenvolvimento típico, aquelas com dificuldades de aprendizagem enfrentam taxas mais elevadas de transtornos emocionais, como ansiedade e depressão. Isso se deve, em parte, a um senso afetado de autoestima e autoconceito. Enquanto a autoestima é o valor emocional que atribuímos a nós mesmos, o autoconceito é a percepção que temos de nossas próprias habilidades e características, moldada por experiências e pelo feedback dos outros. Em um ambiente escolar, que é o principal palco social para os jovens, receber notas baixas pode minar o autoconceito, aumentando o risco de desenvolver ansiedade e depressão. A baixa autoestima é um fator de risco significativo para a depressão em jovens e está intimamente ligada à ansiedade. Além disso, adolescentes com dificuldades de aprendizagem têm uma probabilidade três vezes maior de apresentar ideias suicidas e tentativas de suicídio em comparação com seus pares (Braga & Dell'Aglio, 2013).

Bases neurofisiológicas da estimulação cerebral não invasiva (NIBS)

A estimulação cerebral não invasiva, ou NIBS, é uma tecnologia fascinante que nos permite "conversar" com o cérebro sem a necessidade de cirurgias ou procedimentos invasivos. Imagine ter a capacidade de ajustar o funcionamento do cérebro de maneira semelhante a como afinamos um instrumento musical. Essa é a promessa das técnicas de NIBS: estimulação transcraniana por corrente contínua (tDCS), estimulação do nervo vago, neurofeedback, HEG, etc...

Essas técnicas funcionam baseando-se em princípios neurofisiológicos fundamentais. O cérebro é uma rede complexa de neurônios que se comunicam por meio de sinais elétricos. A NIBS utiliza campos magnéticos ou correntes elétricas suaves para influenciar essa atividade elétrica natural do cérebro. Pense nisso como uma forma de "sussurrar" instruções ao cérebro, incentivando-o a ajustar suas conexões e funções.

A tDCS aplica uma corrente elétrica fraca através do couro cabeludo. Esta corrente não é forte o suficiente para disparar neurônios diretamente, mas pode alterar a excitabilidade dos neurônios, tornando-os mais ou menos propensos a disparar. É como ajustar o volume de um rádio, tornando os neurônios mais "atentos" aos sinais que recebem.

As técnicas são seguras e têm sido amplamente estudadas em contextos clínicos e de pesquisa. Elas oferecem uma janela única para a neuroplasticidade, permitindo que cientistas e clínicos explorem novas formas de melhorar a função cerebral e tratar distúrbios e transtornos.

Estimulação transcraniana por corrente contínua (tDCS)

A estimulação transcraniana por corrente contínua, ou tDCS, é uma técnica inovadora que nos permite modular a atividade cerebral de maneira sutil e não invasiva. Imagine ter a capacidade de ajustar a "sintonia" do cérebro, influenciando como ele processa informações e responde a estímulos. Esta é a essência da tDCS.

O funcionamento da tDCS é relativamente simples, mas poderoso. Ela utiliza uma corrente elétrica fraca, geralmente entre um a dois miliamperes (mA), aplicada por meio de eletrodos posicionados no couro cabeludo. Essa corrente é insuficiente para ativar diretamente os neurônios, mas pode alterar a excitabilidade neuronal. Pense nessa prática como ajustar o termostato de um ambiente: você não está ligando ou desligando o aquecedor, mas está criando condições para que ele funcione de maneira mais eficiente.

A tDCS pode aumentar ou diminuir a probabilidade de disparo dos neurônios, dependendo da polaridade da corrente. Quando a corrente é aplicada de forma anódica, ela tende a aumentar a excitabilidade dos neurônios, tornando-os mais propensos a disparar. Por outro lado, a estimulação catódica geralmente reduz a excitabilidade, tornando os neurônios menos propensos a disparar.

Essa capacidade de modulação tem aplicações promissoras em diversas áreas. Na pesquisa, a tDCS é usada para explorar os mecanismos da neuroplasticidade e entender melhor como o cérebro se adapta e aprende. Clinicamente, ela tem sido investigada como uma ferramenta potencial para tratar uma variedade de condições, desde depressão e ansiedade até distúrbios de aprendizagem e reabilitação após um acidente vascular cerebral (AVC).

Um dos grandes atrativos da tDCS é sua segurança e facilidade de uso. Como a técnica é não invasiva e geralmente bem tolerada, ela oferece uma opção acessível para intervenções terapêuticas e experimentos científicos.

Em resumo, a tDCS é uma ferramenta poderosa que nos permite influenciar a atividade cerebral de maneira precisa e controlada, abrindo novas possibilidades para a pesquisa e tratamento de condições neurológicas e psiquiátricas.

Neurofeedback de EEG

O neurofeedback de EEG é uma técnica fascinante que nos permite “treinar” o cérebro, oferecendo uma janela única para a atividade cerebral em tempo real. Imagine poder observar como seu cérebro está funcionando e, ao mesmo tempo, aprender a ajustá-lo para melhorar seu desempenho ou bem-estar. Essa é a promessa do neurofeedback de EEG.

A técnica baseia-se no uso do eletroencefalograma (EEG), uma ferramenta que registra a atividade elétrica do cérebro por meio de sensores colocados no couro cabeludo. Esses sensores capturam as ondas cerebrais, que são padrões de atividade elétrica gerados pelas interações entre neurônios. Cada tipo de onda cerebral está associado a diferentes estados mentais, como relaxamento, foco ou excitação.

No neurofeedback, essas ondas cerebrais são apresentadas ao usuário em tempo real, geralmente na forma de gráficos ou animações em uma tela de computador. O objetivo é que o usuário aprenda a modificar suas ondas cerebrais para alcançar um estado desejado. Por exemplo: uma pessoa pode aprender a aumentar suas ondas alfa para promover relaxamento ou a melhorar suas ondas beta para aumentar a concentração.

O processo de neurofeedback é semelhante ao aprendizado de qualquer outra habilidade: envolve prática e feedback constante. À medida que o usuário experimenta diferentes estratégias mentais para alterar suas ondas cerebrais, ele recebe feedback imediato sobre o sucesso de suas tentativas, permitindo ajustes e melhorias contínuas.

Ao utilizar o neurofeedback para promover a neuroplasticidade, educadores e terapeutas podem criar ambientes de aprendizagem mais eficazes e personalizados. Isso é especialmente relevante em populações jovens, nas quais o cérebro está em um estado de desenvolvimento acelerado e altamente receptivo a intervenções. Com a capacidade de moldar ativamente as redes neurais, o neurofeedback não apenas facilita a aprendizagem, mas também contribui para o bem-estar emocional e cognitivo, preparando os indivíduos para enfrentar os desafios do mundo moderno com resiliência e adaptabilidade.

Mecanismos de regulação central pela estimulação transcutânea do nervo vago (tVNS)

A estimulação do nervo vago (VNS) é uma técnica fascinante que se aproveita do poder do sistema nervoso para influenciar a atividade cerebral de maneira significativa. Imagine o nervo vago como uma superestrada de comunicação entre o corpo e o cérebro, que transmite informações críticas que regulam funções fisiológicas e emocionais. Quando estimulamos essa via, podemos modular a atividade cerebral, impactando áreas envolvidas na regulação do humor, da ansiedade e da resposta ao estresse.

No coração desses mecanismos está o fato de que o nervo vago possui conexões diretas com o tronco encefálico, uma região que atua como um centro de controle para funções vitais. A estimulação do nervo vago pode alterar a liberação de neurotransmissores como a norepinefrina e a serotonina, os quais desempenham papéis cruciais na modulação do humor e do estado de alerta. Essa modulação neurotransmissora pode levar a uma redução dos sintomas de depressão e ansiedade, ilustrando o potencial terapêutico da VNS em condições psiquiátricas.

Além disso, a VNS tem a capacidade de influenciar a plasticidade sináptica, promovendo mudanças adaptativas nas redes neurais. Isso significa que, ao estimular o nervo vago, podemos potencialmente facilitar a reorganização das conexões cerebrais, promovendo um ambiente mais propício para a aprendizagem e a memória. É essa capacidade de intervir diretamente nos circuitos neurais que torna a VNS uma ferramenta promissora não apenas para o tratamento de distúrbios neurológicos, mas também como um meio de otimizar o funcionamento cerebral em geral.

A neuromodulação pode ser utilizada para potencializar a aprendizagem e tratar dificuldades específicas.

Ao compreender e aplicar essas tecnologias, podemos não apenas melhorar a eficácia das intervenções educacionais e terapêuticas, mas também abrir novas fronteiras para a ciência do cérebro, promovendo um desenvolvimento saudável e bem-sucedido para crianças e adolescentes.

Indicações potenciais para NIBS em crianças e adolescentes

A neuromodulação não invasiva (NIBS) tem se destacado como uma abordagem promissora para tratar uma variedade de condições neurológicas e psiquiátricas em crianças e adolescentes. Com o avanço das tecnologias e a crescente compreensão dos mecanismos de ação, as aplicações potenciais da NIBS estão se expandindo rapidamente.

Distúrbios de aprendizagem

Uma das áreas mais promissoras para a aplicação da NIBS é no tratamento de distúrbios de aprendizagem. Estudos indicam que técnicas como a estimulação transcraniana por corrente contínua (tDCS) podem melhorar a conectividade neural em áreas do cérebro associadas à leitura e à linguagem, potencializando a capacidade de aprendizagem e reduzindo os sintomas associados a esses distúrbios.

Transtorno do déficit de atenção com hiperatividade (TDAH)

O TDAH é outra condição em que a NIBS tem mostrado potencial. A tDCS tem sido explorada como alternativa ou complemento aos tratamentos farmacológicos tradicionais. Técnicas como esta podem ajudar a regular a atividade cerebral em regiões associadas à atenção e ao controle comportamental, oferecendo uma abordagem não invasiva para melhorar os sintomas do TDAH.

Transtornos do humor e ansiedade

Em adolescentes, os transtornos do humor e a ansiedade são preocupações significativas que podem impactar o desenvolvimento e a qualidade de vida. A NIBS oferece uma opção de tratamento capaz de modular a atividade cerebral em áreas relacionadas à regulação emocional, promovendo alívio dos sintomas e melhorando o bem-estar geral.

As aplicações são vastas e têm se mostrado promissoras em diversos desafios no processo de desenvolvimento; no entanto, cuidados precisam ser tomados com o cérebro em desenvolvimento.

A complexidade do cérebro em desenvolvimento: riscos e potenciais

O cérebro de uma criança não é simplesmente uma versão menor do cérebro adulto. É uma entidade fisiológica única, com características neurofisiológicas próprias e um potencial impressionante para mudanças adaptativas e neuroplásticas, que podem ser tanto exuberantes quanto imprevisíveis. Crianças apresentam uma atividade neuronal excitatória maior, menor remoção de glutamato e menor atividade inibitória de GABA. Isso as torna particularmente suscetíveis a crises epilépticas e sintomas comportamentais. Além disso, elas podem exibir uma plasticidade neural acelerada em comparação com adultos após a estimulação cerebral.

A excitabilidade cortical aumentada é essencial para a maturação do sistema nervoso durante o período intrauterino e a infância. Nesses estágios, os circuitos neuronais são, portanto, hiperexcitáveis e mais propensos a lesões. Essa imaturidade pode ser ainda mais pronunciada em condições patológicas específicas, exigindo cuidados adicionais.

É importante destacar que o cérebro em desenvolvimento passa por uma série de mudanças anatômicas significativas até a idade adulta. Por exemplo: à medida que o cérebro se desenvolve, áreas relacionadas aos marcos de desenvolvimento aumentam em mielinização. Isso gera uma densidade diferente de matéria branca quando comparamos um cérebro em desenvolvimento ao de um adulto, o que pode influenciar a distribuição de correntes no cérebro durante a NIBS. Mesmo em adultos, a estimulação cerebral em uma região específica pode causar uma estimulação generalizada do córtex. Devido à diferença na mielinização, pode ser ainda mais desafiador restringir a estimulação à área desejada no córtex de uma criança. A estimulação unifocal pode reforçar comportamentos e cognições disfuncionais, mas essas diferenças anatômicas podem ser parcialmente resolvidas por modelagem computacional individual, que orienta a configuração dos eletrodos e a dosagem.

Além disso, muitas de nossas sinapses são eliminadas durante o neurodesenvolvimento em um processo chamado de poda sináptica, que seleciona apenas as sinapses com a transmissão de sinal mais forte. Teoricamente, com a aplicação de estímulos externos a este sistema e o fortalecimento sucessivo das sinapses, há a possibilidade de modular a poda sináptica típica. Esse processo é influenciado, pelo menos no que diz respeito aos camundongos, pela micróglia, que, por sua vez, responde à estimulação por corrente contínua.

Uma das principais características do cérebro em desenvolvimento é a presença de períodos críticos para a neuroplasticidade, desencadeados pelo equilíbrio entre estímulos excitatórios e inibitórios nos circuitos neuronais e encerrados por mudanças estruturais e a liberação de "freios" moleculares. Esses períodos são janelas de oportunidade para o refinamento de circuitos dependentes de experiências para diversas capacidades, como o desenvolvimento visual, mas também são períodos em que o cérebro é mais suscetível a danos ambientais, o que pode levar a vários distúrbios a serem apresentados mais tarde na vida, como esquizofrenia, TDAH e depressão.

Neuromodulação não invasiva – um exemplo prático

Para ilustrar os potenciais e a aplicação da neuromodulação não invasiva, será apresentado um estudo de caso no qual não há diagnóstico nem prejuízo escolar significativo, mas, sim, a necessidade de reduzir obstáculos que estão atrapalhando o máximo desempenho, além de auxiliar no processo de entrada no ensino superior, no curso de Medicina.

A adolescente será aqui chamada de Fernanda. No momento da intervenção estava com 16 anos de idade e pertencia a uma família estruturada, com condições socioeconômicas favoráveis. Fernanda apresentava notas escolares adequadas e rotina de estudos com foco no vestibular; no entanto, enfrentava o famoso "branco" no momento de atividades avaliativas, mesmo dominando o conteúdo. Foi inicialmente realizado um mapeamento cerebral e entrevista com a família e com a adolescente de forma individual.

O mapeamento cerebral permite a compreensão do padrão de funcionamento cerebral e a correlação com o comportamento. Na Imagem 1, é possível verificar a distribuição das frequências de olhos abertos.

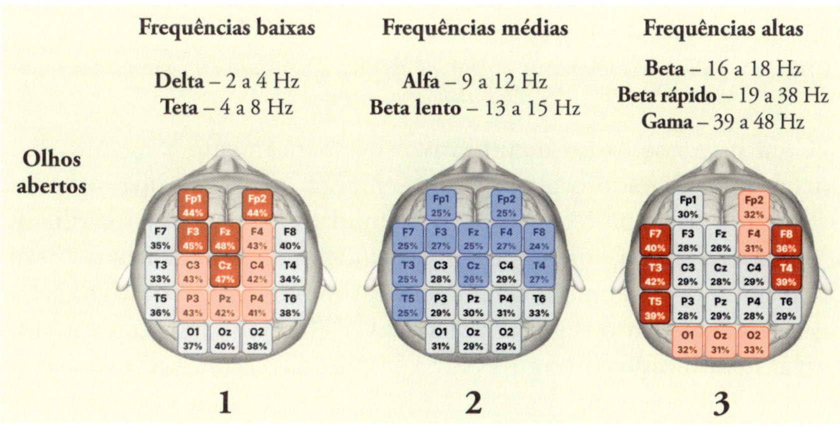

Imagem 1 – Distribuição geral das frequências.
Elaborada pela autora.

Na Imagem 1, o número 1 mostra uma possível lentificação no córtex frontal, na linha central e no lobo parietal, o que pode exigir uma necessidade maior de esforço para a manutenção da atenção em atividades que exigem esforço cognitivo. No entanto o que chama a atenção é a presença de ondas rápidas (em vermelho, na parte indicada como 3) nas regiões F7, F8, T3, T4, T5, O1, O2 e Oz, o que pode estar relacionado à ansiedade, podendo associar-se com a queixa de "branco" nas avaliações escolares.

Os dados da região temporal podem ser analisados com mais detalhes no Gráfico 1: a parte marcada em vermelho mostra amplitude elevada em beta rápido, uma frequência relacionada ao estado de hipervigilância, confirmando o observado na parte 3 da Imagem 1.

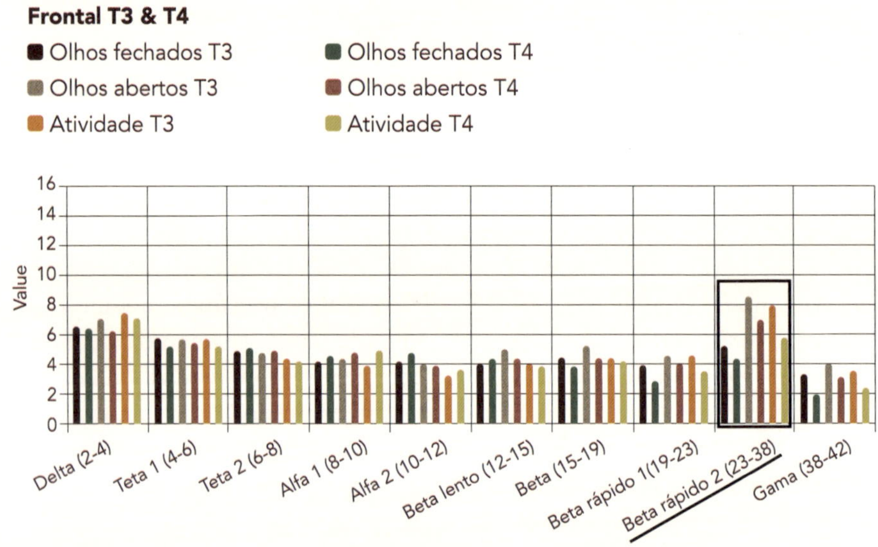

Gráfico1 – Histograma ilustrativo: amplitude absoluta das frequências na região temporal. Elaborado pela autora.

Com base nos dados quantitativos do mapeamento e na entrevista inicial, foi elaborado o plano de intervenção inicial, no qual optou-se pela aplicação do biofeedback da variabilidade de frequência cardíaca,[1] a fim de reduzir a ansiedade e, consequentemente, reduzir o "branco" relatado, bem como o tDCS para aprimoramento cognitivo. Nesse caso, o mapeamento cerebral por QEEG (Eletroencefalografia quantitativa) foi utilizado como guia para a escolha das técnicas, evidenciando

1 Esta técnica será abordada com mais profundidade no Capítulo 6.

a importância de correlacionar as queixas com dados fisiológicos para traçar um plano de atendimento individualizado.

Este é apenas um exemplo das possibilidades da aplicação da neuromodulação não invasiva com o público adolescente. Ter acesso a técnicas que permitem modificar o funcionamento fisiológico possibilita ampliar as possibilidades de atendimento e, principalmente, a personalização do atendimento, aumentando a qualidade e os resultados.

Referências

AMERICAN PSYCHIATRIC ASSOCIATION. *Manual diagnóstico e estatístico de transtornos mentais*: DSM-5-TR. 5. ed., texto revisado. Porto Alegre: Artmed, 2023.

BANDEIRA, I. D.; LINS-SILVA, D. H.; BAROUH, J. L. *et al.* Neuroplasticity and non-invasive brain stimulation in the developing brain. *Progress in Brain Research*, v. 264, p. 57-89, 2021. Disponível em: https://doi.org/10.1016/bs.pbr.2021.04.003. Acesso em: 9 abr. 2025.

BRAGA, L. de L.; DELL'AGLIO, D. D. Suicídio na adolescência: fatores de risco, depressão e gênero. *Contextos Clínicos*, São Leopoldo, v. 6, n. 1, p. 2-14, jun. 2013. Disponível em: https://doi.org/10.4013/ctc.2013.61.01. Acesso em: 14 abr. 2025.

CHOQUET, D.; HUMEAU, Y. The next generation of approaches to investigate the link between synaptic plasticity and learning. *Nature Neuroscience*, v. 22, n. 10, p. 1536-1543, out. 2019. Disponível em: https://doi.org/10.1038/s41593-019-0480-6. Acesso em: 14 abr. 2025.

FAN, L. Z.; KIM, D. K.; JENNINGS, J. H. *et al.* All-optical physiology resolves a synaptic basis for behavioral timescale plasticity. *Cell*, v. 186, n. 3, p. 543-559.e19, 2 fev. 2023. Disponível em: https://doi.org/10.1016/j.cell.2022.12.035. Acesso em: 14 abr. 2025.

GOTO, A. Synaptic plasticity during systems memory consolidation. *Neuroscience Research*, v. 183, p. 1-6, out. 2022. Disponível em: https://doi.org/10.1016/j.neures.2022.05.008. Acesso em: 14 abr. 2025.

MARINS, T.; TOVAR-MOLL, F. Using neurofeedback to induce and explore brain plasticity. *Trends in Neurosciences*, v. 45, n. 6, p. 415-416, jun. 2022. Disponível em: https://doi.org/10.1016/j.tins.2022.03.009. Acesso em: 14 abr. 2025.

MARTÍNEZ-BRIONES, B. J.; FLORES-GALLEGOS, R.; CÁRDENAS, S. Y. *et al.* Effects of neurofeedback on the self-concept of children with learning disorders. *Frontiers in Psychology*, v. 14, p. 1167961, 15 maio 2023. Disponível em: https://pubmed.ncbi.nlm.nih.gov/37255511/. Acesso em: 14 abr. 2025.

PATIL, A. U.; MADATHIL, D.; FAN, Y.-T. *et al.* Neurofeedback for the education of children with ADHD and specific learning disorders: a review. *Brain Sciences*, v. 12, n. 9, p. 1238, 14 set. 2022. Disponível em: https://doi.org/10.3390/brainsci12091238. Acesso em: 14 abr. 2025.

WANG, W.; LI, R.; LI, C. *et al.* Advances in VNS efficiency and mechanisms of action on cognitive functions. *Frontiers in Physiology*, v. 15, p. 1452490, 9 out. 2024. Disponível em: https://doi.org/10.3389/fphys.2024.1452490. Acesso em: 14 abr. 2025.

CAPÍTULO 02

Neuromodulação

Uma abordagem inovadora para o tratamento do TDAH – estudo de caso

Neste capítulo, a autora apresenta um estudo de caso de uma paciente de dez anos diagnosticada com transtorno de déficit de atenção e hiperatividade (TDAH). A aplicação de técnicas de neuromodulação, combinadas com ferramentas neuropsicopedagógicas, resultou em melhorias escolares significativas, oferecendo uma perspectiva promissora para profissionais e familiares.

Márcia Lyra

MÁRCIA LYRA

É Neuropsicopedagoga Clínica, formada pela Censupeg, com vasta experiência e especializações que a tornam referência na área. É mestra em Neurociências pela FICS (Facultad Interamericana de Ciencias Sociales), especialista em TDAH pelo CBI of Miami, em Reabilitação Cognitiva pela Censupeg e em Neurofeedback pela Faculdade São Marcos. Também possui especialização em Educação na Diversidade e Cidadania, com ênfase na Educação de Jovens e Adultos, pela UnB (Universidade de Brasília), e em Psicomotricidade pela Censupeg. É mediadora do Programa de Enriquecimento Instrumental, uma tecnologia de estimulação cognitiva focada no pensamento organizado. Complementou sua formação com uma capacitação internacional em Avaliação e Intervenção Multidisciplinar pela Qualconsoante/Disclínica, em Portugal. É fundadora da UP Neuropsicopedagogia, um espaço dedicado a potencializar a aprendizagem de crianças e adolescentes, utilizando técnicas de neuromodulação não invasiva associadas a outras ferramentas. Como docente em cursos de pós-graduação e criadora de cursos para neuropsicopedagogos iniciantes, compartilha seu conhecimento e experiência com futuros profissionais.

Contatos: www.upneuropsicopedagogia.com
neuropp.marcialyra@gmail.com
Instagram: @up_neuropsicopedagogia
LinkedIn: www.linkedin.com/in/márcia-lyra
61 99262 7914

Contextualização do caso

Neste capítulo, apresentamos o fascinante caso clínico de uma paciente de dez anos que recebeu acompanhamento em nosso espaço de atendimento. Durante a entrevista de anamnese, a mãe compartilhou o laudo de avaliação neuropsicológica, indicando um diagnóstico de TDAH. A mãe explicou que a paciente apresenta displasia renal multicística no rim direito devido a uma condição genética diagnosticada ainda na gestação. Por causa dessa condição, o neuropediatra que acompanha o caso não prescreveu medicação psicoestimulante. Essa decisão visa evitar qualquer risco adicional à saúde da paciente. No entanto, alguma providência necessitava ser tomada, pois, conforme relatado pela mãe e pela professora, os sintomas do TDAH estavam comprometendo o desempenho acadêmico da paciente, que apresentava inquietação, distração excessiva, baixa capacidade de concentração e baixa tolerância a frustrações.

Determinada a encontrar uma solução eficaz, a mãe foi recomendada aos nossos serviços e veio conhecer o potencial do neurofeedback como uma alternativa promissora para o tratamento de sua filha. Esclarecemos que o neurofeedback é uma técnica de neuromodulação não invasiva, indolor e não medicamentosa, o que a torna segura e indicada para crianças. Também explicamos que o neurofeedback poderia beneficiar a paciente, pois a técnica visa melhorar o funcionamento cerebral, o que reflete em comportamentos que promovem a qualidade de vida dos pacientes, incluindo aqueles com dificuldades atencionais. Isso impacta positivamente o desempenho acadêmico, pois o neurofeedback melhora a capacidade de concentração e de foco – habilidades fundamentais para o aprendizado. Além disso, quando o cérebro está equilibrado e funcionando adequadamente, o bem-estar emocional e cognitivo é favorecido.

Desafios do TDAH: quando a atenção se torna um obstáculo

O transtorno de déficit de atenção e hiperatividade (TDAH) é uma condição neurodesenvolvimental que afeta milhões de crianças em todo o mundo, sendo o transtorno mais comum nessa faixa etária. Além de influenciar o comportamento e a interação social, o TDAH também tem um impacto significativo no ambiente escolar. Nesse contexto, o estudante precisa estar atento às informações dadas pelos docentes para aprender e, assim, desenvolver-se plenamente. Devido à dificuldade de atenção, é comum que crianças e adolescentes com essa condição apresentem desempenho escolar abaixo da média de sua turma. É importante ressaltar que o TDAH não é um transtorno de aprendizagem, no entanto, os sintomas frequentemente interferem no processo de retenção do conhecimento, resultando em dificuldades de aprendizagem secundárias.

Vale lembrar que a atenção é o pilar fundamental da aprendizagem. Ou seja, a desatenção frequentemente interfere no processo de aprendizado dos estudantes com TDAH, pois, para eles, manter a atenção pode ser um desafio constante. Isso acontece porque o cérebro dessas crianças processa informações de maneira diferente, tornando difícil filtrar distrações e se concentrar em uma tarefa específica. Esse funcionamento alterado do sistema atencional pode trazer consequências para a aprendizagem, como: dificuldade em absorver e reter informações, desempenho acadêmico abaixo da média, frustração e baixa autoestima, bem como dificuldade em estabelecer metas e priorizar tarefas. Estudos de acompanhamento a longo prazo demonstraram que crianças com TDAH apresentam desempenho acadêmico inferior, maior índice de suspensões e evasão escolar, maior índice de rejeição dos colegas, taxas mais altas de depressão e dependência de drogas e maior risco de envolvimento em acidentes (Du Paul; Eckert & McGroye, 1997; Hinshaw, 2000; Hoza, 2007; *apud* Estanislau & Bressan, 2014).

Tão importante quanto a atenção para a aprendizagem, as funções executivas são consideradas fundamentais para o sucesso acadêmico. Elas permitem o direcionamento de nossas ações para metas, o controle do comportamento e a realização de operações mentais com diferentes tipos de informações (Dias & Malloy-Diniz, 2020). Pesquisadores concordam que o TDAH é basicamente um transtorno de habilidades executivas

(Dawson & Guare, 2022). Isso significa que crianças e adolescentes com TDAH apresentam disfunções executivas, resultando em prejuízos em áreas como o desenvolvimento acadêmico, social ou funcional. Buitelaar, Van der Meer & Richards (2019) ressaltam que os déficits de funcionamento executivo no TDAH são observados no controle inibitório, na memória de trabalho visuoespacial e verbal, na vigilância e no planejamento. Segundo Benczik *et al.* (2020), muitos estudos acumulam evidências de que o TDAH é um problema de funções executivas, tornando necessária a intervenção precoce nessas funções.

Como podemos perceber, o TDAH é um transtorno complexo e heterogêneo, com demandas variadas. Portanto, é fundamental levar em consideração os resultados da avaliação neuropsicológica para entender quais são as áreas preservadas e prejudicadas, a fim de preparar um plano de intervenção adequado e personalizado para atender às necessidades específicas de cada paciente.

Avaliação neuropsicológica

No estudo de caso abordado neste capítulo, a avaliação neuropsicológica revelou que a paciente apresentava dificuldades significativas em manter a atenção e o foco, com baixa persistência e controle da vontade e do esforço. Além disso, a neuropsicóloga relatou que, para manter um bom comportamento e esforço contínuo por cerca de 30 minutos, fez-se necessário usar incentivos e acordos prévios. Após esse período, o desempenho da paciente diminuiu, com ela demonstrando estar entediada e frustrada.

Os resultados também indicaram dificuldades em inibir respostas automáticas e impulsivas, com pontuações abaixo do esperado em tarefas de atenção auditiva seletiva e sustentada e controle inibitório. A memória operacional mostrou-se comprometida, afetando a capacidade de resolver problemas e raciocinar, o que resultou em desempenho abaixo da média em testes específicos.

A velocidade de processamento foi adequada para tarefas que requeriam memória visual e discriminação perceptiva. No entanto, houve dificuldades graves em inibição e flexibilidade cognitiva, impactando o gerenciamento do tempo, planejamento e organização.

Os índices executivos sugeriram déficits moderadamente clínicos em funções executivas, regulação cognitiva, flexibilidade e memória operacional. Esses resultados estavam de acordo com a percepção dos responsáveis, pois a mãe relatou que a paciente apresentava prejuízo moderado no manejo da frustração no ambiente doméstico.

Além disso, a paciente apresentou dificuldade leve em memória de longo prazo visual, com omissões e erros de localização e precisão na tarefa de evocação de cópia, desistindo facilmente quando não conseguia se lembrar.

Os resultados da avaliação neuropsicológica evidenciaram que a paciente enfrentava desafios significativos em várias áreas cognitivas e comportamentais. As dificuldades em manter a atenção, controlar impulsos e adaptar-se a diferentes contextos impactavam diretamente seu desempenho acadêmico e social. Além disso, a regulação emocional e a capacidade de lidar com frustrações eram aspectos que necessitavam de atenção especial.

Mapeamento cerebral

Com o objetivo de personalizar o tratamento com a técnica do neurofeedback, realizamos, inicialmente, um mapeamento cerebral utilizando o eletroencefalograma (EEG). Esse mapeamento, embora não tenha o objetivo de diagnosticar, permite-nos verificar o funcionamento cerebral dos pacientes e identificar as áreas disfuncionais. Os resultados do mapeamento possibilitam a criação de protocolos individualizados que atendam às necessidades específicas dos pacientes. Conforme apontado por Marques-Teixeira (2022), em um protocolo específico de neurofeedback, o objetivo é a atividade neuronal subjacente a um comportamento ou sintoma específico, clinicamente definido e medido por meio de EEG.

A coleta de dados foi realizada a partir da verificação de 20 pontos cerebrais, o que nos permitiu analisar o padrão de funcionamento cerebral da paciente. A seguir, na Imagem 1, apresentamos a visão geral das amplitudes medidas durante o exame, com a paciente de olhos abertos. A primeira cabeça representa as frequências baixas (delta, teta e alfa), a segunda representa as frequências médias (alfa e beta lenta) e a terceira, as frequências rápidas (beta e gama). A cor vermelha indica a predominância de determinada frequência; a cor azul, por outro lado, aponta para uma deficiência ou baixa atividade naquela frequência; já a cor cinza indica que a frequência está dentro dos padrões considerados adequados.

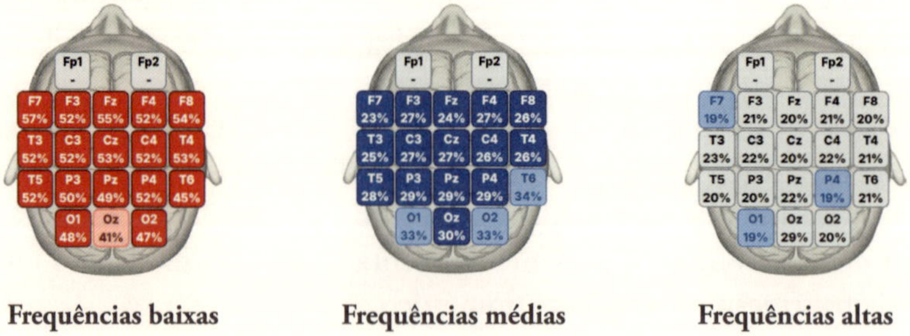

Frequências baixas **Frequências médias** **Frequências altas**

Imagem 1 – Visão geral das amplitudes.

Os resultados do mapeamento indicaram que há predominância de ondas lentas (frequências baixas). A lentificação na região frontal geralmente está relacionada com dificuldades cognitivas, comportamento teimoso e pensamento conservador, o que se alinha com as dificuldades de flexibilidade cognitiva e controle inibitório identificadas na avaliação neuropsicológica.

Além disso, foi observado que há pouca quantidade de beta na região frontal, bem como pouca quantidade de alfa nas regiões parietais, temporais e occipitais. Níveis muito baixos de alfa indicam estado de alerta excessivo, como se a pessoa não conseguisse relaxar adequadamente, o que pode gerar comportamento ansioso, estresse e insônia. Esses resultados corroboram com as dificuldades evidenciadas na avaliação neuropsicológica, como a baixa capacidade de sustentar o esforço mental e a concentração. A baixa atividade de beta lento e beta sugere prejuízos no pensamento crítico e na socialização.

Os resultados do mapeamento cerebral e da avaliação neuropsicológica mostraram-se compatíveis com as queixas relatadas durante a entrevista de anamnese. Eles também demonstraram a necessidade de intervenções direcionadas para melhorar a atenção, o controle inibitório e a flexibilidade cognitiva. Estratégias de suporte emocional e comportamental, tanto em casa quanto na escola, precisariam ser incorporadas no tratamento para ajudar a paciente a desenvolver habilidades de autorregulação e melhorar seu desempenho geral.

Ao preparar o plano de intervenção, levamos em consideração o fato de que os desafios enfrentados pela paciente são significativos em várias áreas cognitivas e comportamentais. As dificuldades em manter a atenção, controlar impulsos e adaptar-se a diferentes contextos impactam diretamente seu desempenho acadêmico e social. Além disso, a regulação emocional e a capacidade de lidar com frustrações são áreas que necessitam de atenção especial.

Neurofeedback

O neurofeedback é uma técnica baseada nos princípios da neuroplasticidade e do condicionamento operante. A neuroplasticidade refere-se à capacidade intrínseca do cérebro de desenvolver novas conexões e vias como um mecanismo compensatório para disfunções ou como uma função de aprendizagem em resposta a mudanças no ambiente (Marques-Teixeira, 2022). Em outras palavras, esta técnica aproveita a habilidade do cérebro de se adaptar e formar novas conexões por meio do reforço positivo ou negativo. Esse fenômeno é especialmente relevante para crianças e adolescentes em fase de desenvolvimento.

O uso do neurofeedback em intervenções neuropsicopedagógicas é apoiado pela Sociedade Brasileira de Neuropsicopedagogia, devido ao fato de diversas pesquisas evidenciarem os benefícios dessa técnica, capaz de colaborar para a melhoria da qualidade de vida dos pacientes e promover sua reintegração pessoal, social e escolar. Além disso, a Academia Americana de Pediatria também reconhece o neurofeedback como sendo tão eficaz quanto as medicações no tratamento dos sintomas do TDAH (Doidge, 2016).

Embora o neurofeedback não substitua outras abordagens, ele pode ser um complemento valioso, especialmente quando integrado a técnicas que visam melhorar funções cognitivas, como a atenção e as funções executivas. É importante destacar que o envolvimento da família na definição de metas e sua colaboração conforme as orientações dos profissionais são fundamentais para maximizar os resultados. Segundo Wilson (2009) *apud* Miotto (2015, p. 12), "o objetivo do tratamento deve sempre estar associado à melhora de aspectos e atividades no contexto da vida do paciente", pois "essa abordagem proporciona o aumento da motivação, da aderência do paciente ao tratamento e da possibilidade de generalização, ou seja, transferência dos ganhos obtidos com as técnicas de reabilitação para a vida real".

Diante dessa perspectiva, recomendamos que a paciente fosse tratada com o neurofeedback, considerando os benefícios dessa técnica para aprimorar as funções executivas, aumentar a capacidade de sustentar a atenção e promover a autorregulação. Ressaltamos a importância da participação ativa da família para potencializar os resultados.

Além do neurofeedback, foram incorporadas às sessões a estimulação transcraniana por corrente contínua (tDCS) e o programa de Enriquecimento Instrumental (PEI), utilizados simultaneamente no início das sessões, antes do neurofeedback. A inclusão desses recursos teve o objetivo de potencializar os resultados. A estimulação elétrica por corrente contínua é uma técnica de estimulação cerebral não invasiva que fornece uma corrente contínua fraca ao couro cabeludo, que modula a atividade neural e tem sido estudada para o tratamento de condições como o TDAH. O PEI é um programa de intervenção cognitiva ou psicoeducativa que tem o objetivo de estimular a cognição, ampliando as possibilidades de aprendizagem, promovendo a modificabilidade cognitiva e a capacidade de aprendizagem (Gomes, 2002). Seu lema é: "Um momento, deixe-me pensar", indicando a necessidade de parar, observar e analisar uma situação para desenvolver a melhor estratégia de ação.

Para a criação dos treinos, levamos em consideração as informações obtidas por meio do mapeamento cerebral, correlacionando-as à história da paciente, à queixa inicialmente apresentada e aos objetivos definidos, possibilitando a criação de um plano de treinamento individualizado para atender às suas necessidades.

Criamos treinos para inibir frequências lentas (2–8 Hz) e realçar frequências médias (12–18 Hz) na região frontal, com o objetivo de estimular as funções executivas, aumentar a capacidade de sustentação da atenção e promover a autorregulação. Além disso, criamos um treino para intensificar o ritmo sensório-motor (SMR) em C3, C4 e Cz, com o objetivo de potencializar a amplitude atencional da paciente. O aumento da ativação da área central pode ser associado à aprendizagem bem-sucedida, atenção visual aprimorada, prontidão perceptual, dedução lógica e raciocínio, síntese funcional da experiência passada e memória. Durante as sessões de neurofeedback, selecionamos jogos computadorizados que visavam o treinamento de atenção e de funções executivas, como PREFEX, Pluck e Afinando o cérebro.

Estabelecemos, inicialmente, um total de 40 sessões realizadas duas vezes por semana, com a possibilidade de reavaliação para a criação de novos protocolos conforme a necessidade.

A seguir, apresentamos o protocolo utilizado inicialmente.

Técnica	Tipo de treino	Sítios	Objetivos
NFB	Frequência Realçar: C3: 12–15 C4: 10–13 Cz: 10–13 Inibir: 2–9	SMR (C3, C4 e Cz)	Melhorar as funções cognitivas, a concentração e a aprendizagem; aprimorar o autocontrole; melhorar o sono e reduzir a agitação.
	Frequência Realçar: 13–16 Inibir: 2–9	Frontais (F3, F4, F7 e F8)	Aprimorar a compreensão e expressão da linguagem; melhorar a compreensão de conteúdos não verbais, significado de metáforas, pistas sociais e consciência.
tDCS	Estimulação elétrica por CC	Frontais (F3 e F4)	Melhorar as funções cognitivas e sintomas de TDAH.

Tabela 1: Protocolo 1.

Evolução e devolutiva

Ao longo de 40 sessões, realizadas duas vezes por semana, com duração de uma hora cada, observamos uma evolução significativa no comportamento da paciente. Inicialmente, ela apresentava um comportamento inquieto e infantilizado em comparação aos seus pares. No entanto, sua colaboração era notável, especialmente quando as tarefas eram desafiadoras e interessantes, tanto em jogos analógicos quanto digitais.

Para monitorar a evolução da paciente, realizamos um acompanhamento semanal, coletando percepções tanto dos familiares quanto da própria paciente. Avaliamos aspectos como a melhora da atenção, a capacidade de concentração nas tarefas, o adiamento de recompensas, e a melhora das notas escolares, entre outros pontos levantados durante a anamnese. Os relatos foram consistentemente satisfatórios.

Após 20 sessões, decidimos implementar um novo protocolo, pois as áreas temporais e pré-frontais ainda não haviam sido trabalhadas. Desenvolvemos um treino de frequência nas áreas T3, T4, T5 e T6, com o objetivo de aprimorar a compreensão e a expressão da linguagem e melhorar a interpretação de conteúdos não verbais, o entendimento de metáforas, pistas sociais e a consciência geral.

Além disso, criamos um treino de coerência em F3 e F4 para reduzir a hipercoerência nessas áreas frontais, visando melhorar a flexibilidade cognitiva e reduzir a teimosia. Para as áreas pré-frontais, elaboramos um plano utilizando a tDCS (estimulação transcraniana por corrente contínua), com o objetivo de melhorar a performance cognitiva.

Na Tabela 2, apresentamos o segundo protocolo de treinos.

Técnica	Tipo de treino	Sítios	Objetivos
20 sessões de NFB	Coerência Inibir: 13–38	Frontais (F3 e F4)	Reduzir a hipercoerência para melhorar a flexibilidade cognitiva e reduzir a teimosia.
	Frequência Realçar: 9–12 Inibir: 19–38	Temporais (T3, T4, T5 e T6)	Aprimorar a compreensão e expressão da linguagem; melhorar a compreensão de conteúdos não verbais, significado de metáforas, pistas sociais e consciência.
20 sessões de tDCS	Estimulação elétrica por CC	Pré-frontais (Fp2 e Fp1)	Melhorar a performance cognitiva.

Tabela 2: Protocolo 2.

Ao final das 40 sessões, realizamos uma reunião com a mãe da paciente e a professora, com a finalidade de avaliar os resultados obtidos. Constatamos que os objetivos traçados foram plenamente alcançados. A paciente apresentou uma melhora significativa na atenção, na capacidade de concentração, bem como na autorregulação, o que resultou em melhores notas escolares e um comportamento mais adequado.

Conclusão

Esses resultados demonstram que o neurofeedback é uma técnica eficaz e promissora para pacientes que buscam melhorar ou potencializar funções cognitivas, incluindo aqueles diagnosticados com TDAH. No caso específico da paciente apresentada neste capítulo, o neurofeedback proporcionou benefícios significativos, uma vez que o uso de medicação foi contraindicado pelo médico devido à sua condição congênita no rim direito. Por meio dessa abordagem, foi possível não apenas superar desafios específicos relacionados à atenção e ao controle impulsivo, mas também promover um desenvolvimento cognitivo pleno e sustentável. Além disso, o neurofeedback oferece uma alternativa não invasiva e personalizada, adaptando-se às necessidades individuais de cada paciente. Com a continuidade e o aperfeiçoamento dessa técnica, espera-se que mais pessoas possam se beneficiar de seus efeitos positivos, contribuindo para uma melhor qualidade de vida e um desempenho cognitivo otimizado.

Referências

BENCZIK, E. B. P.; WAJNSZTEJN, A. B. C.; DA HORA, A. F. L. T. *et al. TDAH transtorno de déficit de atenção/hiperatividade*: desafios, possibilidades e perspectivas interdisciplinares. Belo Horizonte: Artesã Editora, 2020. p. 187-208.

BUITELAAR, J. K.; VAN DER MEER, D.; RICHARDS, J. Compreendendo os fundamentos da neurobiologia do TDAH. *In*: ROHDE, L. A.; BUITELAAR, J. K.; GERLACH, M. *et al.* (Orgs.) *Guia para compreensão e manejo do TDAH da World Federation of ADHD*. Porto Alegre: Artmed, 2019. p. 18-43.

DAWSON, P.; GUARE, R. *Inteligente mas disperso*: o método revolucionário de habilidades executivas para ajudar no desenvolvimento de todos os potenciais da criança. Traduzido por Marcos Malvezzi. São Paulo: nVersos, 2022. p. 25-33.

DIAS, N. M.; MALLOY-DINIZ, L. F. *Funções executivas*: modelos e aplicações. São Paulo: Pearson Clinical Brasil, 2020. p. 175-222.

DOIDGE, N. *O cérebro que cura*: como a neuroplasticidade pode revolucionar o tratamento de lesões e doenças cerebrais. Trad. Clóvis Marques. Rio de Janeiro: Record, 2016.

ESTANISLAU, G. M.; BRESSAN, R. *Saúde mental na escola*: o que os educadores devem saber. Porto Alegre: Artmed, 2014. p. 153-164.

GOMES, C. M. A. *Feuerstein e a construção mediada do conhecimento*. Belo Horizonte: Universidade Federal de Minas Gerais, 2002. p. 71-105.

MARQUES-TEIXEIRA, J. *Neurofeedback*: aspetos teóricos e práticos. 1. ed. [*s.l.*]: Taiga, 2022. p. 11-22.

MIOTTO, E. C. *Reabilitação neuropsicológica e intervenções comportamentais*. Rio de Janeiro: Roca, 2015. p. 13-17.

CAPÍTULO 03

Aprimorando o cérebro

Neurofeedback para potencializar a aprendizagem no TDAH em adolescentes

Este capítulo explora o neurofeedback como técnica de neuromodulação não invasiva para adolescentes com TDAH. Com base em mapeamentos de EEG e intervenções personalizadas, analisa padrões cerebrais, dificuldades comportamentais e ganhos pós-tratamento. Dois casos clínicos ilustram avanços em funções neurocognitivas, embasados por pesquisas que validam a eficácia e os desafios da abordagem.

Cíntia Mota e Sônia Alencar

CÍNTIA MOTA

Psicóloga clínica (2003), mestra em Psicologia e Saúde Mental (2018). Especialista em Saúde Mental (2006), Educação Permanente em Saúde, Neuropsicologia, Terapia Cognitivo-Comportamental, Neurociência e Tecnologia Aplicada. Formação em EMDR (*Eye Movement Desensitization and Reprocessing*), Biofeedback e Neurofeedback, e Estimulação Transcraniana por Corrente Contínua (tDCS/ETCC). Doutoranda em Psicologia (UCES, Argentina). Psicoterapeuta, com mais de 20 anos de experiência no atendimento de adolescentes e adultos, terapeuta cognitivo-comportamental e neuroterapeuta. Ampla atuação em atenção à crise em saúde mental, na atenção psicossocial no SUS e em gestão de políticas públicas de saúde mental. Também é docente e supervisora clínica.

Contatos: acolhersaudemental.com.br
cintiamota@yahoo.com.br
Instagram: @cintiamotaferraz
@acolher_saudemental
https://www.linkedin.com/in/cintia-mota-30530064
81 99114 4519

SÔNIA ALENCAR

Mestra em Docência Universitária (Ibero-Americana) e em Psicanálise (INSIGHT). Pós-graduada em Saúde Mental na Atenção Primária em Saúde (Hospital Albert Einstein), Neurociências e Tecnologias Aplicadas (Neurowork), Neurofeedback (Neurowork), Neuropsicopedagogia Clínica e em Classe Hospitalar. Graduada em Pedagogia (Uninove) e História (Uniban). Autora de artigos sobre neurofeedback, depressão e ansiedade. Coautora dos livros *Neuromodulação e infância: função executiva*. Participação em Congresso Internacional de Neuromodulação e no Congresso Internacional Depressão. Psicanalista e neuropsicopedagoga clínica. Graduanda em Terapia Ocupacional.

Contatos: sonia.alencar311265@gmail.com
https://bio.site/SolAlencar
https://solalencar.com.br/blog/
https://www.linkedin.com/company/sol-alencar/
11 99889 6926

1. Introdução

O transtorno de déficit de atenção e hiperatividade (TDAH) é uma das condições neuropsiquiátricas mais prevalentes, afetando entre 5% e 7% das crianças e adolescentes em idade escolar (American Psychiatric Association, 2013). Caracteriza-se por sintomas de desatenção, hiperatividade e impulsividade, que comprometem não apenas o desempenho acadêmico, mas também as interações sociais e a regulação emocional. Na adolescência, esses desafios são potencializados por mudanças neurobiológicas associadas ao desenvolvimento cerebral, tornando esse período uma janela crítica para intervenções terapêuticas.

Os casos analisados evidenciam a eficácia do neurofeedback na melhora de atenção, controle emocional, desempenho acadêmico e socialização, modulando regiões cerebrais como o córtex pré-frontal e o cíngulo anterior, essenciais para funções executivas e autorregulação. Este capítulo também aborda os avanços no uso do eletroencefalograma (EEG) para identificar subtipos de TDAH e direcionar intervenções terapêuticas, destacando o potencial do neurofeedback como parte de estratégias multimodais. Apesar de desafios, como a variabilidade nas respostas e a padronização de protocolos, a técnica se mostra promissora, com perspectivas de ampliação de sua aplicação clínica e acessibilidade futura.

1.1 Plasticidade cerebral na adolescência

Durante a adolescência, o cérebro passa por remodelagem intensa, incluindo poda sináptica e mielinização, especialmente no córtex pré-frontal, essencial para funções executivas como planejamento e controle inibitório. Áreas como o cíngulo anterior e os circuitos dopaminérgicos também desempenham papéis centrais na autorregulação emocional e na atenção (Casey, Jones & Hare, 2008; Diamond, 2013).

A poda sináptica elimina conexões menos usadas e fortalece as mais ativadas, refinando funções executivas no córtex pré-frontal. Em adolescentes com TDAH, atrasos nesse processo comprometem a autorregulação e o planejamento, exacerbando dificuldades de atenção e impulsividade (Diamond, 2013).

A mielinização intensifica-se na adolescência, acelerando a comunicação entre áreas cerebrais e melhorando a eficiência cognitiva. Alterações na mielinização de circuitos fronto-estriatais em indivíduos com TDAH estão associadas a déficits atencionais e hiperatividade (Arns *et al.*, 2020).

O cíngulo anterior, crucial na modulação emocional e no controle atencional, melhora sua conectividade com o córtex pré-frontal na adolescência, favorecendo maior autorregulação. Em adolescentes com TDAH, lentificação e hipercoerência nessa região refletem dificuldades em regular impulsos e emoções (Slater *et al.*, 2022).

Alterações no sistema dopaminérgico, responsável pela motivação e pelo processamento de recompensas, contribuem para déficits em atenção e regulação comportamental em adolescentes com TDAH.

A plasticidade cerebral na adolescência cria uma janela de oportunidade para intervenções como o neurofeedback, que modula padrões cerebrais disfuncionais. Estudos sugerem que a adaptabilidade neural facilita o aprendizado de autorregulação, com benefícios duradouros (Yu *et al.*, 2020; Giedd, 2012).

1.2 Regulação tônica, de alerta e dos estados mentais: o modelo de Alexander Luria

Alexander Luria, pioneiro da neuropsicologia, propôs um modelo funcional do cérebro humano baseado em três unidades fundamentais que interagem para sustentar comportamentos e funções cognitivas complexas. Essas unidades são essenciais para entender o impacto do TDAH no funcionamento cerebral.

Primeira unidade funcional: regulação do tônus e vigília

Localizada no tronco encefálico e na formação reticular, essa unidade é responsável por manter o estado de alerta e ativar o córtex cerebral. Ela é fundamental para a atenção sustentada e o processamento cognitivo eficiente. Em indivíduos com TDAH, disfunções nessa unidade podem levar a dificuldades em manter o foco, distrações frequentes e oscilações no nível de vigilância.

Segunda unidade funcional: recepção e processamento de informações

Englobando os lobos parietal, temporal e occipital, essa unidade processa informações sensoriais e integra percepções complexas. Disfunções no TDAH podem causar dificuldades no processamento visual e auditivo, comprometendo a leitura, a memória e a integração sensorial, resultando em distrações e problemas de concentração.

Terceira unidade funcional: programação e controle

Localizada no córtex pré-frontal, essa unidade é responsável por funções executivas como planejamento, controle inibitório e flexibilidade cognitiva. Em indivíduos com TDAH, disfunções nessa unidade estão associadas a impulsividade, dificuldades de planejamento e problemas na adaptação a novas situações.

1.3 Assinaturas neurais do TDAH

As assinaturas neurais do TDAH, conforme discutido por pesquisadores como Joel T. Nigg e Nora Volkow (Nigg *et al.*, 2005; Volkow *et al.*, 2009), abrangem desde os fundamentos genéticos até as manifestações comportamentais e as abordagens terapêuticas mais recentes.

- **Genes de sistemas de catecolaminas:** estudos indicam que genes relacionados à dopamina e à noradrenalina, como transportador de dopamina (DAT) e transportador de noradrenalina (NET), influenciam diretamente o controle da atenção e do comportamento (Faraone *et al.*, 2005).
- **Transportadores de neurotransmissores:** a regulação da recaptação de dopamina e noradrenalina pelas proteínas DAT e NET está associada ao equilíbrio neuroquímico e ao desempenho cognitivo (Volkow *et al.*, 2009).
- **Receptores e enzimas:** receptores dopaminérgicos (D4 e D5) e a enzima dopamina β-hidroxilase desempenham papéis críticos na sensibilidade e na disponibilidade dos neurotransmissores, impactando diretamente o TDAH (Swanson *et al.*, 2000).

Além dos fatores genéticos, estudos apontam que os fatores epigenéticos e ambientais, como a exposição a estressores pré-natais e o ambiente familiar, podem modular a expressão desses genes, contribuindo para a heterogeneidade do quadro clínico do TDAH.

- **Alterações no EEG:** o eletroencefalograma pode identificar padrões de atividade cerebral que são característicos de indivíduos com TDAH. Esses padrões incluem maior ocorrência de sinais de curta amplitude nas regiões frontais do cérebro, o que pode indicar atrasos no desenvolvimento de estruturas cerebrais relacionadas à atenção e à organização da informação.

2. Alterações funcionais observadas no EEG no TDAH

Diversos estudos de EEG identificaram padrões cerebrais característicos em indivíduos com TDAH, fornecendo importantes achados para diagnóstico e intervenção terapêutica. Entre as principais alterações, destacam-se:

- **Relação teta/beta alterada:** um dos achados mais consistentes no TDAH é o aumento da relação teta/beta em regiões frontais, indicando uma hiperatividade de ondas lentas (teta) e uma redução na atividade rápida (beta), refletindo dificuldades de controle inibitório e atenção sustentada (Barry *et al.*, 2003).
- **Redução na atividade beta:** a banda beta, associada a processos atencionais e funções executivas, costuma ser reduzida, principalmente no córtex pré-frontal, em crianças e adolescentes com TDAH (Arns *et al.*, 2013).
- **Oscilações em altas frequências:** alguns subtipos de TDAH apresentam aumento atípico em frequências hi-beta (beta rápido) e gama, sugerindo dificuldades no processamento sensorial e na filtragem de estímulos irrelevantes (Clarke *et al.*, 2011).
- **Assimetrias hemisféricas:** alterações assimétricas na atividade neural entre hemisférios cerebrais podem ser observadas especialmente em tarefas de atenção e regulação emocional, indicando disfunções em redes específicas do cérebro (Loo; Barkley, 2005).

Esses padrões ajudam não apenas na identificação do TDAH, mas também no desenvolvimento de intervenções personalizadas, como o neurofeedback, que visa à modulação das ondas cerebrais para otimizar o funcionamento cognitivo e comportamental. Embora o EEG forneça informações valiosas, ele não é utilizado como ferramenta diagnóstica isolada para o TDAH. O diagnóstico deve ser baseado em uma avaliação clínica abrangente que inclui a história do paciente, sintomas e outros exames complementares.

2.2 Subtipos de TDAH e padrões de EEG

O transtorno de déficit de atenção e hiperatividade é uma condição neuropsiquiátrica heterogênea, com diferentes manifestações sintomáticas que podem ser relacionadas a padrões específicos de atividade cerebral identificados pelo EEG. A classificação dos subtipos de TDAH com base nos achados eletroencefalográficos enriquece o diagnóstico e orienta intervenções terapêuticas personalizadas, como o neurofeedback (Arns *et al.*, 2020; Slater *et al.*, 2022).

Subtipos identificados pelo EEG

Razão teta/beta elevada:

- Comumente observada em subtipos predominantemente desatentos.
- Caracteriza-se por uma proporção elevada de atividade de ondas lentas (teta, 4-8 Hz) em relação às ondas rápidas (beta, 13-21 Hz) nas regiões frontais e centrais.
- Esse padrão reflete lentificação cognitiva, comprometendo o foco atencional e a capacidade de processamento rápido de informações (Lubar, 1997).
- Cerca de 70% dos indivíduos com TDAH apresentam esse perfil, tornando-o um dos biomarcadores mais estudados.

Hiperatividade beta:

- Predominante nos subtipos hiperativos e impulsivos.
- Caracteriza-se por atividade beta excessiva (18-26 Hz) em regiões frontais e centrais, frequentemente associada a ansiedade e impulsividade.
- A hiperatividade beta é comumente relacionada a sintomas de hipervigilância e dificuldade de controle emocional (Slater *et al.*, 2022).

Hipercoerência frontal e central:

- Observada em indivíduos com rigidez cognitiva e dificuldade de adaptação emocional.
- Representa uma sincronização excessiva entre regiões cerebrais, limitando a flexibilidade mental e a capacidade de integrar informações (Arns *et al.*, 2020).

- A hipercoerência frontal está associada a comportamentos obsessivos, enquanto a central pode refletir hipersensibilidade física e dificuldades psicomotoras.

Déficit no ritmo sensório-motor (SMR):

- Caracteriza-se por níveis reduzidos de atividade SMR (12-15 Hz) na região sensório-motora.
- Está associado a inquietação motora, dificuldades de controle inibitório e sono agitado (Yu *et al.*, 2020).
- Indivíduos com déficits no SMR frequentemente apresentam bruxismo, dificuldade para iniciar o sono e instabilidade emocional.

Oscilações alfa excessivas:

- Encontradas em subtipos desatentos, com predomínio de ondas alfa (8-12 Hz) em regiões posteriores e, em alguns casos, frontais.
- Refletem um estado de baixa ativação cerebral, dificultando o engajamento em tarefas e a regulação da atenção (Slater *et al.*, 2022).

Lentificação do cíngulo anterior:

- Caracteriza-se por atividade lenta (teta) predominante na região do cíngulo anterior.
- Está correlacionada com embotamento emocional, procrastinação e baixa capacidade de monitoramento comportamental (Lubar, 1997; Casey, Jones & Hare, 2008).

3. Neurofeedback como estratégia terapêutica para o TDAH

O neurofeedback é uma técnica de treinamento cerebral baseada em evidências, que utiliza o monitoramento em tempo real da atividade elétrica cerebral por meio do EEG. Essa abordagem possibilita ao indivíduo aprender a autorregular suas oscilações neurais, promovendo melhorias em circuitos cerebrais disfuncionais. Durante as sessões, o paciente recebe feedback imediato (auditivo, visual ou sensorial) sobre a atividade cerebral, permitindo que padrões inadequados sejam progressivamente ajustados e que ocorra uma modulação eficiente do comportamento e das funções cognitivas (Yu *et al.*, 2020).

No contexto do transtorno de déficit de atenção e hiperatividade (TDAH), estudos demonstram que o neurofeedback tem impacto positivo sobre padrões neurais associados à desregulação de atenção, impulsividade e hiperatividade. Uma das principais abordagens utilizadas é a modulação da razão teta/beta, que frequentemente está alterada em indivíduos com TDAH. Essa relação reflete a proporção entre a atividade de ondas lentas teta (associadas a estados de distração e baixa atenção) e ondas mais rápidas beta (relacionadas ao foco e processamento ativo). Outra técnica frequentemente aplicada é o treinamento do ritmo sensório-motor (SMR), que visa aumentar a estabilidade neural em regiões relacionadas à inibição de respostas automáticas e controle motor (Arns *et al.*, 2014).

Além disso, o neurofeedback é particularmente promissor durante a adolescência, uma fase marcada por alta plasticidade cerebral. Pesquisas recentes sugerem que o cérebro adolescente responde mais rapidamente às intervenções personalizadas, permitindo um ajuste fino dos circuitos neurais envolvidos na autorregulação emocional, atenção sustentada e controle inibitório (Slater *et al.*, 2022). Isso é especialmente relevante para adolescentes com TDAH, que apresentam desafios significativos no funcionamento acadêmico, social e emocional.

3.1 Benefícios e eficácia do neurofeedback no TDAH

O neurofeedback é uma técnica não invasiva e com baixo risco de efeitos adversos, destacando-se como alternativa ou complemento ao tratamento farmacológico. Estudos indicam que seus benefícios podem ser duradouros, ao modificar padrões cerebrais e comportamentais (Van Doren *et al.*, 2018). A personalização dos protocolos, ajustada às características individuais, aumenta a eficácia do tratamento (Cortese *et al.*, 2016). Além disso, o neurofeedback se mostra especialmente útil em casos de resistência ao uso de medicação ou quando os medicamentos não produzem resultados satisfatórios. A combinação com abordagens comportamentais e psicoeducativas potencializa os resultados, promovendo mudanças integradas no funcionamento cerebral e na qualidade de vida dos pacientes.

3.2 Intervenções baseadas nos subtipos

Os achados de EEG permitem a personalização dos protocolos de neurofeedback, ajustando as intervenções às necessidades específicas de cada paciente.

Por exemplo:

- **Razão teta/beta elevada:** protocolos focados em reduzir teta e aumentar beta nas regiões frontais.
- **Hiperatividade beta:** treinamento em regiões centrais e posteriores para reduzir a atividade beta excessiva.
- **Déficit no SMR:** estímulo do ritmo sensório-motor em Cz para melhorar o controle motor e a qualidade do sono.

3.3 Importância clínica

Os subtipos identificados pelo EEG ajudam a compreender as diferenças individuais no TDAH, permitindo intervenções mais eficazes e direcionadas. Além disso, esses padrões oferecem biomarcadores objetivos para monitorar os efeitos das intervenções, como o neurofeedback, e ajustar os protocolos de acordo com a evolução do paciente.

Evidências científicas

Uma revisão sistemática realizada por Loo e Makeig (2012) analisou estudos de EEG em TDAH e concluiu que padrões como a razão teta/beta elevada são consistentes em diversos estudos, reforçando sua utilidade como biomarcador. No entanto, os autores destacam a necessidade de padronização metodológica para aumentar a confiabilidade dos achados.

Além disso, um estudo de meta-análise conduzido por Snyder *et al.* (2015) questionou a especificidade da razão teta/beta como biomarcador exclusivo para TDAH, sugerindo que esse padrão pode não ser suficientemente específico para diferenciar TDAH de outras condições.

4. Casos clínicos: evidenciando a eficácia do neurofeedback nas intervenções clínicas

O neurofeedback tem se mostrado uma abordagem eficaz e baseada em evidências no manejo do TDAH, em especial quando os protocolos são personalizados a partir dos padrões cerebrais identificados por EEG. Em nossa prática clínica, acompanhamos dois adolescentes que enfrentavam desafios relacionados à atenção, ao controle emocional e às habilidades sociais. A análise dos mapeamentos pré e pós-intervenção demonstrou como a aplicação estratégica e individualizada do neurofeedback resultou em melhorias significativas, oferecendo uma perspectiva prática sobre seu impacto positivo no tratamento do TDAH.

4.1 Casos clínicos

Caso 1 – Adolescente com TDAH e dificuldades de socialização

- **História clínica**
  - Adolescente de 16 anos com diagnóstico de TDAH e queixas de dificuldades sociais e acadêmicas.
  - **Queixas**: procrastinação, baixa autorregulação emocional, resistência a mudanças.

- **Impactos**: autoestima prejudicada e dificuldade de engajamento em atividades cotidianas.

- **Achados do EEG pré-intervenção**
  - **Razão teta/beta elevada**: regiões frontais e centrais. Implicações: dificuldade em manter atenção sustentada e controle de impulsos.
  - **Hipercoerência frontal**: conectividade excessiva.
  - **Relevância**: rigidez mental e dificuldade emocional.
  - **Lentificação no cíngulo anterior**: aumento de ondas lentas. Implicações: embotamento emocional e padrões compulsivos.

- **Planejamento da intervenção**
  - **Reduzir teta/beta**: reforço de ondas beta e redução de teta para maior foco e atenção sustentada.
  - **Reduzir a hipercoerência frontal**: protocolo para normalizar conectividade excessiva e promover autorregulação emocional.
  - **Diminuir a lentificação no cíngulo anterior**: estímulo de ritmos alfa e beta para maior flexibilidade cognitiva e emocional.

- **Protocolo de neurofeedback**
  - **Frequência**: duas sessões semanais de 45 minutos.
  - **Duração**: 40 sessões ao longo de seis meses.
  - **Equipamento**: sistema EEG de 4 canais com feedback visual e auditivo.
  - **Regiões**: Fp1, Fp2, F3, F4, Fz, Cz.

- **Resultados observados**
  - **Desempenho acadêmico**:

    *Maior concentração, redução de procrastinação e aumento na organização de tarefas.

    *Melhora nas notas e no engajamento acadêmico.
  - **Habilidades sociais**:

    *Maior adaptação a mudanças, resolução de conflitos e interação assertiva.

- **EEG pós-intervenção**:

  *Redução da razão teta/beta e maior equilíbrio na atividade do cíngulo anterior.

- **Impactos finais**
  - Progresso acadêmico evidente e melhora nas habilidades sociais.
  - Maior autoconfiança, disposição e engajamento em novas atividades.

Caso 2 – Adolescente com TDAH e ansiedade elevada

- **História clínica**
  - Adolescente de 17 anos com TDAH subtipo desatento e sintomas intensos de ansiedade.
  - **Queixas**: dificuldades acadêmicas, inquietação mental, pensamentos ruminativos, sono perturbado e baixa autoestima.
  - **Impactos**: prejuízo no desempenho escolar e na socialização, aumento da irritabilidade e da dificuldade de relaxar.

- **Achados do EEG pré-intervenção**
  - **Razão teta/beta elevada**: regiões frontais e centrais. Implicações: dificuldade de atenção sustentada e processamento lento.
  - **Excesso de ondas beta altas (hi-beta)**: regiões frontais e parietais.
  - **Relevância**: hiperexcitação cortical, ansiedade elevada.
  - **Redução de ondas alfa posteriores**: regiões occipitais. Implicações: dificuldade de relaxamento, sono perturbado.

- **Planejamento da intervenção**
  - **Normalizar teta/beta**: reforço de ondas beta e redução de teta para melhorar foco e desempenho acadêmico.
  - **Reduzir hi-beta**: treinamento para aliviar hiperexcitação cortical e reduzir sintomas de ansiedade e pensamentos intrusivos.
  - **Aumentar ondas alfa posteriores**: estímulo para ondas alfa nas regiões occipitais, promovendo relaxamento e sono reparador.

- **Protocolo de neurofeedback**
  - **Frequência**: três sessões semanais de 45 minutos.
  - **Duração**: 50 sessões ao longo de oito meses.
  - **Equipamento**: sistema EEG de 4 canais com feedback visual e auditivo.
  - **Regiões**: Fp1, Fp2, F3, F4 (frontais), P3, P4 (parietais) e O1, O2 (occipitais).

- **Resultados observados**
  - **Desempenho acadêmico**:

    *Maior capacidade de concentração e foco em sala de aula, entrega de trabalhos de melhor qualidade.

    *Redução da procrastinação e melhora na gestão do tempo, auxiliada por estratégias da TCC.
  - **Habilidades sociais**:

    *Menor impacto da ansiedade em interações sociais, maior confiança em situações grupais.

    *Maior equilíbrio emocional e habilidade para lidar com conflitos interpessoais.
  - **Qualidade do sono**:

    *Melhor padrão de sono com redução de despertares noturnos e maior facilidade para iniciar o sono.

    *Impacto positivo na disposição diurna e redução da ansiedade generalizada.

- **Impactos finais**
  - Avanços acadêmicos, sociais e emocionais.
  - Maior autoconfiança, disposição, redução de ansiedade e melhor qualidade de vida.

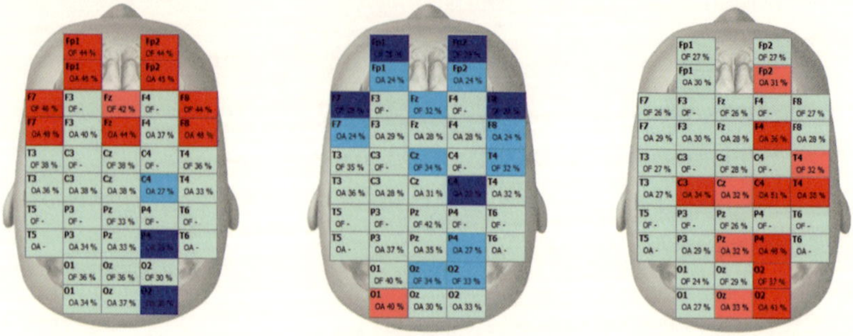

Frequências baixas **Frequências médias** **Frequências altas**

EEG pré-intervenção – visão geral das amplitudes.

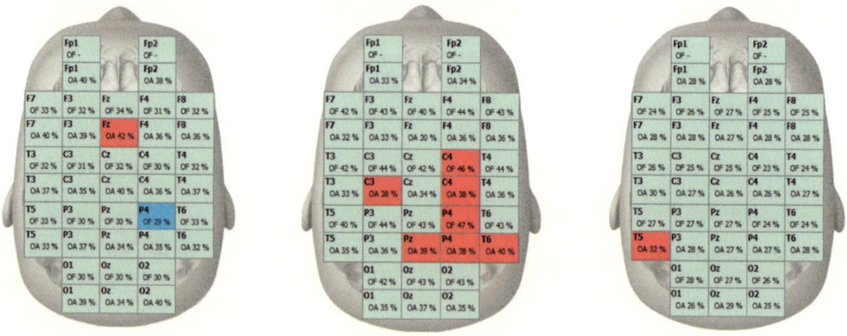

Frequências baixas **Frequências médias** **Frequências altas**

EEG pós-intervenção – visão geral das amplitudes.

5. Discussão

Os casos apresentados demonstram que o neurofeedback, aliado ao mapeamento cerebral, permite intervenções direcionadas e eficazes no manejo do TDAH. Estudos como os de Slater *et al.* (2022) reforçam a importância de protocolos personalizados baseados em biomarcadores específicos, como a razão teta/beta e o ritmo sensório-motor.

No entanto, a variabilidade interindividual nas respostas ao neurofeedback destaca a necessidade de pesquisas que explorem combinações multimodais, como intervenções comportamentais e medicamentosas, para potencializar os resultados (Arns *et al.*, 2020).

6. Conclusão

O neurofeedback, fundamentado em mapeamentos de EEG, apresenta-se como uma abordagem terapêutica altamente promissora no manejo do TDAH, especialmente na adolescência, uma fase marcada por plasticidade cerebral e intensas transformações neuropsicológicas. Os casos analisados neste capítulo evidenciam que intervenções personalizadas podem não apenas modificar padrões disfuncionais de atividade cerebral, como também promover melhorias significativas em áreas essenciais para a qualidade de vida, incluindo desempenho acadêmico, socialização e regulação emocional.

A eficácia observada nos dois adolescentes reforça a relevância do neurofeedback como uma técnica não invasiva e ajustável a subtipos específicos de TDAH. A modulação de padrões como a razão teta/beta, o ritmo sensório-motor (SMR) e a hiperatividade beta demonstrou impacto direto na autorregulação emocional e no aprimoramento das funções executivas, corroborando achados de estudos recentes (Slater *et al.*, 2022; Arns *et al.*, 2020).

Avanços e potenciais do neurofeedback

O neurofeedback complementa abordagens farmacológicas e comportamentais, além de se posicionar como uma alternativa em cenários onde o uso de medicamentos não é viável ou desejável. Estudos longitudinais indicam que os ganhos obtidos com o treinamento cerebral tendem a ser duradouros, uma vez que as mudanças nas oscilações cerebrais refletem a consolidação de redes neurais mais eficientes (Lubar, 1997; Arns *et al.*, 2020). Além disso, a crescente sofisticação dos sistemas de neurofeedback e a integração de inteligência artificial podem potencializar ainda mais a precisão e a eficácia dessas intervenções.

Desafios e limitações

Apesar de seus benefícios, o neurofeedback enfrenta desafios que precisam ser considerados. A variabilidade individual nas respostas ao tratamento e a necessidade de maior padronização dos protocolos são questões que ainda demandam estudos mais abrangentes e rigorosos (Slater *et al.*, 2022). Além disso, a interpretação de padrões de EEG requer profissionais especializados, o que pode limitar sua acessibilidade em algumas regiões.

Perspectivas futuras

Pesquisas futuras devem focar em explorar combinações entre o neurofeedback e outras abordagens terapêuticas, como terapia cognitivo-comportamental, potencializando seus efeitos em populações com TDAH. Outra direção promissora é a utilização de ferramentas de aprendizado de máquina para personalizar ainda mais os protocolos, integrando dados genéticos, comportamentais e neurofisiológicos.

Contribuições para o campo da saúde mental

O neurofeedback, fundamentado em evidências, surge como uma abordagem inovadora na saúde mental, especialmente no tratamento do TDAH em adolescentes. Baseado em dados de mapeamentos cerebrais, permite intervenções personalizadas que atendem às necessidades neuropsicológicas individuais, potencializando resultados. Por ser uma técnica não invasiva, oferece uma alternativa eficaz quando tratamentos convencionais, como medicamentos, apresentam limitações. Ao unir ciência, tecnologia e prática clínica, este trabalho demonstra como o neurofeedback contribui para melhorar atenção, controle emocional e impulsividade, apontando para uma evolução no cuidado em saúde mental e no atendimento às demandas da sociedade contemporânea.

7. Referências

AMERICAN PSYCHIATRIC ASSOCIATION. *Diagnostic and statistical manual of mental disorders*. 5. ed. 2013.

ARNS, M.; CONNERS, C. K.; KRAEMER, H. C. A decade of EEG theta/beta ratio research in ADHD: a meta-analysis. *Journal of Attention Disorders*, v. 17, n. 5, p. 374-383, 2013.

ARNS, M.; HEINRICH, H.; STREHL, U. Evaluation of neurofeedback in ADHD: the long and winding road. *Biological Psychology*, v. 95, p. 108-115, 2014.

ARNS, M.; CONNERS, C. K.; KRAEMER, H. C. A decade of EEG theta/beta ratio research in ADHD: a meta-analysis. *Neurofeedback Journal*, 2020.

BARRY, R. J.; CLARKE, A. R.; MCCARTHY, R.; SELIKOWITZ, M. EEG differences in children as a function of resting-state arousal level. *Clinical Neurophysiology*, v. 115, n. 2, p. 402-408, 2004.

BARKLEY, R. A. *Attention-deficit hyperactivity disorder:* a handbook for diagnosis and treatment. 3. ed. New York: Guilford Press, 2005.

CASEY, B. J.; JONES, R. M.; HARE, T. A. The adolescent brain. *Annals of the New York Academy of Sciences*, v. 1124, n. 1, p. 111-126, 2008. Disponível em: https://pubmed.ncbi.nlm.nih.gov/18400927/. Acesso em: 7 abr. 2025.

CORTESE, S. *et al.* Neurofeedback for ADHD: a meta-analysis of randomized controlled trials. *Journal of Attention Disorders*, v. 20, n. 8, p. 655-662, 2016.

DIAMOND, A. Executive functions and self-regulation in adolescence. *Annual Review of Psychology*, 2013.

GIEDD, J. N. Brain development in children and adolescents: insights from anatomical magnetic resonance imaging. *Neuroscience & Behavioral Reviews*, v. 30, n. 6, p. 718-729, 2006.

LOO, S. K.; MAKEIG, S. Clinical utility of EEG in attention-deficit/hyperactivity disorder: a research update. *Neurotherapeutics*, v. 9, n. 3, p. 569-587, 2012.

LUBAR, J. F. Neurofeedback in the treatment of ADHD. *Journal of Clinical Psychology*, 1997.

SLATER, J. *et al.* Can electroencephalography (EEG) identify ADHD subtypes? A systematic review. *Neuroscience & Biobehavioral Reviews*, 2022.

SNYDER, S. M.; RUGINO, T. A.; HORNIG, M.; STEIN, M. A. Integration of an EEG biomarker with a clinician's ADHD evaluation. *Brain and Behavior*, v. 5, n. 4, 2015.

VAN DOREN, J.; ARNS, M.; HEINRICH, H.; VOLLEBREGT, M. A.; STREHL, U.; LOO, S. K. Sustained effects of neurofeedback in ADHD: a systematic review and meta-analysis. *European Child & Adolescent Psychiatry*, v. 28, n. 3, p. 293-305, 2018.

YU, T. Y.; TSENG, H. H.; LIN, C. C. Neurofeedback protocol for executive function to reduce depression and rumination. *Clinical Psychopharmacology and Neuroscience*, 2020.

CAPÍTULO 04

Introdução à neuromodulação não invasiva e aprendizagem

Perspectivas multidisciplinares

Neste capítulo, exploramos como a neuromodulação não invasiva pode transformar os processos de aprendizagem e desenvolvimento. Fazemos uma análise detalhada das fases do desenvolvimento cognitivo e de como a aprendizagem ocorre em diferentes etapas. Para ilustrar os impactos práticos, incluímos um caso de um paciente com TDAH e dislexia, que passou por tratamento com neurofeedback e apresentou respostas positivas. O capítulo traz uma visão acessível e fundamentada para profissionais e pais que buscam entender e utilizar a neuromodulação como ferramenta de apoio no desenvolvimento educacional e terapêutico.

Edjane Nascimento e Leticia Ribeiro

EDJANE NASCIMENTO

Psicóloga clínica formada pela Faculdade São Francisco de Barreiras (FASB), formada em Neuropsicologia pelo Ciclo CEAP e em Neurofeedback pelo Neurowork Brasil.

Contatos: edjane.psicologia@hotmail.com
Instagram: @casmsaudemental
77 99920 1166

LETICIA RIBEIRO

Neuropsicopedagoga clínica e institucional, psicopedagoga clínica formada pelo IEPSIS, mentora de educação inclusiva, treinadora de Neurofeedback formada pelo Neurowork, especialista em TDAH e Dislexia e pós-graduanda em Neurofeedback e em Saúde Mental.

Contatos: leticianeuropp@gmail.com
Instagram: @neurofeedback.leticia
11 96466 8369

Introdução à neuromodulação

A neuromodulação é uma técnica que atua diretamente sobre o sistema nervoso, promovendo mudanças na atividade cerebral para melhorar funções cognitivas, comportamentais e emocionais. Ela utiliza estímulos específicos a fim de ajudar o cérebro a regular suas ondas cerebrais, fortalecendo áreas com menor atividade e equilibrando padrões de funcionamento. Essa intervenção é especialmente eficaz em casos de TDAH, dislexia, transtornos de ansiedade e outras condições que afetam o desenvolvimento infantil.

Compreender os marcos do desenvolvimento infantil, tanto típico quanto atípico, é essencial para profissionais que atuam com neuromodulação e intervenções multidisciplinares. Esses marcos representam etapas esperadas de habilidades físicas, cognitivas, emocionais e sociais que a criança adquire ao longo do tempo. Quando conhecemos essas fases, conseguimos diferenciar atrasos que podem ser transitórios daqueles que indicam uma condição subjacente, como TDAH, dislexia e outros transtornos do neurodesenvolvimento.

Para uma intervenção eficaz, especialmente com o uso de técnicas de neuromodulação, é crucial identificar quais funções cognitivas estão comprometidas e em que grau. A neuromodulação atua no fortalecimento de redes neurais e na autorregulação cerebral, e sua aplicação ganha potência ao ser adaptada ao perfil específico da criança. Compreendendo os padrões de desenvolvimento esperado, é possível traçar objetivos claros e específicos, seja para aumentar a atenção, reduzir a impulsividade ou auxiliar nas habilidades de leitura e linguagem.

Além disso, essa compreensão dos marcos contribui para o trabalho multidisciplinar, envolvendo profissionais como psicólogos, neuropsicopedagogos, terapeutas ocupacionais e fonoaudiólogos. Cada especialista pode focar nas áreas que necessitam de maior suporte, como habilidades motoras finas ou desenvolvimento da linguagem, enquanto acompanha o progresso global da criança. Esse trabalho em equipe permite intervenções mais completas e integradas, que respeitam o ritmo individual da criança e fortalecem os avanços nas áreas com maior dificuldade.

Em resumo, o entendimento profundo do desenvolvimento infantil permite personalizar as intervenções, aumentar a eficácia da neuromodulação e criar estratégias complementares, visando uma melhora sustentável e global na qualidade de vida da criança e no seu potencial de aprendizagem.

Marcos do desenvolvimento

É importante entender sobre os marcos do desenvolvimento para atuar nas intervenções necessárias com precisão e assertividade.

Diante disso, torna-se necessário descrever tais marcos, a fim de que, partindo do entendimento dessas etapas, seja possível a observação do desenvolvimento da criança que chega até nós, profissionais de saúde e educação.

A Sociedade Brasileira de Pediatria lançou uma cartilha (2024) com os marcos do desenvolvimento, a fim de auxiliar na identificação precoce de atrasos do neurodesenvolvimento em bebês e crianças de dois meses a cinco anos.

Identificando precocemente atrasos nas habilidades motoras, cognitivas, emocionais e de linguagem, torna-se possível estabelecer possíveis ações de intervenções adequadas.

Entendendo que cada idade apresenta características individuais e específicas de cada sujeito, torna-se necessário entender em que situação ou marco cada criança se encontra. Mesmo compreendendo que os marcos são necessários, não podemos esquecer de olhar o indivíduo na sua singularidade, para, assim, estabelecer, quando necessário, um plano de intervenção (Sociedade Brasileira de Pediatria, 2024).

Marcos do desenvolvimento infantil, de acordo com a Sociedade Brasileira de Pediatria (2024)

2 meses

- Emite sons diferentes ao chorar.
- Mantém a cabeça erguida quando está de bruços.
- Move os dois braços e as duas pernas.
- Observa você enquanto você se move.
- Acalma-se quando conversa com ele/a ou o/a pega no colo.
- Olha para o seu rosto.

4 meses

- Faz sons quando falam com ele/ela.
- Leva as mãos à boca.
- Se estiver com fome, abre a boca quando vê a mama ou a mamadeira.
- Mantém a cabeça firme sem apoio quando está sendo segurado/a.
- Empurra o tronco para cima, apoiando-se nos cotovelos/antebraços quando deitado/a de barriga para baixo.

6 meses

- Coloca coisas na boca para explorá-las.
- Fecha os lábios para mostrar que não quer mais comida.
- Apoia-se nas mãos para se sustentar quando sentado/a.
- Sopra saliva, coloca a língua para fora e sopra.

9 meses (idade recomendada para uma triagem de desenvolvimento)

- Consegue se sentar sozinho/a.
- Mostra várias expressões faciais, como feliz, triste, irritado/a e surpreso/a.
- Olha quando você o/a chama pelo nome.
- Levanta os braços para ser pego/a.
- Move as coisas de uma mão para a outra.
- Senta-se sem suporte.

1 ano

- Acena "tchau".
- Chama "mama" ou "papa" ou outro nome especial.
- Entende "não" (faz uma pausa breve ou para quando você diz isso).
- Caminha, segurando nos móveis.
- Bebe de um copo sem tampa, enquanto outra pessoa segura.
- Pega as coisas entre o polegar e o indicador, como pequenos pedaços de comida.

15 meses

- Dá alguns passos por conta própria.
- Bate palmas quando animado/a.
- Mostra afeto (abraços ou beijos).
- Tenta usar as coisas de maneira correta, como telefone, copo ou livro.
- Olha para um objeto familiar quando você o nomeia.
- Aponta para pedir algo ou para obter ajuda.

18 meses (idade recomendada para uma triagem geral do desenvolvimento e triagem de autismo)

- Consegue rabiscar.
- Aponta para mostrar algo interessante.
- Ajuda você a vesti-lo/a, empurrando o braço pela manga ou levantando o pé.
- Caminha sem se segurar em ninguém ou em nada.
- Tenta usar uma colher.
- Brinca com brinquedo de maneira simples, como empurrar um carro de brinquedo.

2 anos (idade também recomendada para triagem de desenvolvimento e autismo)

- Diz, pelo menos, duas palavras juntas, como "mais leite".
- Nota quando os outros estão magoados ou chateados.
- Aponta para, pelo menos, duas partes do corpo quando você pede a ele/a para mostrar.

- Usa mais gestos do que apenas acenar "sim" com a cabeça.
- Chuta uma bola.

30 meses (idade recomendada para triagem geral de desenvolvimento)

- Diz palavras como "eu", "você" ou "nós".
- Mostra habilidades simples de resolução de problemas, como ficar em pé em um banquinho para alcançar algo.
- Segue instruções de duas etapas, como "coloque o brinquedo no chão e feche a porta".
- Usa as mãos para torcer coisas, como girar maçanetas ou abrir tampa.
- Tira algumas roupas sozinhas, como calças soltas ou uma jaqueta aberta.

3 anos

- Veste algumas roupas sozinho/a.
- Acalma-se dentro de dez minutos depois de ser deixado/a na creche.
- Observa outras crianças e se junta a elas para brincar.
- Diz o primeiro nome quando perguntado.
- Fala bem o suficiente para que as outras pessoas entendam, na maioria das vezes.

4 anos

- Fala sobre, pelo menos, uma coisa que aconteceu durante o dia.
- Finge ser um personagem ao brincar (professor, super-herói, cachorro etc.).
- Conforta os outros que estão feridos ou tristes.
- Segura lápis entre os dedos e o polegar (não no punho).
- Muda o comportamento com base em onde está (local de culto, biblioteca, playground etc.).
- Nomeia algumas cores de objetos.

5 anos

- Escreve algumas letras do próprio nome.
- Conta até dez.

- Usa palavras sobre o tempo, como "ontem", "amanhã", "manhã" ou "noite".
- Segue regras ou se reveza ao brincar com outras crianças.
- Canta, dança ou atua para você.
- Faz tarefas simples em casa, como combinar meias ou limpar a mesa depois de comer.

A partir das características descritas, torna-se necessária a observação dos profissionais, bem como intervenções específicas de acordo com a demanda individual da criança, a fim de propiciar um acompanhamento mais assertivo e preciso no que tange à necessidade do paciente (Sociedade Brasileira de Pediatria, 2024).

A partir dos marcos do desenvolvimento, entramos no processo das habilidades alcançadas pelo sujeito, permitindo, assim, o processo de aprendizagem.

Como se dá a aprendizagem

De acordo com Piaget e outros teóricos que dividem o desenvolvimento em estágios, acredita-se que a evolução das capacidades e habilidades cognitivas perpassa um conjunto de pressupostos. Sendo assim, supõe-se que o sucesso cognitivo está relacionado com a maturação da obtenção de novas capacidades, reorganizadas em exploração com o meio em que se vive. Acredita-se também que as estruturas mentais são dinâmicas e mudam conforme a mutação celular e condições biológicas. A partir disso, entende-se que a condição cerebral do indivíduo sofre mudanças em diferentes contextos e estágios da sua vida. Cabe ainda ressaltar que a interação com o meio desenvolve habilidades fundamentais para o desenvolvimento cognitivo da criança. Com isso, reforça-se a importância do estímulo preciso no momento em que o indivíduo, a partir da maturação, apresenta algum sinal que fuja dos marcos de desenvolvimento – trata-se, portanto, de um "estímulo certo na hora certa" (Mussen *et al.*, 1977).

Com isso, os teóricos da aprendizagem acreditam e apoiam a ideia de que a aprendizagem se dá por meio de estímulos e respostas. Isto ocorre na teoria do comportamentalismo; já nas teorias cognitivas da aprendizagem, ocorre da seguinte forma: os psicólogos utilizam dos conceitos de teoria da aprendizagem a fim de considerar as motivações internas que não são observadas, e também o comportamento observado. Os adeptos dessa visão também acreditam nos processos de pensamento como relação interna entre estímulos e respostas (Gagné, 1965).

No entanto, os teóricos da aprendizagem criticam Piaget, relatando que o autor não enfatiza a maturação e descreve as crianças como receptoras não ativas de impactos ambientais. Portanto, na teoria cognitiva da aprendizagem, acredita-se que as crianças devem se organizar ativamente ou iniciarem suas experiências, o que as torna mais livres para criar e expor a sua capacidade criativa de maneira menos sugestiva (Mussen *et al.*, 1977).

Dificuldades de aprendizagem

Quando falamos de aprendizagem, é inevitável não abordar as dificuldades de aprendizagem.

O fracasso escolar, que acontece de forma frequente por conta das dificuldades de aprendizagem, reflete diretamente na baixa autoestima dos alunos e faz com que aqueles que vivem essa experiência deixem de ir para a escola ou até mesmo de se matricular no ano seguinte (Picolotto & Gonçalves, 2015).

A dificuldade de aprendizagem causa desmotivação e impacta outros fatores emocionais no indivíduo que apresenta essa questão. Essa situação pode ocorrer em decorrência de fatores que são experienciados pelo sujeito durante a sua vida (Cancian & Malacarne, 2019).

Transtorno de aprendizagem

É uma condição neurobiológica que acomete o sistema cerebral, fazendo com que o sujeito possua limitações no funcionamento de algumas áreas do córtex.

Moojen, Bassoa & Gonçalves (2016) apontam que os transtornos de aprendizagem estão relacionados com disfunções do sistema nervoso central, acometendo áreas específicas do cérebro e comprometendo a cognição e o processamento de informações.

Diante disso, torna-se necessário uma observação precisa, para que sejam feitas intervenções assertivas no que concerne às dificuldades e os transtornos de aprendizagem, visto que ambos os casos demandam ações pontuais, a fim de amenizar os prejuízos causados por eles. Os fatores emocionais que envolvem os processos de aprendizagem afetam diretamente na vida do sujeito (Cancian & Malacarne, 2019).

Fatores emocionais impactados pelos processos de aprendizagem

Os fatores emocionais e os processos de aprendizagem estão diretamente conectados, afinal, durante toda a vida, o indivíduo passa por vivências e experiências que contribuem para a melhora ou piora de sua capacidade de aprendizagem.

Fonseca (2016) relata que as emoções vividas contribuem para um impacto relevante nas funções cognitivas e executivas da aprendizagem, desde para algo agradável e motivador até para algo desagradável e desmotivador.

O que torna o desenvolvimento da aprendizagem algo positivo ou negativo vai depender de como que o cérebro funciona, bem como do quanto e como foi estimulado, de acordo com a forma de aprendizagem e a habilidade de cada um, visto que, em alguns casos, torna-se necessária uma adaptação para o processo (Orozimbo, 2022).

Caso clínico de uma menina com TDAH e dislexia: tratamento multidisciplinar com neuromodulação

Como neuropsicopedagoga (Leticia Ribeiro), uma das histórias de sucesso que mais me marcou foi a de uma menina de nove anos, diagnosticada com transtorno de déficit de atenção com hiperatividade (TDAH) e dislexia, que ainda não estava alfabetizada e demonstrava diversos prejuízos de aprendizagem. Ela também enfrentava o desafio da enurese noturna. Seus pais, preocupados, buscaram minha ajuda ao perceberem que esses problemas estavam afetando não apenas o desempenho escolar, mas também a autoestima e o bem-estar emocional da filha.

Crianças com TDAH e dislexia, como essa paciente, frequentemente enfrentam dificuldades significativas no ambiente escolar. Podem ter problemas em manter a atenção, organizar informações e, no caso da dislexia, compreender textos de maneira fluida. Muitas vezes, essas crianças são rotuladas como desinteressadas ou preguiçosas, recebendo reprimendas que afetam diretamente sua autoconfiança. No caso dessa jovem, além das dificuldades de aprendizado, ela vivia sob o peso de julgamentos de educadores que não compreendiam plenamente suas condições. Frequentemente, era criticada de forma injusta, o que reforçava sua insegurança e a fazia sentir-se incapaz. A enurese noturna era outro fator que agravava sua situação, gerando desconforto e vergonha e impactando ainda mais sua baixa autoestima.

Impacto emocional e comportamental

É importante lembrar que o estigma associado aos transtornos descritos no tópico anterior vai além da sala de aula. A constante sensação de fracasso, o medo de repreensão e a vergonha de não conseguir acompanhar os colegas criaram na criança um bloqueio emocional significativo. Com o tempo, ela passou a evitar as tarefas escolares e, em casa, mostrava sinais de frustração e baixa autoestima. O que antes era uma dificuldade de aprendizagem se transformou em um ciclo vicioso, no qual suas emoções negativas comprometiam ainda mais seu desempenho. Os pais, já exaustos após tentativas com diferentes abordagens pedagógicas e psicológicas, relataram que, apesar de algumas melhorias, os resultados eram limitados e pouco duradouros.

> As crianças com TDAH muitas vezes enfrentam críticas e punições constantes, tanto em casa quanto na escola, o que pode levar a sérios problemas de autoestima. Quando seus esforços não são reconhecidos ou suas dificuldades não são compreendidas, elas passam a se ver de forma negativa, criando uma espiral de frustração e fracasso (Barkley, 2014).

A relação entre o aprendizado e o vínculo afetivo com o professor é crucial, especialmente para crianças com transtornos como o TDAH e a dislexia. O ambiente escolar pode se transformar em um espaço de ansiedade quando o educador não compreende as dificuldades do aluno ou adota uma postura crítica ao invés de acolhedora. Quando a criança se sente compreendida e apoiada, tende a se engajar mais e desenvolver maior resiliência diante dos desafios. Essa conexão emocional é essencial para a formação de um ambiente de aprendizado seguro e acolhedor, em que a criança possa explorar suas habilidades sem medo de falhar.

O mapeamento cerebral e o plano de intervenção

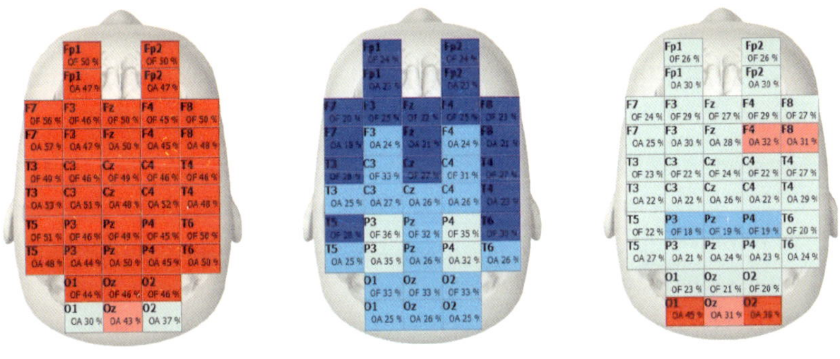

Frequências baixas **Frequências médias** **Frequências altas**

Figura 1: Visão geral das amplitudes.
Mapeamento cerebral feito pelas autoras.

Para explorar mais a fundo o mapeamento cerebral da paciente, vamos detalhar as áreas e os padrões identificados, relacionando-os às dificuldades que ela enfrentava em seu processo de aprendizagem, em seu comportamento e em sua saúde emocional.

1. Excessos de ondas lentas nas regiões frontal e pré-frontal

As áreas frontal e pré-frontal, responsáveis pelas funções executivas, apresentaram uma atividade elevada de ondas lentas, que tipicamente estão associadas a estados de sonolência e cansaço mental. Em contextos de aprendizagem, isso implica:

- **Comprometimento da atenção sustentada:** com excesso de ondas lentas, a capacidade de focar por períodos prolongados é reduzida, fazendo com que a criança se distraia facilmente ou apresente dificuldades para concluir atividades.
- **Impacto no controle de impulsos:** a dificuldade em inibir respostas impulsivas é característica em crianças com TDAH e é exacerbada pela falta de regulação nas áreas frontal e pré-frontal, afetando a interação social e o cumprimento de regras no ambiente escolar.
- **Tomada de decisões e planejamento:** as áreas descritas são fundamentais para habilidades como organizar o pensamento e planejar ações. O excesso de ondas lentas compromete essas funções, levando a uma maior dificuldade em se engajar em atividades que demandam raciocínio lógico e sequencial, como matemática ou tarefas de leitura e escrita.

2. Excessos de frequências rápidas nas regiões occipital e temporal

As regiões occipital e temporal são centrais no processamento visual e auditivo. O aumento das frequências rápidas nessas áreas está comumente associado a estados de alerta ou hipervigilância, o que pode gerar:

- **Ansiedade e hipervigilância:** a presença de frequências rápidas indica que o cérebro está em um estado constante de alerta, mesmo em momentos de descanso, e este padrão pode resultar em hipervigilância e ansiedade.
- **Impacto no sono:** a hipervigilância tende a interferir no sono, gerando problemas como insônia e acordar frequentemente durante a noite, o que possivelmente intensifica a enurese noturna.

3. Frequências lentas na linha sagital

A linha sagital passa pela região medial do cérebro, onde estão localizadas estruturas responsáveis pela comunicação inter-hemisférica, a coordenação motora e a integração das funções cognitivas. Frequências lentas nessas áreas são um indicativo de subativação e são responsáveis pela tomada de decisão e pelo planejamento. Esse tipo de padrão contribui para dificuldades em manter a atenção e em controlar impulsos, fatores críticos em condições como TDAH e dislexia. A subativação pode gerar um estado de lentidão cognitiva, dificuldade em evocação de conhecimento e aumento da distração, dificultando o foco e a capacidade de realizar tarefas que exigem atenção sustentada.

4. Relação dos padrões cerebrais com o TDAH e a dislexia

Em crianças com TDAH, o padrão de ondas lentas nas regiões frontal e pré-frontal reflete uma disfunção que limita a capacidade de concentração, o autocontrole e o planejamento. No caso desta paciente, o excesso de ondas lentas tornava-a especialmente vulnerável à distração, levando a um comportamento de evitação diante de atividades desafiadoras, como as tarefas escolares. A dislexia está frequentemente associada a alterações na região temporoparietal do cérebro, que é responsável pela decodificação da linguagem. As frequências rápidas em sua região temporal podem exacerbar a dificuldade na fluência da leitura e na associação entre letras e sons – um processo essencial para a alfabetização.

5. Implicações emocionais e comportamentais dos padrões cerebrais

- **Baixa autoestima e sensação de inadequação:** os padrões cerebrais observados também contribuíam para a percepção negativa que a menina tinha de si mesma. A sensação de fracasso ao não conseguir acompanhar os colegas e a constante reprimenda de educadores desencadeavam um ciclo de autocrítica.
- **Reação de "luta ou fuga" na sala de aula:** com o cérebro em constante estado de alerta, a menina apresentava sinais de estresse ao tentar realizar atividades cognitivamente desafiadoras, como se estivesse constantemente em uma resposta de "luta ou fuga".

O plano de intervenção específico para as áreas e frequências afetadas

Com base nos padrões apresentados, o plano de intervenção neuropsicopedagógica foi elaborado para atender a necessidades específicas:

- **Regulação das ondas lentas:** por meio do neurofeedback e da estimulação com estimulação transcraniana por corrente contínua (tDCS), o objetivo foi reduzir o excesso de ondas lentas (delta e teta 2–8) nas áreas frontal e pré-frontal e aumentar frequências médias (beta lento 13–18 Hz). Isso ajudaria a fortalecer o controle de impulsos e melhorar a capacidade de concentração e planejamento, fornecendo uma base mais sólida para o engajamento no aprendizado.

- **Modulação das ondas rápidas (beta e beta rápido 13–38 Hz):** intervenções direcionadas às áreas occipitais e temporais foram utilizadas para atenuar os estados de hipervigilância, promovendo uma sensação de calma e foco. Isso não só aliviaria a ansiedade como contribuiria para um sono mais restaurador, essencial para o equilíbrio emocional e físico.

Intervenções baseadas em neuromodulação

Com base nos padrões do mapeamento cerebral, foi elaborado um plano de tratamento abrangente, incluindo neurofeedback, tDCS e intervenção neuropsicopedagógica. O objetivo desse tratamento multidisciplinar foi tratar os aspectos neurológicos e as dificuldades emocionais e comportamentais. Essas técnicas permitiram que a menina monitorasse e regulasse sua própria atividade cerebral. O propósito era reduzir o excesso de ondas lentas nas áreas frontal e pré-frontal, melhorando a atenção, a motivação e o engajamento acadêmico.

A intervenção neuropsicopedagógica ajudou a desenvolver habilidades de atenção, memória e linguagem. Além de focar na alfabetização, foram utilizadas metodologias ativas, como jogos e recursos visuais, que transformaram o aprendizado em uma experiência mais lúdica e envolvente. Isso ajudou a promover um ambiente de aprendizado mais positivo, fortalecendo a autoestima e a disposição da paciente para aprender. Também foram realizadas visitas escolares com a finalidade de orientação e treinamento dos professores e coordenadores.

Resultados e impacto do tratamento

Ao total, foram realizadas 30 sessões, mas os resultados positivos foram observados bem antes do término do tratamento. Após dez sessões, os pais relataram mudanças significativas: redução perceptível na irritabilidade e na ansiedade, o que trouxe alívio para toda a família, além de diminuição considerável da enurese noturna. Essas melhorias contribuíram para restaurar a autoestima e a autoconfiança da menina, promovendo um ambiente familiar mais harmonioso.

Durante as sessões de neurofeedback, tDCS e intervenção neuropsicopedagógica, a paciente demonstrou progressos em seu processo de alfabetização, refletindo avanços em sua motivação e autoconfiança. A redução da irritabilidade a tornou mais receptiva às atividades de leitura e escrita, permitindo uma assimilação de novos conteúdos de forma eficaz. Além disso, as metodologias ativas favoreceram sua interação com os educadores e a participação em sala de aula, o que fortaleceu sua conexão com o aprendizado.

Esses resultados refletem o impacto positivo das intervenções, destacando a importância de um tratamento integral que aborde os aspectos neurológicos e emocionais das dificuldades de aprendizagem. A resposta positiva ao tratamento reforça a eficácia de uma abordagem multidisciplinar, promovendo o desenvolvimento pleno da criança e restaurando sua confiança em si mesma e no processo de aprendizagem.

Conclusão

A neuromodulação não invasiva tem se consolidado como uma ferramenta inovadora nos processos de aprendizagem, contribuindo para a melhora de condições como TDAH, dislexia e outros desafios neurocognitivos. Ao longo deste capítulo, exploramos não apenas a aplicação prática dessa tecnologia, mas também sua integração com uma compreensão abrangente dos marcos do desenvolvimento. Esses parâmetros essenciais permitem que intervenções sejam feitas de forma alinhada às necessidades e etapas naturais de cada indivíduo.

O caso clínico apresentado demonstra como estratégias, tais como o neurofeedback, podem transformar o aprendizado e a qualidade de vida, evidenciando a importância de abordagens baseadas em evidências científicas. Ao considerar os marcos do desenvolvimento como guia, reforçamos a importância de intervenções personalizadas que respeitem o ritmo de cada criança.

Com este trabalho, nosso objetivo é inspirar profissionais da saúde e educação a aliarem tecnologia e conhecimento científico, ampliando as possibilidades de promover aprendizado e bem-estar de forma mais eficaz e humanizada.

Referências

ARNS, M.; DE RIDDER, S.; STREHL, U. *et al.* Efficacy of neurofeedback treatment in ADHD: the effects on inattention, impulsivity and hyperactivity: a meta-analysis. *Clinical EEG and Neuroscience*, v. 40, n. 3, p. 180-189, 2009. Disponível em: https://doi.org/10.1177/155005940904000311. Acesso em: 14 abr. 2025.

BARKLEY, R. A. *Attention-deficit hyperactivity disorder*: a handbook for diagnosis and treatment. 4. ed. New York: Guilford Press, 2014.

CANCIAN, Q. G.; MALACARNE, V. *Diferenças entre dificuldades de aprendizagem e transtornos de aprendizagem*. *In*: CONGRESSO NACIONAL DE EDUCAÇÃO –

CONEDUCAFAG, 2., 2019, Cascavel. *Anais* [...]. Cascavel: FAG, 2019. Disponível em: https://www.fag.edu.br/novo/pg/congressoeducacao/arquivos/2019/DIFERENCAS-ENTRE-DIFICULDADES-DE-APRENDIZAGEM-E-TRANSTORNOS-DE-APRENDIZAGEM.pdf. Acesso em: 14 abr. 2025.

CLARKE, A. R.; BARRY, R. J.; MCCARTHY, R. *et al.* EEG-defined subtypes of children with attention-deficit/hyperactivity disorder. *Clinical Neurophysiology*, v. 112, n. 11, p. 2098-2105, 2001. Disponível em: https://doi.org/10.1016/s1388-2457(01)00668-x. Acesso em: 14 abr. 2025.

ENRIQUEZ-GEPPERT, S.; HUSTER, R. J.; HERRMANN, C. S. EEG-neurofeedback as a tool to modulate cognition and behavior: a review tutorial. *Frontiers in Human Neuroscience*, v. 11, p. 51, 22 fev. 2017. Disponível em: https://doi.org/10.3389/fnhum.2017.00051. Acesso em: 14 abr. 2025.

FONSECA, V. Importância das emoções na aprendizagem: uma abordagem neuropsicopedagógica. *Revista Psicopedagogia*, São Paulo, v. 33, n. 102, p. 365-384, 2016. Disponível em: https://pepsic.bvsalud.org/scielo.php?script=sci_arttext&pid=S0103-84862016000300014. Acesso em: 14 abr. 2025.

GAGNÉ, R. M. *As condições da aprendizagem*. 2. ed. New York: Holt, Rinehart and Winston, 1965.

LOO, S. K.; MAKEIG, S. Clinical utility of EEG in attention-deficit/hyperactivity disorder: a research update. *Neurotherapeutics*, v. 9, n. 3, p. 569-587, 2012. Disponível em: https://doi.org/10.1007/s13311-012-0131-z. Acesso em: 14 abr. 2025.

MOOJEN, S. M. P.; BASSOA, A.; GONÇALVES, H. A. Características da dislexia de desenvolvimento e sua manifestação na idade adulta. *Revista Psicopedagogia*, São Paulo, v. 33, n. 100, p. 50-59, 2016. Disponível em: http://pepsic.bvsalud.org/scielo.php?script=sci_arttext&pid=S0103-84862016000100006&lng=pt&nrm=iso. Acesso em: 25 fev. 2025.

MUSSEN, P. H.; CONGER, J. J.; KAGAN, J. *et al. Desenvolvimento e personalidade da criança*. 4. ed. São Paulo: Harbra, 1977.

OROZIMBO, M. E. F. *Fatores emocionais e dificuldades de aprendizagem*: um estudo com formandos de pedagogia de uma instituição de ensino superior de Ubá/MG. 2022. Trabalho de Conclusão de Curso (Graduação em Pedagogia) – Centro Universitário Governador Ozanam Coelho, Ubá, Minas Gerais, 2022. Orientadora: Amanda Juliana do Carmo.

PICOLOTTO, R. C. P.; GONÇALVES, R. C. *Dificuldades de aprendizagem*: pressupostos para a evasão escolar. 2015. Trabalho de Conclusão de Curso (Especialização em Educação Profissional Integrada à Educação Básica) – Instituto Federal de Santa Catarina, Florianópolis, 2015. Disponível em: https://repositorio.ifsc.edu.br/handle/123456789/462. Acesso em: 25 fev. 2025.

SOCIEDADE BRASILEIRA DE PEDIATRIA. *Cartilha de desenvolvimento*: 2 meses a 5 anos. Trad. Liubiana Arantes de Araújo e Flávio Melo. [*S.l.*]: Sociedade Paraibana de Pediatria, 2024.

CAPÍTULO 05

Fundamentos neurofisiológicos e mecanismos de ação da neuromodulação para os processos de aprendizagem

Este capítulo explora os fundamentos neurofisiológicos e os mecanismos de ação da neuromodulação nos processos de aprendizagem. Inicialmente, são apresentados os conceitos básicos de neurofisiologia relacionados à plasticidade cerebral e à formação de memórias. Em seguida, descreve-se como técnicas de neuromodulação, como a estimulação transcraniana por corrente contínua (tDCS), podem influenciar as redes neurais, facilitando o aprendizado. Tabelas e imagens ilustram áreas cerebrais relacionadas à aprendizagem e como elas são moduladas por essas técnicas. Finalmente, são discutidas as perspectivas clínicas e educacionais da aplicação da neuromodulação.

Bruna Aparecida do Nascimento Bacico

BRUNA APARECIDA DO NASCIMENTO BACICO

Possui graduação em Filosofia (UNISAL) e pós-graduações (*lato sensu*) em Gestão Escolar; Arte, Alfabetização e Inclusão social (UNIFATEA); Psicopedagogia e Neuropsicopedagogia (Facuminas), Neurociência e Tecnologia Aplicada (Faculdade Brasília/NEUROWORK); e Neurociência e Neuromodulação. Doutoranda em Neurociência (UNILOGOS/UNIVERSITY). Mestre em Design, Tecnologia e Inovação (UNIFATEA), com ênfase ETCC em casos de transtornos do neurodesenvolvimento. É membro da Sociedade Brasileira de Neuropsicopedagogia; pesquisadora na área de pedagogia salesiana e também tem formação docente em Neurociência, Aprendizagem e Comportamento. É técnica em Bioneuromodulação, palestrante, escritora e professora de pós-graduação. É consultora educacional, orientadora educacional (AEE), membro do grupo de pesquisa em filosofia para crianças e adolescentes como professora colaboradora pela Universidade Federal de Goiás (UFG), além de idealizadora do projeto Neurociências para família pelo Instituto Philosteca (marca de registro de propriedade intelectual pelo INPI: philosteca®). É coautora do livro best-seller *Quando a infância dói: os transtornos da infância e as terapias que promovem saúde mental e neurodesenvolvimento às crianças*. Autora do livro infantil *Flippo: o menino curioso* (bilíngue).

Contatos: brunanascimentobacico@gmail.com
Instagram: @brunabaciconeurocientista
Facebook: @Philosteca Educação
12 93085 5656
12 98899 5479

Introdução

Neste capítulo, abordamos as vantagens da estimulação transcraniana por corrente contínua (tDCS) em relação às intervenções neuropsicopedagógicas voltadas para o suporte ao processo de aprendizagem humana.

A aprendizagem é um processo complexo que envolve a interação de redes neurais distribuídas em diversas áreas cerebrais, incluindo o córtex pré-frontal, o hipocampo e as regiões parietais e temporais. Esses processos dependem de fenômenos neurofisiológicos, como a plasticidade sináptica, que permite a formação, o fortalecimento e a reorganização de conexões neurais.

Nos últimos anos, as técnicas de neuromodulação têm sido amplamente investigadas como ferramentas promissoras para influenciar esses processos e melhorar a capacidade de aprendizado. Entre essas técnicas, destaca-se a estimulação transcraniana por corrente contínua (tDCS), que utiliza correntes elétricas de baixa intensidade para modular a excitabilidade cortical. Este capítulo aborda os fundamentos científicos que sustentam a utilização da neuromodulação na aprendizagem.

A neuropsicopedagogia vem se estabelecendo como um campo multidisciplinar que une ideias das áreas da neurociência, psicologia e educação, com o intuito de melhorar o processo de aprendizagem.

Para melhor desempenho do aprendizado, precisamos estimular o cérebro humano. O trabalho que nós, como neuropsicopedagogos, realizamos potencializa a aquisição das habilidades cognitivas e socioemocionais. Antes do atendimento clínico, o repertório de estimulação cognitiva requer uma anamnese familiar, organização e levantamento de dados para que, com ações avaliativas e interventivas, possamos cuidar da aprendizagem humana em questão.

No contexto do atendimento clínico ou institucional, deparamo-nos com situações apresentadas pelos pais e pelas próprias crianças a respeito de dificuldades de aprendizagem. Portanto, a neuropsicopedagogia se alinha aos princípios da ciência multidisciplinar. Faz sentido que nos apropriemos do conhecimento dos fundamentos neurofisiológicos e dos mecanismos de ação da neuromodulação nos processos de aprendizagem.

1. Fundamentos da neurofisiologia

A plasticidade sináptica constitui o alicerce do aprendizado e da memória. Fenômenos como a potenciação de longa duração (LTP) e a depressão de longa duração (LTD) são mecanismos essenciais para a consolidação e a modificação das conexões sinápticas. A LTP é caracterizada pelo fortalecimento persistente das sinapses após estímulos de alta frequência, o que aumenta a eficiência da comunicação neuronal. Por outro lado, a LTD refere-se à redução sustentada da eficácia sináptica devido a estímulos de baixa frequência, desempenhando um papel crucial no ajuste e refinamento das redes neurais. Esses processos ocorrem predominantemente no hipocampo, uma região central para a formação de memórias declarativas. Além disso, o córtex pré-frontal dorsolateral (CPFDL) é vital para funções de controle executivo, como o planejamento e a manipulação de informações durante tarefas de aprendizado.

O aprendizado é influenciado por interações sofisticadas entre redes neurais, substâncias químicas do cérebro e processos de plasticidade das sinapses. A potenciação de longa duração (LTP) e a depressão de longa duração (LTD) são fundamentais para a formação e a fixação da memória e também na intensificação das ligações neuronais (Bliss & Lømo, 1973). Ademais, áreas como o hipocampo e o córtex pré-frontal desempenham papéis essenciais em funções cognitivas ligadas à memória, concentração e às escolhas (Rolls, 2019).

Os neurotransmissores, incluindo a dopamina, o glutamato e a acetilcolina, desempenham um papel crucial na eficácia dos mecanismos de aprendizagem. A dopamina está ligada à motivação e ao sistema de recompensas, enquanto o glutamato é fundamental para a potenciação de longo prazo (LTP), contribuindo significativamente para a plasticidade sináptica (Froemke, Merzenich & Schreiner, 2007).

Para além dessas regiões específicas, é indispensável mencionar as áreas de associação, que integram informações oriundas de diferentes regiões do cérebro. Essas áreas promovem respostas comportamentais complexas e coordenadas, destacando a natureza interconectada do cérebro humano. Tal conectividade evidencia a plasticidade neural, ou seja, a capacidade adaptativa do sistema nervoso central em reorganizar suas conexões diante de experiências e aprendizados.

Intervenção neuropsicopedagógica com neuromodulação

A integração da neuromodulação com abordagens neuropsicopedagógicas representa um campo emergente com grande potencial. A intervenção neuropsicopedagógica utiliza ferramentas como o mapeamento cognitivo e as metodologias ativas para personalizar o processo de ensino-aprendizagem (Lezak *et al.*, 2012; Hmelo-Silver, 2004).

De modo assertivo, podemos enfatizar que a neuropsicopedagogia promove avaliações e intervenções preventivas para que o ser humano seja cuidado em todas as fases do seu desenvolvimento, de tal modo que seja evitada a consolidação de dificuldade de aprendizagem. É uma ciência que auxilia, aprimora capacidade cognitiva e fortalece habilidades primordiais ao aprendizado. Aprender é um processo que requer aplicabilidade sistêmica de intervenção das redes de relações e códigos culturais e de linguagem. Existem várias ferramentas que o neuropsicopedagogo utiliza para isso, por exemplo:

1. **Personalização do ensino:** combinando a avaliação neuropsicológica e as técnicas de neuromodulação, é possível criar intervenções personalizadas que atendam às necessidades específicas dos alunos. Por exemplo: indivíduos com dificuldades em memória de trabalho podem se beneficiar de protocolos de ETCC (tDCS) direcionados ao córtex pré-frontal.
2. **Integração com tecnologias educacionais:** plataformas digitais podem ser combinadas com neuromodulação para potencializar os resultados. Jogos educacionais que estimulam habilidades cognitivas específicas podem ser utilizados durante a aplicação de ETCC, amplificando os efeitos da estimulação.
3. **Evidências clínicas e educacionais:** estudos longitudinais demonstram que a combinação de intervenções neuropsicopedagógicas com técnicas de neuromodulação melhora significativamente a aprendizagem, sobretudo em populações com transtornos de neurodesenvolvimento, como TDAH e dislexia (Diamond & Lee, 2011).

Para compreender a neuropsicopedagogia e saber como desempenhar funções nessa área, é fundamental entender o significado de cada parte do termo e como elas estão conectadas ao processo de ensino-aprendizagem, tanto em contextos clínicos quanto institucionais. De acordo com Fonseca (2016), a abordagem é neurológica, pois busca revelar algumas das características e funções do órgão responsável pela aprendizagem e pela cognição; psicológica, porque explora a interação dos componentes cognitivos no processamento de informações, que vão da percepção à ação, incluindo memorização, integração, planejamento e execução; e pedagógica, pois a transmissão empática da cultura entre diferentes gerações implica, ao mesmo tempo, uma arte e uma ciência.

Na construção de uma avaliação neuropsicopedagógica, ao apropriar-se dos conceitos de neurociência e tecnologia aplicada, como, por exemplo, a realização do mapeamento do cérebro, identificamos o padrão de atividade cerebral do aluno-paciente. Em decorrência de suas demandas cognitivas e socioemocionais, percorremos um caminho avançado de estruturação do plano de intervenção para que este cérebro tenha melhores ganhos cognitivos e progresso também no aspecto de regulação emocional.

No processo de anamnese com paciente, realiza-se avaliação do cérebro em tempo real, utilizando os dados de eletroencefalografia. Esses dados são coletados com intuito de detectar potenciais elétricos, e verificamos o padrão de atividade cerebral. Eletrodos são colocados no escalpo do paciente e, sendo assim, podemos captar estes potenciais elétricos do EEG, tornando nossa avaliação mais assertiva, tendo em vista a melhora da sintomatologia do paciente em análise.

> Durante o processo de leitura, a atividade elétrica do cérebro sofre alterações, as quais podem ser captadas pelo exame eletroencefalográfico (EEG). Sabendo-se que a transmissão das informações cerebrais ocorre por meio de atividade elétrica, o EEG grava essa atividade, que é detectada por eletrodos colocados no couro cabeludo, conforme as seguintes localizações neuroanatômicas: frontal (F), central (C), parietal (P), temporal (T), occipital (O). Os eletrodos ímpares representam o hemisfério esquerdo cerebral, e os pares, o hemisfério direito (Ramos *et al.*, 2020, p. 2).

O registro do EEG reflete as variações de potenciais pós-sinápticos, particularmente das células piramidais, em áreas específicas do córtex. Esses potenciais são somados espacial e temporalmente e captados pelo eletroencefalograma (EEG) em regiões definidas do couro cabeludo. Os sinais gerados possuem amplitudes elétricas inferiores a 300 μV, com um espectro de frequências que varia tradicionalmente entre 0,5 e 100 Hz. As ondas EEG são complexas e têm base em suas faixas de frequência, destacando-se as ondas alfa, beta, teta e delta.

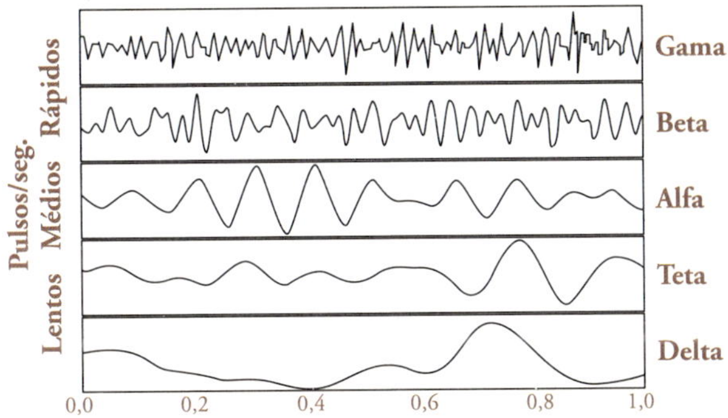

Tabela 1 – Classificação de amplitude e frequência das ondas cerebrais.
Fonte: elaborada pela autora.

Tipo de onda	Frequência	Localização predominante	Estado associado	Característica e funções
Delta	0,5-4	Regiões frontais em adultos; difusa em crianças; tálamo.	Sono profundo, regeneração celular e restauração do organismo.	Ondas de maior amplitude e menor frequência predominam durante o sono de ondas lentas (fase NREM), associada à transferência de memória e recuperação física.
Teta	4-8	Lobos temporais, hipocampo e regiões límbicas.	Estados de relaxamento profundo, devaneio, criatividade e meditação.	Relacionado à formação e evocação de memórias, integração emocional e criatividade. Predominam em crianças e durante práticas meditativas.
Alfa	8-13	Regiões occipital, parietal e córtex posterior.	Estado de vigilância relaxada, concentração leve e calma mental.	Facilitam a integração sensorial, atenção focada e relaxamento mental. Ocorrem em condições de relaxamento físico e mental, como durante uma leitura tranquila.
Beta	13-30	Regiões frontal e central do córtex: córtex pré-frontal dorsolateral (CPFDL).	Estado de alerta, foco, resolução de problemas e atividade mental intensa.	Ondas de alta frequência e baixa amplitude: associada às atividades cognitivas, tomada de decisões e resposta ao estresse.
Gama	30-100	Córtex associativo, áreas sensoriais, tálamo e córtex pré-frontal.	Integração sensorial, aprendizado. Memória de longo prazo e consciência plena.	Ondas de maior frequência: fundamentais para interconexão entre diferentes áreas do cérebro, facilitando aprendizado e percepção consciente.

Quadro 1 – Explanação conceitual de ondas cerebrais, frequência, localização predominante, estado associado, suas características e funções.
Fonte: elaborado pela autora.

Portanto, a tDCS emerge como uma ferramenta inovadora e eficaz no tratamento de dificuldades de leitura e escrita, especialmente quando integrada a abordagens pedagógicas baseadas em evidências. Entretanto, mais estudos são necessários para otimizar os parâmetros de estimulação e expandir seu uso em diferentes populações.

A neuromodulação tem proporcionado ganhos significativos em minimizar atrasos tanto às questões de transtornos de aprendizagem como transtornos do neurodesenvolvimento, e até mesmo quando a queixa é de dificuldade em adquirir habilidades preditivas de alfabetização.

Podemos relatar melhora nesses casos exemplificados quando a criança e/ou adulto realiza outras atividades de forma concomitante com a sessão de neuromodulação – Estimulação transcraniana com corrente contínua (tDCS).

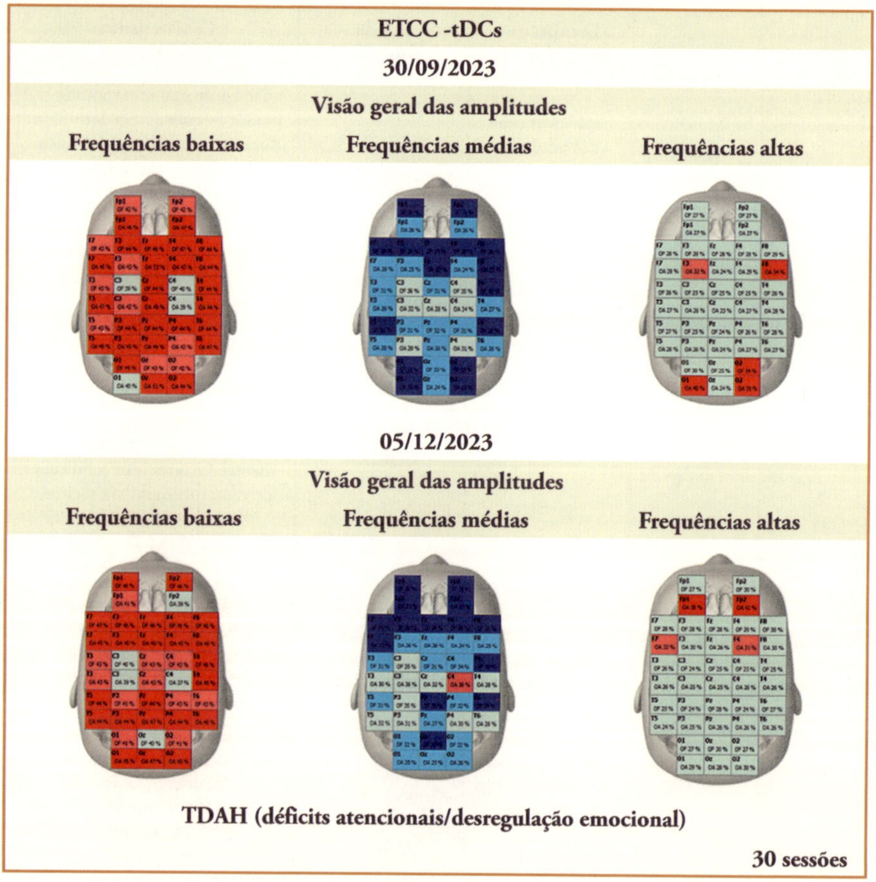

Figura 1 – Antes e depois de um paciente que tinha dificuldade de aprendizagem e houve melhora na utilização da técnica de tDCS.

Fonte: elaborada pela autora.

A seguir, vamos compreender e analisar um pouco mais a respeito das áreas cerebrais e suas funções:

Área cerebral	Função	Processo relacionado
Córtex pré-frontal	Planejamento, tomada de decisão e controle inibitório.	Regulação emocional e suporte à escrita.
Área de Broca	Produção da fala e organização gramatical.	Escrita e construção de frases.
Área de Wernicke	Compreensão da linguagem e processamento semântico.	Leitura e interpretação de palavras.
Giro cingular	Integração de informações visuais e auditivas / conversão grafema-fonema.	Leitura e associação simbólica.
Córtex visual	Processamento inicial de estímulos iniciais.	Reconhecimento de palavras escritas.
Hipocampo	Formação e consolidação de memória.	Retenção de informações aprendidas.
Amígdala	Processamento de emoções e respostas emocionais intensas.	Regulação emocional e resposta ao estresse.
Córtex cingulado anterior	Monitoramento de conflitos, atenção seletiva e regulação emocional.	Foco e controle emocional durante a leitura.
Cerebelo	Coordenação motora fina e ajustes cognitivos sutis.	Escrita manual e fluência cognitiva.

Quadro 2 – Áreas cerebrais e suas respectivas funções de leitura, escrita e regulação emocional.
Fonte: elaborado pela autora.

Detalhamento das áreas cerebrais

1. **Regiões frontais:** associadas ao planejamento, à tomada de decisão e à regulação emocional. As ondas delta, durante o sono profundo, ajudam na recuperação mental e física.
2. **Tálamo:** ativa-se como um centro de "marcapasso", sincronizando os ritmos delta e teta em funções relacionadas ao sono e à memória.
3. **Hipocampo e regiões límbicas:** cruciais para as ondas teta, que são importantes na consolidação de memórias e na navegação espacial.
4. **Regiões occipital e parietal:** áreas primordiais para as ondas alfa, relacionadas à percepção visual e à integração sensorial em estados de relaxamento.

5. **Córtex pré-frontal dorsolateral (CPFDL):** fortemente relacionado às ondas beta, que são predominantes em situações de pensamento crítico, resolução de problemas e estresse.
6. **Córtex associativo e tálamo:** áreas-chave para as ondas gama, que facilitam a integração de informações sensoriais e a cooperação de diferentes regiões específicas.

É importante que o neuropsicopedagogo, desde a anamnese, valide as queixas trazidas pelo aluno-paciente, seja ele criança, adulto ou idoso. Há um universo de possibilidades para estimulá-los a transformar dificuldades em cenários de aprendizagem, dentro de um trabalho de equipe pautado nos princípios da ciência multidisciplinar. Desse modo, apropriar-se do conhecimento da neurofisiologia é essencial para melhor condução e, em casos mais complexos, recondução e restabelecimento de conectividade à estimulação de neuroplasticidade do aluno.

Com o avanço das pesquisas científicas em neurociência e tecnologia aplicada, identificamos, com as técnicas de neuromodulação, como a estimulação magnética transcraniana (EMT) e a estimulação transcraniana por corrente contínua (ETCC), que surgem novas perspectivas para intervenções mais eficazes nos campos da educação e da reabilitação cognitiva.

A ETCC é uma abordagem de neuromodulação que não demanda procedimentos invasivos, utilizando correntes elétricas leves aplicadas no couro cabeludo por meio de eletrodos em contato com a pele, com o intuito de influenciar a atividade cerebral sem causar dor. Bikson *et al.* descrevem, em seu artigo "Safety of transcranial direct current stimulation: evidence based update 2016", publicado na revista *Brain Stimulation*, que a corrente elétrica passa por um eletrodo estimulador (seja ânodo, seja cátodo) pelo couro cabeludo, atravessa o crânio e o tecido cerebral e retorna ao sistema por meio de um eletrodo de referência, completando o circuito. Durante esse processo de estimulação, uma parte da corrente aplicada efetivamente chega ao cérebro, alterando o potencial de membrana em repouso dos neurônios, o que resulta em mudanças nos níveis de excitabilidade natural e nas taxas de ativação em resposta a estímulos.

Podemos apresentar diversos relatos de casos, mas vamos nos atentar à revisão e explanação do caso de um estudante de 12 anos com dificuldades significativas nas funções executivas e nas habilidades de leitura e escrita, as quais foram alvo de intervenção neuropsicopedagógica associada à estimulação transcraniana por corrente contínua (ETCC). A avaliação inicial indicou déficits na organização, memória de trabalho e atenção sustentada, bem como dificuldades no reconhecimento de padrões fonéticos e ortográficos.

O protocolo de intervenção incluiu 20 sessões de ETCC, com aplicação de corrente anódica no córtex pré-frontal dorsolateral (região associada ao controle executivo) e corrente catódica no córtex motor para inibição de distrações. Simultaneamente, o estudante participou de atividades dirigidas que envolviam jogos cognitivos e tarefas de leitura guiada.

Os resultados foram avaliados após a conclusão do protocolo. Observou-se uma melhora substancial na capacidade de planejamento e organização do paciente, bem como na fluência de leitura e na escrita ortograficamente correta. Tais avanços foram confirmados por testes neuropsicológicos padronizados e relatos dos professores.

Esse caso ilustra o potencial da combinação de ETCC com intervenções educacionais para melhorar funções executivas e habilidades acadêmicas, destacando a relevância de abordagens integrativas no campo da neuropsicopedagogia clínica.

Mecanismos de ação da tDCS

A tDCS influencia a excitabilidade cortical ao aplicar correntes elétricas que podem ser anódicas (aumentando a excitabilidade) ou catódicas (reduzindo a excitabilidade). Estudos demonstram que a aplicação da tDCS em áreas como o CPFDL melhora o desempenho em tarefas de memória de trabalho, enquanto a estimulação do córtex motor primário facilita a aquisição de habilidades motoras. Esses efeitos são atribuídos à modulação da plasticidade sináptica e ao aumento da eficiência das redes neurais.

Uso da estimulação transcraniana por corrente contínua (tDCS) no tratamento de dificuldades de leitura e escrita

A estimulação transcraniana por corrente contínua (tDCS) tem se destacado como uma intervenção promissora no campo da neurociência, especialmente no tratamento de dificuldades cognitivas, incluindo a leitura e a escrita. Estudos recentes sugerem que a tDCS pode influenciar positivamente redes neurais envolvidas em habilidades linguísticas, como atenção, memória de trabalho e processamento fonológico.

De acordo com Constantino (2022, p. 21):

> Grande parte dos estudos investigou a estimulação como possibilidade de reabilitação de indivíduos em idade escolar (Constanzo *et al.*, 2016a; Constanzo *et al.*, 2016b; Rios *et al.*, 2018; Constanzo *et al.*, 2019; Lazzaro *et al*, 2020; Lazzaro *et al.*, 2021; Mirahadi *et al.*, 2022), apesar disso há comprovação de que adultos com dislexia do desenvolvimento podem se beneficiar do tratamento da estimulação associada à terapia fonoaudiológica (Heth e Lavidor, 2015).

Esses achados reforçam o papel da tDCS como adjuvante em programas de reabilitação, potencializando os resultados obtidos com métodos tradicionais.

O Quadro 3 descreve os fundamentos neurofisiológicos e mecanismos de ação da neuromodulação no aprendizado.

Aspecto	Descrição
Plasticidade sináptica	Alterabilidade das conexões neurais, essenciais para o aprendizado e a memória.
Potenciação de longa duração	Fortalecimento persistente das sinapses em resposta a estímulos repetidos.
Depressão de longa duração	Redução sustentada da eficácia sináptica após estímulos de baixa frequência.
Papel do córtex pré-frontal	Modulação do controle executivo, da atenção e da manipulação de informações.
Estimulação anódica	Aumento da excitabilidade neuronal, facilitando a transmissão sináptica.
Estimulação catódica	Redução da excitabilidade neuronal, promovendo reorganizações em redes cerebrais.

Quadro 3 – Fundamentos neurofisiológicos e mecanismos de ação da neuromodulação no aprendizado.

Fonte: elaborado pela autora.

Ademais, Constantino (2022, p. 21) destaca que:

> Os estudos tratados comprovaram que os efeitos da ETCC são imediatos e perduram por 06 meses, o que indica que essa abordagem de terapia pode ser utilizada como um tratamento potencial de reabilitação a longo prazo (Costanzo *et al.*, 2019).

Esses resultados evidenciam a durabilidade dos benefícios proporcionados pela tDCS em populações com déficits persistentes.

Outro aspecto importante a ser destacado é a segurança do procedimento. Segundo Bikson *et al.* (2016):

> Até o momento, com base em mais de 33.000 sessões e mais de 1.000 indivíduos que receberam sessões repetidas de tDCS, não há evidências de lesão irreversível produzida por protocolos convencionais de tDCS em uma ampla gama de parâmetros de estimulação (≤ 40 min, ≤ 4 mA, ≤ 7,2 C). Esta análise consolida e complementa as evidências existentes sobre a segurança da tDCS e facilita pesquisas futuras sobre a tDCS em humanos (tradução da autora).

Considerações finais

Os avanços na integração entre intervenções neuropsicopedagógicas e técnicas de neuromodulação representam um marco significativo no campo da educação e da reabilitação cognitiva. A combinação dessas abordagens permite um entendimento mais profundo sobre os mecanismos cerebrais envolvidos no aprendizado, além de oferecer soluções personalizadas para superar desafios relacionados a transtornos de aprendizagem e desenvolvimento humano.

Outro aspecto de grande relevância dentro dessa temática é a formação de profissionais capacitados. A integração de conhecimentos de neurociência, educação e tecnologia aplicada exige um perfil multidisciplinar, além de treinamento contínuo e atualizações constantes sobre novas descobertas. Instituições de ensino superior, centros de pesquisa e programas de educação continuada desempenham um papel essencial na formação de especialistas aptos a implementar essas técnicas com ética, competência e responsabilidade.

A difusão de informações sobre os benefícios e limitações da neuromodulação também é fundamental para conscientização da sociedade e incentivo à aceitação dessas abordagens. A conscientização pode contribuir para a redução de preconceitos em relação às intervenções tecnológicas no campo educacional e favorecer a inclusão de novos métodos em escolas, clínicas e outros ambientes de aprendizagem.

Por fim, a integração entre intervenções neuropsicopedagógicas e técnicas de neuromodulação não é apenas uma tendência, mas uma necessidade para atender às demandas de uma sociedade que valoriza o aprendizado ao longo da vida. É imperativo que governos, instituições de pesquisa e organizações educacionais colaborem para promover o desenvolvimento dessa área, assegurando recursos financeiros, logísticos e humanos que possibilitem avanços contínuos.

Ao investir em soluções que integram neurociência e educação, não estaremos apenas transformando a vida de indivíduos com dificuldades de aprendizagem, mas também contribuindo para a criação de uma sociedade mais inclusiva, autônoma e preparada para os desafios do futuro. A compreensão e a aplicação do conhecimento sobre o funcionamento cerebral continuam sendo ferramentas poderosas para a promoção de transformação social e individual.

Referências

BIKSON, M. *et al.* Safety of transcranial direct current stimulation: evidence based update 2016. *Brain Stimulation*, v. 9, n. 5, p. 641-661, 2016. Disponível em: https://pubmed.ncbi.nlm.nih.gov/27372845/. Acesso em: 24 fev. 2025.

BLISS, T. V.; LØMO, T. Long-lasting potentiation of synaptic transmission in the dentate area of the anaesthetized rabbit following stimulation of the perforant path. *Journal of Physiology*, v. 232, n. 2, p. 331-356, 1973. Doi: 10.1113/jphysiol.1973.sp010273.

BRUNONI, A. R.; VANDERHASSELT, M. A. Working memory improvement with non-invasive brain stimulation of the dorsolateral prefrontal cortex: a systematic review and meta-analysis. *Brain and Cognition*, v. 86, [s.n] p. 1-9, 2014. Disponível em: https://pubmed.ncbi.nlm.nih.gov/24514153/. Acesso em: 24 fev. 2025.

CONSTANTINO, E. *Estimulação transcraniana por corrente contínua e dislexia*: revisão sistemática da literatura. Trabalho de Conclusão de Curso. Universidade Federal de São Paulo – Escola Paulista de Medicina. São Paulo, 2022. Disponível em: https://repositorio.unifesp.br/handle/11600/65894. Acesso em: 24 abr. 2025.

DIAMOND, A.; LEE, K. Interventions shown to aid executive function development in children 4 to 12 years old. *Science*. v. 333, n. 6045, p. 959-64, 2011. Doi: 10.1126/science.1204529. PMID: 21852486; PMCID: PMC3159917.

FARAONE, S. V. *et al.* Molecular genetics of attention-deficit/hyperactivity disorder. *Biological psychiatry*, v. 57, n. 11, p. 1313-1323, 2005.

FONSECA, V. Importância das emoções na aprendizagem: uma abordagem neuropsicopedagógica. *Revista Psicopedagogia*, v. 33, n. 102, p. 365-384, 2016. Disponível em: https://pepsic.bvsalud.org/scielo.php?script=sci_arttext&pid=S0103-84862016000300014. Acesso em: 24 abr. 2025.

FROEMKE R. C.; MERZENICH M. M.; SCHREINER C. E. A synaptic memory trace for cortical receptive field plasticity. *Nature*. v. 450, p. 425-429, 2007. Doi: https://doi.org/10.1038/nature06289.

HMELO-SILVER, C. E. Problem-based learning: what and how do students learn? *Educational Psychology Review*, v. 16, p. 235-266, 2004. Doi: https://doi.org/10.1023/B:EDPR.0000034022.16470.f3.

LEZAK, M. D. *et al. Neuropsychological assessment*. 5. ed. Oxford: Oxford University Press, 2012.

NIGG, J. T.; WILLCUTT, E. G.; DOYLE, A. E.; SONUGA-BARKE, E. J. S. Causal heterogeneity in attention-deficit/hyperactivity disorder: do we need neuropsychologically impaired subtypes? Biological Psychiatry, v. 57, n. 11, p. 1224–1230, 2005. Doi: 10.1016/j.biopsych.2004.08.025. Disponível em: https://www.sciencedirect.com/science/article/abs/pii/S0006322304009394. Acesso em: 28 abr. 2025.

RAMOS, C. D. *et al.* Análise dos ritmos cerebrais de eletroencefalografia no processo de leitura. *Einstein (São Paulo)*, v. 18, eAO5442, 2020. Doi: https://doi.org/10.31744/einstein_journal/2020AO5442.

SWANSON J. *et al.* Attention deficit/hyperactivity disorder children with a 7-repeat allele of the dopamine receptor D4 gene have extreme behavior but normal performance on critical neuropsychological tests of attention. *Proc Natl Acad Sci U S A*. v. 97, n. 9, p. 4754-4759, 2000. Disponível em: doi: 10.1073/pnas.080070897. PMID: 10781080; PMCID: PMC18305. Acesso em: 14 abr. 2025.

ROLLS, E. T. The cingulate cortex and limbic systems for emotion, action, and memory. *Brain Structure & Function*, v. 224, n. 9, p. 3001-3018, 2019. Disponível em: https://pubmed.ncbi.nlm.nih.gov/31451898/. Acesso em: 24 fev. 2025.

VOLKOW, N. D. *et al.* Evaluating dopamine reward pathway in ADHD: clinical implications. *JAMA*, v. 302, n. 10, p. 1084-1091, 2009. Disponível em: https://doi.org/10.1001/jama.2009.1308. Acesso em: 14 abr. 2025.

CAPÍTULO 06

cardioEmotion® e biofeedback

A tecnologia como suporte para a aprendizagem

O texto mostra o valor de estratégias e tecnologias: cardioEmotion® e neuromodulação na psicopedagogia, unindo saúde e aprendizagem. Família, escola e uma rede de profissionais cooperam para o desenvolver saudável do sujeito.

Hélen de Cássia Sousa Sanz

HÉLEN DE CÁSSIA SOUSA SANZ

Graduada em Educação Artística (UFPE); Psicopedagoga e Mestre em Intervenção Psicológica no Desenvolvimento e na Educação. Especialista em PEI I e Básico (Programa de Enriquecimento Instrumental). Monitora do Método Neuropoint. Aprimoramento em Neuropsicologia (CBM). Capacitadora internacional: Programa de Estimulação da Atenção. Prêmio Científico 2018 (COMAU). Certificada pela *Intelectus* Clínica Escola no uso do cardioEmotion©. Expertise em áreas da educação, neurodesenvolvimento e psicopedagogia, além de sua capacidade de atuação em contextos internacionais.

Contatos: www.helensanz.com.br
sanz_helen@yahoo.com.br
Instagram: @helenssanz

É preciso emocionar o cérebro para aprender.

Orlando Terré

Uma saúde equilibrada resulta de vários fatores que nos acompanham desde o nascimento. As pessoas ao nosso redor, como familiares, educadores (coordenadores, psicólogos escolares, professores, inspetores, porteiros, psicopedagogos, entre outros) e profissionais de saúde (fonoaudiólogos, terapeutas ocupacionais, fisioterapeutas, psicólogos, nutricionistas, entre outros), desempenham papéis essenciais nesse ambiente. Além disso, médicos como pediatras, neurologistas, neuropediatras e psiquiatras são fundamentais em nossa jornada, utilizando teorias e evidências científicas, como as aqui citadas, para oferecer cuidado integral. Um conceito robusto de saúde inclui o equilíbrio entre aspectos físicos, mentais, emocionais e sociais, todos igualmente importantes.

Independentemente da idade, muitos estudantes enfrentam desafios, medos e ansiedades antes de provas e avaliações. O temor geralmente cresce ao sair de casa e se intensifica na sala de aula, gerando um desejo de evitar a situação incômoda. Isso reflete a tentativa de escapar das sensações negativas associadas ao medo e à ansiedade. Ao chegar à escola cheio de tensão, o cérebro (Relvas, 2020) enfrenta dificuldades para funcionar adequadamente devido ao estresse e à produção de cortisol, afetando a capacidade de processamento de informações e foco.

É crucial que escolas e famílias reconheçam a necessidade da gestão das emoções, promovendo estratégias para o controle do estresse e prevenindo, portanto, as consequências decorrentes. Quando tais estratégias não são suficientes, torna-se necessária a intervenção de um profissional qualificado, com conhecimento e técnicas para manejo adequado da situação.

Fundamentos da neurociência – sistema nervoso autônomo

Por meio da neurociência, compreendemos que o sistema nervoso simpático entra em ação nessas situações, muda todo o funcionamento fisiológico e é decisivo na escolha das estratégias de enfrentamento.

O sistema nervoso autônomo, por meio do sistema nervoso simpático, entra em ação durante momentos de estresse e ansiedade, assumindo o controle. Essa ativação pode ter impactos profundos em crianças, adolescentes e adultos, aumentando a ansiedade, dificultando a concentração, causando fadiga e tensão muscular. A neurociência nos oferece uma compreensão detalhada dos mecanismos cerebrais envolvidos na resposta de luta ou fuga, uma reação instintiva do corpo a situações de estresse ou perigo. Essa resposta é mediada principalmente pelo sistema nervoso autônomo e envolve várias áreas cerebrais.

A neurociência mapeia as regiões cerebrais envolvidas nessa resposta e explica como essas áreas trabalham em conjunto para ativar e manter o estado de alerta. Esses mecanismos foram fundamentais para a sobrevivência de nossa espécie e continuam a desempenhar um papel importante na maneira como respondemos ao estresse atualmente. Sensações de medo, tensão e pânico consomem grande parte da nossa energia, que muitas vezes é escassa devido à pressão interna do indivíduo, enquanto o sistema nervoso parassimpático tem a função de repor essa energia.

Esses estados nos levam a utilizar o mecanismo de fuga. Durante essa resposta, a respiração acelera, os pulmões trabalham mais para suprir o sangue com oxigênio, e o fígado libera glicose na corrente sanguínea para fornecer energia para as reações químicas necessárias. As glândulas adrenais aumentam seu metabolismo, produzindo adrenalina e cortisol para estimular o coração. E surgem duas reações biológicas: lutar ou fugir.

Em muitas situações do cotidiano, a percepção de ameaça não pode ser resolvida pelas reações primitivas de luta ou fuga. Quando o corpo se prepara para o confronto físico sem liberar essa tensão, surgem sensações de impotência e sobrecarga que podem resultar em ansiedade, angústia e até crises de pânico. Essas condições exigem abordagens modernas, como a autorregulação emocional e biofeedback, para lidar com a energia acumulada. Durante essas respostas intensas, ocorre uma redistribuição de energia no corpo, priorizando órgãos como o coração, que recebe estimulação para aumentar a frequência e a força dos batimentos, enquanto o fluxo sanguíneo é desviado dos órgãos do sistema digestivo para os músculos, preparando-os para uma resposta rápida. Essa dinâmica se dissipa com a ativação do sistema parassimpático, que promove recuperação e relaxamento.

Esse processo fisiológico depende fortemente do consumo de oxigênio, principalmente pelo cérebro e coração. Embora o cérebro represente apenas 2% do peso corporal, ele demanda cerca de 20% do oxigênio total para manter suas funções metabólicas e processos essenciais. O coração, consumindo entre 10% a 15% do oxigênio, precisa de um suprimento constante para seu papel vital de bombear o sangue. Juntos, esses órgãos utilizam uma porção significativa de oxigênio, refletindo sua importância crítica para manter a vida e a homeostase, especialmente sob estresse; lembrando que o sistema nervoso simpático consome energia e o parassimpático a repõe (Coghi & Coghi, 2015).

A interação entre os diversos órgãos do corpo, especialmente entre o coração e o cérebro, é crucial para a manutenção do equilíbrio fisiológico e emocional. Tumati (2021) destaca que essa relação é mediada pela sincronização neurocardíaca, que desempenha um papel fundamental na regulação das respostas ao estresse e manutenção da homeostase. Durante o estresse, o coração e o cérebro cooperam para redistribuir energia e oxigênio, garantindo que ambos funcionem eficazmente. Essa cooperação é essencial para:

1. **Regulação emocional:** sincronização coração/cérebro ajuda a modular emoções, contribuindo para a estabilidade emocional e redução da ansiedade.
2. **Resposta ao estresse:** coração e cérebro colaboram para preparar o corpo para enfrentar ou fugir de ameaças, ajustando a frequência cardíaca e a atividade cerebral.
3. **Eficiência metabólica:** a interação garante que oxigênio e nutrientes sejam distribuídos de forma eficiente, sustentando funções vitais e atividades metabólicas.
4. **Saúde mental e física:** boa comunicação cérebro/coração está associada a melhores resultados de saúde mental e física, promovendo resiliência e bem-estar geral.

Essa cooperação, conhecida como coerência, pode ser desenvolvida por meio do biofeedback. Essa técnica é amplamente utilizada na pesquisa e na clínica, com numerosos estudos científicos respaldando sua eficácia. O biofeedback permite que indivíduos monitorem e modifiquem suas respostas psicofisiológicas, com foco particular no coração.

Variabilidade da frequência cardíaca, respiração e biofeedback

A análise da Variabilidade da Frequência Cardíaca (HRV) é essencial e pode ser compreendida como uma variação natural entre os batimentos cardíacos consecutivos, influenciada por padrões de proteção, pensamentos, ciclo circadiano, hormônios e temperatura corporal. Uma HRV elevada é indicador de saúde, estabilidade emocional e funcionamento eficiente dos sistemas fisiológicos. Por outro lado, uma HRV baixa está associada, dentre outros aspectos, com emoções negativas, como estresse e ansiedade, e pode indicar predisposição a problemas cardíacos.

Técnicas de respiração lenta e ritmada têm efeitos imediatos na melhoria da HRV, e quando associadas a ferramentas tecnológicas, como dispositivos de biofeedback, fornecem informações em tempo real sobre funções psicofisiológicas, ajudando a promover equilíbrio. O cardioEmotion® é uma ferramenta de biofeedback da HRV que permite que esses benefícios cheguem aos estudantes, contribuindo para o bem-estar emocional e físico, melhorando a concentração e consequentemente o processo de aprendizagem.

O cardioEmotion® é um instrumento integrativo de grande importância, utilizado em diversas áreas, como saúde mental, física e educação. Ele possibilita a identificação de respostas emocionais e a aplicação de técnicas de coerência cardíaca, que na literatura científica é frequentemente denominada ressonância cardiovascular. O potencial do cardioEmotion® vai além da função cardiovascular. Ao estabelecer uma integração profunda com o cérebro, promove equilíbrio entre as funções emocionais e fisiológicas mediadas pelo sistema nervoso autônomo. Esse alinhamento entre coração e cérebro contribui para a melhoria do bem-estar geral, proporcionando maior estabilidade emocional e uma resposta mais eficaz ao estresse (Coghi & Coghi, 2015).

A coerência cardíaca pode ser descrita como um estado psicofisiológico alcançado por meio da ação consciente sobre o sistema cardiovascular-respiratório, o qual, sob condições específicas, resulta em ondas sinusoidais em um traçado de eletrocardiograma. O treinamento com biofeedback cardiovascular, especialmente em uma frequência de 0,1 Hz, pode aumentar a HRV, influenciando positivamente a saúde.

A Figura 1 ilustra dois estados da HRV: um em estado de caos e outro em que o sistema nervoso autônomo está em harmonia, demonstrando a eficácia do cardioEmotion® em promover coerência cardíaca.

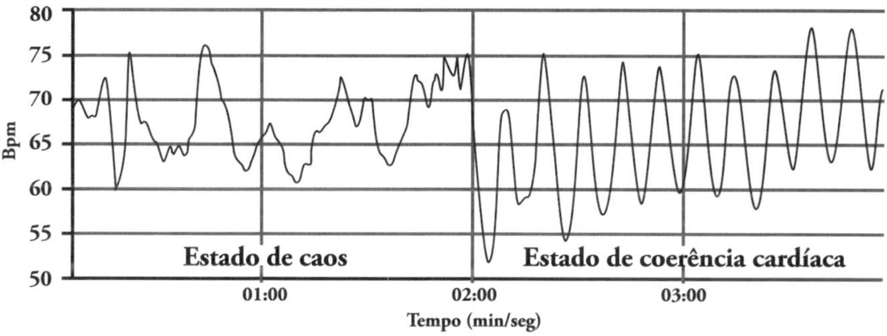

Figura 1: Gráfico de coerência cardíaca.
Fonte: Coghi & Coghi, 2015, p. 7.

Entender os fundamentos científicos do cardioEmotion® amplia suas possibilidades de aplicação. É uma ferramenta multifacetada que abrange áreas como processamento de sinais, eletrônica, neurociência, neurocardiologia, psicologia e educação. Em Natal, no laboratório de neurociência da Universidade Federal do Rio Grande do Norte, no Departamento de Fisioterapia Cardiorrespiratória, a "neuro-escola" foi implementada, integrando o cardioEmotion® em escolas para ajudar crianças a reduzir ansiedade, estresse e melhorar o aprendizado.

Barbosa *et al.* (2023) demonstraram o uso do cardioEmotion® em cardiologia e neurologia, em pacientes com problemas cardíacos e respiratórios. O monitoramento do sistema nervoso autônomo revelou como emoções e estados mentais influenciam o sistema cardiovascular, destacando a interação entre mente e corpo.

Tradicionalmente, o coração e o cérebro eram vistos como sistemas independentes, mas a neurocardiologia mostra que estão profundamente conectados. Essa interação envolve o sistema emocional, especialmente o sistema límbico, e é mediada pelo nervo vago, parte do sistema nervoso parassimpático, que regula a frequência cardíaca. Sob intensa carga emocional, o sistema nervoso simpático acelera o coração, inibindo o nervo vago, o que demonstra a influência direta das emoções no coração.

Conforme Knobel, Silva & Andreoli (2010), o coração e as emoções estão intimamente ligados, com o coração possuindo cerca de 40 mil neurônios conhecidos como o "cérebro do coração". Esse sistema nervoso intrínseco, investigado pelo Dr. Armour nos anos 1990, revela como o coração interage com o cérebro, desempenhando um papel significativo na comunicação e na regulação emocional. Pesquisas indicam que aproximadamente 80% das informações transmitidas pelo nervo vago vão do coração ao cérebro, reforçando a constante troca entre ambos. Embora haja debates sobre a preponderância de um ou outro órgão nessa relação, o que se destaca é a interdependência entre eles, essencial para a homeostase e o bem-estar.

A neuroplasticidade e o surgimento de novos neurônios

Ela é a capacidade do cérebro de reorganizar suas conexões sinápticas em resposta a novos aprendizados e experiências, mas não necessariamente à criação de novos neurônios (neurogênese). No contexto cardíaco, o conceito de "plasticidade cardíaca" ainda não é amplamente reconhecido na neurociência tradicional. O coração tem uma rede de neurônios que se comunica com o sistema nervoso central, contribuindo para a regulação autônoma. Contudo, a habilidade desses neurônios cardíacos de formar novas conexões, semelhante à plasticidade cerebral, é um campo de estudo emergente e ainda não completamente estabelecido.

Aksu *et al.* (2021) exploraram a anatomia e as funções do sistema nervoso autônomo intrínseco do coração, discutindo suas implicações clínicas. Eles explicaram que o sistema nervoso do coração é responsável por funções como a regulação da frequência, força de contração e ritmo cardíaco, independentemente do controle consciente. Além dos neurônios cerebrais, o coração possui uma rede complexa de neurônios próprios que influenciam diretamente suas funções, reforçando o conceito de "cérebro do coração" e a conexão profunda entre o sistema nervoso autônomo e o coração. Essa rede, interligada ao nervo vago, é crucial para a comunicação bidirecional entre o coração e o cérebro, influenciando estados emocionais e cognitivos e destacando o papel ativo do coração nas respostas emocionais. Os autores discutem como o treinamento de coerência cardíaca, como o uso do cardioEmotion®, pode fortalecer essa conexão neurocardíaca. Exercícios específicos sincronizam ritmos cardíacos com estados emocionais positivos e estimulam a formação de novos neurônios, fortalecendo as vias neurais existentes. O treinamento de coerência cardíaca visa regular a HRV, promovendo equilíbrio entre os sistemas nervosos simpático e parassimpático, o que pode reduzir a resposta ao estresse, melhorar o bem-estar emocional e o controle da frequência cardíaca.

O cardioEmotion® impacta significativamente o cérebro. Segundo Schumann *et al.* (2021), em um estudo publicado na *Frontiers in Neuroscience*, treinamentos com biofeedback resultam em conectividade funcional melhorada, com efeitos significativos na regulação autonômica e na conectividade cerebral, promovendo maior integração entre regiões cerebrais e eficiência nas trocas de informações. Para evitar a sobrecarga energética no cérebro, especialmente em situações de estresse escolar, atividades psicopedagógicas bem estruturadas são essenciais, com impacto positivo no funcionamento cerebral e melhorando o desempenho acadêmico, emocional e social.

A importante influência do biofeedback de HRV no funcionamento do cérebro

Na prática psicopedagógica, o biofeedback de HRV tem se mostrado uma ferramenta eficaz, especialmente no tratamento do transtorno do déficit de atenção e hiperatividade (TDAH). Essa técnica promove autorregulação emocional, controle do comportamento impulsivo e foco atencional, abordando dificuldades comuns enfrentadas por indivíduos com TDAH, como manter a atenção e gerenciar as emoções, que amiúde resultam em comportamentos desorganizados e altos níveis de estresse. Nesse contexto, tal abordagem permite que os alunos, via sessões regulares, monitorem suas respostas fisiológicas e ajustem seus estados internos de maneira mais eficiente. Além de fortalecer o sistema cardiovascular, potencializa as redes neurais relacionadas a atenção, comportamento, impulsividade e controle inibitório, considerando a individualidade e o histórico clínico de cada um, impactando positivamente seu desenvolvimento acadêmico e pessoal.

O biofeedback de HRV é uma abordagem não invasiva que complementa as intervenções psicopedagógicas tradicionais, reduzindo a ansiedade e melhorando a capacidade dos aprendentes de enfrentar desafios cotidianos. Quando combinado com técnicas avançadas de neurofeedback, oferece um protocolo eficaz para atender às necessidades individuais. Tal protocolo visa fortalecer a resiliência e contribui para uma vida mais saudável. Com a resiliência aumentada, os indivíduos podem aplicar estratégias aprendidas durante o acompanhamento psicopedagógico para lidar com momentos de grande pressão ou angústia, facilitando mudanças comportamentais positivas.

É essencial reconhecer que qualquer informação com um componente emocional, seja positiva ou negativa, pode impactar diretamente o coração. Quando afetada pelas emoções, a frequência cardíaca pode variar significativamente, aumentando ou diminuindo. Isso ocorre porque o coração possui um sistema nervoso intrínseco, frequentemente chamado de "pequeno cérebro", composto por neurônios distribuídos em várias regiões do coração. Esses neurônios têm um papel vital na manutenção da homeostase e saúde cardíaca, regulando funções cruciais como a produção de noradrenalina e ocitocina. Esta, em particular, é conhecida como o "neuro-hormônio do amor", trazendo sensações de bem-estar e afeto.

Emoções, positivas ou negativas, exercem influência direta sobre a frequência e a atividade do coração. Pesquisas indicam que emoções negativas, como raiva e tristeza, tendem a elevar a frequência cardíaca e ativar o sistema nervoso simpático, prolongando e intensificando a resposta cardiovascular. Esse fenômeno está associado ao aumento do estresse e da carga fisiológica sobre o coração (Brosschot & Thayer, 2003). Em contraste, emoções positivas, como alegria, facilitam a recuperação do coração após reações emocionais negativas, ajudam a estabilizar a frequência cardíaca e modulam o sistema nervoso autônomo de maneira equilibrada. Esse efeito "reparador" das emoções positivas contribui para a redução da ativação fisiológica relacionada ao estresse (Fredrickson & Levenson, 1998).

O vídeo "Inteligência intuitiva do coração" (YouTube) explora como esse sistema nervoso intrínseco do coração responde aos sinais do cérebro e exerce influência direta sobre nosso estado emocional e mental. Essa comunicação bidirecional entre o cérebro e o coração é fundamental para a HRV.

A integração das técnicas de biofeedback e neurofeedback é essencial para promover uma saúde integral que equilibre corpo, mente e emoções. Ao harmonizar a conexão entre o coração e o cérebro, essas abordagens melhoram a regulação fisiológica e emocional, além de fortalecerem a resiliência e o bem-estar geral, favorecendo uma perspectiva integradora. O neurofeedback é uma técnica de treinamento cerebral que monitora e exibe a atividade elétrica do cérebro em tempo real, tipicamente por meio de um eletroencefalograma (EEG). Com essas informações, os indivíduos aprendem a autorregular suas funções cerebrais, promovendo melhorias em áreas como atenção, regulação emocional, ansiedade etc. (Coghi & Coghi, 2015).

Essas técnicas são relevantes em diversas áreas da saúde e da educação, trazendo novos horizontes à atenção integrada. Esses avanços científicos caminham para oferecer ferramentas práticas a profissionais como psicopedagogos e professores que enfrentam o desafio diário na educação. A neurociência e os processos de aprendizagem são fundamentais para uma abordagem mais acessível e inclusiva. Eles fornecem o embasamento teórico e prático para que esses profissionais possam lidar de maneira eficaz com os desafios emocionais e cognitivos de seus aprendentes. O que motiva os psicopedagogos e professores a se dedicarem todos os dias é, com razão, a possibilidade de transformar essas descobertas em práticas concretas que impactam positivamente a vida dos aprendentes. Essa motivação, muitas vezes invisível, é a mola propulsora para que persistam em sua missão educacional.

Integração do biofeedback de HRV na aprendizagem escolar e clínica

Em uma revisão sistemática, Dormal, Vermeulen & Mejias (2021) ressaltam a importância da implementação do biofeedback de HRV no ambiente escolar como uma ferramenta valiosa para o gerenciamento do estresse, o aprimoramento da concentração e regulação de suas respostas emocionais e fisiológicas. Programas de autorregulação emocional, que incorporam sessões de biofeedback, têm evidenciado melhorias substanciais em habilidades cruciais para o sucesso acadêmico, como a gestão do estresse, a comunicação eficaz e o foco nos estudos. Essas intervenções ajudam a reduzir a ansiedade em testes, promovendo maior coerência psicofisiológica, permitindo que os alunos enfrentem desafios acadêmicos com a mente mais calma e equilibrada. Ao melhorar sua capacidade de autorregulação, os alunos podem não apenas melhorar seu desempenho acadêmico, mas também desenvolver resiliência emocional que os beneficiará ao longo da vida.

Além do ambiente escolar, o biofeedback de HRV tem sido explorado em contextos clínicos para auxiliar crianças que lidam com transtornos de saúde mental como o TDAH, ansiedade e depressão. As intervenções baseadas em biofeedback apresentam um potencial significativo para a melhoria de sintomas emocionais e comportamentais, servindo como um complemento valioso a tratamentos farmacológicos e terapias tradicionais. Essa abordagem enriquece o tratamento clínico e proporciona uma maneira integradora de promover o bem-estar mental e emocional das crianças.

A interseção entre tecnologia e educação, com o uso do biofeedback de HRV, abre novas possibilidades para o desenvolvimento de métodos de ensino mais eficazes e inclusivos. Ao continuar explorando e ampliando o uso dessas tecnologias, podemos criar ambientes mais favoráveis ao aprendizado e ao crescimento pessoal, preparando, assim, as futuras gerações para enfrentar os desafios do mundo com confiança e competência.

Considerações finais

A integração de tecnologias como o cardioEmotion® e biofeedback no processo de aprendizagem faz-nos reconhecer nosso papel como educadores e terapeutas: semear conhecimento. O cérebro humano, movido por emoções e razão, precisa ser estimulado por meio de reforços positivos para que ocorra uma aprendizagem efetiva e a desejada plasticidade cerebral. Essa mudança de pensamento nos desafia a emocionar, envolver e provocar o cérebro continuamente. A psicopedagogia e o cardioEmotion® são áreas distintas, mas complementares, pois envolvem o desenvolvimento cognitivo e o bem-estar dos indivíduos, já que combinam práticas de desenvolvimento focadas na integração entre emoções e o sistema cardiovascular.

A prática clínica psicopedagógica com o uso coadjuvante do cardioEmotion® tem evidenciado resultados significativos em aprendentes com aspectos relacionados a ansiedade, baixa autoestima, transtornos de aprendizagem e TDAH, minimizando os desafios em suas trajetórias de aprendizado e ajudando-os a superar barreiras cognitivas e emocionais, promovendo uma aprendizagem mais fluida e saudável. Assim, o cardioEmotion® pode ser considerado um recurso terapêutico útil na atuação psicopedagógica com o objetivo de auxiliar os aprendentes a superarem os bloqueios que podem impactar seu processo de aprendizagem. Essas abordagens integradas favorecerão o desenvolvimento global do indivíduo nos aspectos cognitivos, emocionais e sociais para uma aprendizagem eficaz e duradoura.

Devemos ir além do que é esperado, observando, movendo, provocando e inspirando constantemente, pois é esse movimento contínuo que nos impulsiona. Inspirados pela ideia de Terré & Vigo (2019): "Se me movo, tenho mais estabilidade; Se me movo, tenho um cérebro mais ativo e Se me movo, tenho melhor controle", entendemos que é imperativo para cada profissional avançar em sua área. A força dos estudos permanece viva em nossas mentes e corações, sempre permeada pela emoção positiva.

Na trilha sonora do filme *O Rei Leão* – "O ciclo sem fim" –, reverenciamos cientistas e pesquisadores cuja dedicação faz do ciclo da pesquisa um universo inesgotável de descobertas. Morin (*apud* Rosier, 2022) nos lembra que "a inquietude não deve ser negada, mas remetida para novos horizontes e se tornar nosso próprio horizonte". Essa inquietude inspira profissionais da saúde e educação. Continuemos a brilhar em nossas ações transformadoras, sempre abertos a novas perguntas e respostas, em um ciclo interminável de pesquisa e inovação.

Referências

AKSU, T. *et al.* Intrinsic cardiac autonomic nervous system: what do clinical electrophysiologists need to know about the "heart brain"? *Journal of Cardiovascular Electrophysiology*, v. 32, n. 6, p. 1737-1747, 2021. Disponível em: https://doi.org/10.1111/jce.15058. Acesso em: 14 abr. 2025.

BARBOSA, J. V. S. *et al.* Effectiveness of paced breathing guided by biofeedback on clinical and functional outcomes patients with chronic obstructive pulmonary disease: an uncontrolled pilot study. *Applied Psychophysiology and Biofeedback*, v. 48, p. 423-432, 2023. Disponível em: https://link.springer.com/article/10.1007/s10484-023-09591-5. Acesso em: 8 abr. 2025.

BROSSCHOT, J. F.; THAYER, J. F. Heart rate response is longer after negative emotions than after positive emotions. *International Journal of Psychophysiology*, v. 50, n. 3, p. 181-187, 2003. Disponível em: https://doi.org/10.1016/S0167-8760(03)00146-6. Acesso em: 8 abr. 2025.

COGHI, P. F.; COGHI, M. F. *Como tornar visível o invisível*: visualizando as reações psicofisiológicas por meio de biofeedback. Série NPT 01 – Psicologia neurociência aplicada. NPT – NEUROPSICOTRONICS, 2015. Disponível em: https://materiais.cardioemotion.com.br/e-book-como-tornar-visivel-o-invisivel-por-meio-de-biofeedback. Acesso em: 8 abr. 2025.

DORMAL, V.; VERMEULEN, N.; MEJIAS, S. Is heart rate variability biofeedback useful in children and adolescents? A systematic review. *The Journal of Child Psychol Psychiatry*, v. 62, n. 12, p. 1379-1390, 2021. Disponível em: https://doi.org/10.1111/jcpp.13463. Acesso em: 14 abr. 2025.

FREDRICKSON, B. L.; LEVENSON, R. W. Positive emotions speed recovery from the cardiovascular sequelae of negative emotions. *Cognition and Emotion*, v. 12, n. 2, p. 191-220, 1998. Disponível em: https://doi.org/10.1080/026999398379718. Acesso em: 14 abr. 2025.

GAZOLLA, T. *Inteligência intuitiva do coração*. YouTube: Canal Thalita Gazolla, 2014. Disponível em: https://www.youtube.com/watch?v=uFc8i6xZH3M. Acesso em: 8 abr. 2025.

KNOBEL, E.; SILVA, A. L. M.; ANDREOLI, P. B. A. *Coração é emoção*. São Paulo: Atheneu, 2010.

RELVAS, M. Chegou o momento de exercitar as competências socioemocionais da BNCC. YOSHIDA, S. *Nova Escola*, 2020. Disponível em: https://novaescola.org.br/conteudo/19496/chegou-o-momento-de-exercitar-as-competencias-socioemocionais-da-bncc. Acesso em: 8 abr. 2025.

ROSIER, M. O. L. Inovação pedagógica na educação básica: compreensões a partir dos diferentes protagonismos em uma escola da Rede Jesuíta de Educação, 2022. Dissertação (Mestrado em Gestão Educacional) – Universidade do Vale do Rio dos Sinos (UNISINOS). Programa de Pós-Graduação em Gestão Educacional. São Leopoldo, 2022.

SCHUMANN, A. *et al.* The influence of heart rate variability biofeedback on cardiac regulation and functional brain connectivity. *Frontiers in Neuroscience*, v. 15, 2021. Disponível em: https://doi.org/10.3389/fnins.2021.691988. Acesso em: 14 abr. 2025.

TERRÉ, O. C.; VIGO, S. I. *Neuropotencial de inteligencia infantil*: neurociencias, buenas prácticas y emoción. La Plata: Arte Editorial, 2019.

TUMATI, S.; PAULUS, M. P.; NORTHOFF, G. Out-of-step: brain-heart desynchronization in anxiety disorders. *Molecular Psychiatry*, v. 26, p. 1726-1737, 2021. Disponível em: https://doi.org/10.1038/s41380-021-01029-w. Acesso em: 9 abr. 2025.

CAPÍTULO 07

Impulsionando o desempenho escolar

Neuromodulação como catalisadora das funções executivas

A neuromodulação representa uma fronteira emergente na interseção entre neurociência e educação. Este capítulo destaca como essas técnicas podem catalisar as funções executivas e potencializar o desempenho escolar. Estudos mostram que déficits nessas funções estão associados a dificuldades de aprendizagem e baixo desempenho escolar. A pesquisa contínua e o desenvolvimento tecnológico prometem ampliar as possibilidades de atuação, impactando o sucesso acadêmico.

Ana Carolina Palermo e Cyntia Minardi

ANA CAROLINA PALERMO

Nutricionista. Psicomotricista relacional. Neuropsicopedagoga. Formações em Neurofeedback, HEG, tDCS, Fotobiomodulação, taVNS e Biofeedback de HRV. Especialista em Neurociências e Tecnologias Aplicadas, e em Saúde Mental. Atuou por dez anos como coordenadora de equipe interdisciplinar. Supervisora e clínica em Neuromodulação. Integrante da equipe de Investigação Diagnóstica da Clínica Vivere (Curitiba – PR).

Contatos: carol.palermo@gmail.com

CYNTIA MINARDI

Fonoaudióloga com aprimoramento nas áreas de linguagem infantil, processamento auditivo, transtornos de aprendizagem e transtornos motores da fala. Formações em Neurofeedback, HEG e TDCS. Pós-graduanda em Análise do Comportamento Aplicada. Atuou por 15 anos como coordenadora de equipe interdisciplinar. Integrante da equipe de Investigação Diagnóstica da Clínica Vivere (Curitiba – PR).

Contatos: cyntiaminardi@gmail.com

Atualmente, o que se observa no Brasil é que a baixa aprendizagem no ensino fundamental e até mesmo na alfabetização faz com que muitos jovens cheguem ao ensino médio sem os conhecimentos e as habilidades necessárias para acompanhar essa etapa. Esse cenário muitas vezes desvela-se como consequência de uma alfabetização sem qualidade, resultando em dificuldades de aprendizagem ao longo de toda a trajetória educacional e até mesmo no abandono escolar, que traz implicações socioeconômicas diretas ao país, estando associado a taxas mais altas de criminalidade, problemas de saúde mental e piores resultados econômicos.

Um fator importante que deve ser também considerado é que uma gama de transtornos mentais, como ansiedade, depressão e transtorno do déficit de atenção, por exemplo, podem afetar diretamente e estão intimamente ligados à capacidade de aprender e de concentrar-se na interação com o ambiente escolar, impactando o desenvolvimento acadêmico e o desempenho escolar (Rosa *et al.*, 2021).

Há ainda um grupo de estudantes que, mesmo vivenciando condições ideais de escolarização, apresenta dificuldades para alcançar o sucesso no processo de aprendizagem. De acordo com o DSM 5-TR (2023), estima-se que a prevalência do transtorno específico de aprendizagem nos domínios acadêmicos de leitura, escrita e matemática é de 5% a 15% entre crianças em idade escolar.

Na prática, nosso país dispõe de algumas ferramentas nacionais e internacionais para mensuração do desempenho dos estudantes brasileiros.

O Programa Internacional de Avaliação de Estudantes (Pisa) é um estudo comparativo, implementado pela Organização para a Cooperação e Desenvolvimento Econômico (OCDE), realizado a cada três anos junto a alunos de 15 anos de idade nas áreas de leitura, matemática e ciências.

Os resultados das diversas edições do Pisa destacam repetidamente o baixo desempenho de nossos estudantes; embora alguns progressos tenham sido feitos ao longo das edições, o desafio permanece. Ao analisarmos os dados divulgados nas edições de 2018 e 2022, podemos entender o tamanho do desafio.

Em todas as áreas avaliadas, o Brasil encontra-se abaixo da média da OCDE. Na avaliação realizada em 2018, participaram 78 países e, em 2022, 81 países. De acordo com a divulgação dos dados pelo Instituto de Estudos e Pesquisas Educacionais Anísio Teixeira (Inep), a colocação do Brasil no ranking pode ser colocada em determinado intervalo de posições, em função da margem de erro inerente ao estudo. Seguem os resultados em leitura e matemática:

- **Leitura**
  - **Posição no ranking (2018)**: de 78 países, o Brasil ficou entre 55º e 59º.
  - **Posição no ranking (2022)**: de 81 países, o Brasil ficou entre 44º e 57º.
- **Matemática**
  - **Posição no ranking (2018)**: de 78 países, o Brasil ficou entre 69º e 72º.
  - **Posição no ranking (2022)**: de 81 países, o Brasil ficou entre 62º e 69º.

Diante desse cenário desafiador, é crucial explorarmos abordagens inovadoras para melhorar o desempenho acadêmico dos estudantes brasileiros. É importante ressaltar que o aprendizado nessas áreas depende de inúmeros fatores, tendo as funções executivas destaque entre eles.

Dentro dessa proposta, nos aprofundaremos especificamente nessa perspectiva, abordando o impacto das funções executivas no desenvolvimento e aprimoramento da leitura e das resoluções dos problemas matemáticos. Ao compreendermos como as funções executivas influenciam diretamente a capacidade de leitura e o raciocínio matemático, poderemos identificar estratégias mais eficazes para superar as dificuldades apresentadas e impulsionar o desempenho dos estudantes.

Funções executivas – componentes essenciais para a aprendizagem

Podemos pensar na aprendizagem como fenômeno multifacetado, que envolve uma rede complexa de condições e habilidades. Entre essas, temos uma posição de destaque para as funções executivas (FEs), componentes fundamentais que influenciam diretamente a capacidade de um indivíduo de adquirir, manipular e aplicar novas informações.

Reconhecer e compreender que o papel das FEs no processo de aprendizagem não é apenas uma questão teórica, mas uma necessidade prática, é fundamental.

Profissionais de saúde e educação que lidam com indivíduos presentes em contextos formais de aprendizagem devem estar cientes de como essas funções afetam o aprendizado. Nesse sentido, intervenções que visam melhorar as FEs podem ter um impacto significativo na performance acadêmica, especialmente para aqueles que enfrentam dificuldades no processo de aprendizagem.

São muitos os modelos teóricos que definem as funções executivas e eles se diferem no entendimento de serem as FEs um constructo único ou constructos variados (paralelos e interligados), e em quais são seus componentes.

Dias & Malloy-Diniz (2023) apresentam alguns dos principais modelos de FEs e traçam uma discussão, evidenciando os pontos de convergência e divergência entre eles. Com base nessa análise, sintetizaram uma definição mais ampla e aprimorada:

> Funções executivas são processos controlados, engajados diferencialmente em função da carga emocional/motivacional da tarefa/situação, que incluem um conjunto de habilidades componentes de domínio-geral, algumas bem estabelecidas a partir de evidências da área, como inibição, memória de trabalho ou flexibilidade cognitiva, mas não necessariamente limitadas apenas a essas, engajados ou recrutados para se alcançar objetivos específicos e cuja operação eficiente subjaz o controle consciente de nossas cognições, emoções, comportamentos e a autorregulação (Dias; Malloy-Diniz, 2023, p. 31).

Para maior aprofundamento didático, usaremos o modelo proposto por Diamond (2013), que afirma haver um consenso amplamente aceito de que existem três principais funções executivas: **inibição**, que engloba o controle inibitório, incluindo o autocontrole e o controle de interferência, como atenção seletiva e inibição cognitiva; **memória de trabalho**; e **flexibilidade cognitiva**, também conhecida como mudança de conjunto ou flexibilidade mental, que está intimamente relacionada à criatividade.

A partir dessas funções básicas, são desenvolvidas FEs de ordem superior, como **raciocínio, resolução de problemas** e **planejamento**. Essas habilidades são fundamentais para a saúde mental e física, para o sucesso acadêmico e na vida, além de desempenharem um papel crucial no desenvolvimento cognitivo, social e psicológico.

O domínio conceitual das principais funções executivas básicas nos oferece ferramentas importantes para entendermos como elas afetam o comportamento e o aprendizado, apresentando bases sólidas para criar intervenções mais eficazes. Assim, seguimos com as explicações norteadoras que Diamond nos oferece:

- **Controle inibitório**: desempenha papel central para regular a atenção (foco seletivo), o comportamento (inibição de ações impulsivas), cognição (supressão de pensamentos irrelevantes), os pensamentos e as emoções. Ele nos permite suprimir impulsos e distrações, possibilitando ações mais intencionais e adequadas às situações. É crucial para a tomada de decisões, para o aprendizado e para a autorregulação.
  O controle inibitório no início da vida parece ser bastante preditivo de resultados ao longo do desenvolvimento, inclusive na idade adulta. Moffitt *et al.* (2011) acompanharam em seu estudo cerca de mil crianças nascidas na mesma cidade no mesmo ano, ao longo de 32 anos, com uma taxa de retenção de 96%. Chegaram à conclusão de que crianças entre 3 e 11 anos que tinham melhor controle inibitório eram mais propensas, quando adolescentes, a ainda estarem na escola, e eram menos propensas a fazer escolhas arriscadas, a fumar ou usar drogas. Elas cresceram apresentando melhor saúde física e mental e tornando-se adultos considerados mais felizes e bem-sucedidos.
- **Memória de trabalho:** essencialmente, envolve manter informações em mente e manipulá-las. Essa capacidade é crucial para compreender eventos que se desenrolam ao longo do tempo, como a leitura de uma frase ou a execução de cálculos mentais. Ela é vital para relacionar informações passadas e presentes, permitindo a compreensão da linguagem e a resolução de problemas. Existem dois tipos de memória de trabalho: verbal e não verbal (visual-espacial). Cada tipo é responsável por diferentes conteúdos e processos cognitivos. Não operam isoladamente, interagindo com outras funções executivas, como a flexibilidade cognitiva e o controle inibitório, para facilitar o raciocínio e a resolução de problemas.
- **Flexibilidade cognitiva:** permite a adaptação rápida a novas situações, a mudança de perspectivas e a modificação de estratégias para

resolver problemas. Refere-se à capacidade de mudar entre diferentes tarefas, perspectivas ou estratégias mentais. É crucial para a resolução eficaz de problemas, criatividade e aprendizado adaptativo. Afeta o desempenho acadêmico, a criatividade, a capacidade de resolução de problemas e a adaptação social.

As funções executivas, essenciais para a gestão de comportamentos e emoções, desenvolvem-se gradualmente ao longo da vida. Atingem sua maturidade na fase adulta, mas começam a declinar com o envelhecimento. No entanto, o caminho de desenvolvimento dessas habilidades não é determinado apenas pela integridade do córtex pré-frontal. A exposição do cérebro a estímulos variados é crucial para sua formação. Tanto a herança genética quanto os fatores ambientais, além da sensibilidade da criança a esses estímulos, desempenham papéis importantes. Em essência, embora as pessoas nasçam com um potencial genético, esse potencial só se realiza plenamente por meio de interações sociais adequadas e saudáveis. Um ambiente positivo na primeira infância é vital para assegurar que esse potencial genético possa ser concretizado na vida adulta. De forma geral, o desenvolvimento das funções executivas inicia-se na primeira infância, particularmente entre os três e os cinco anos de idade, e há um segundo período crítico que ocorre durante a adolescência, indo até o início da vida adulta.

Com esses conceitos mais bem elucidados, estamos prontos para compreender de que forma eles afetam alguns elementos essenciais da aprendizagem.

Funções executivas e leitura: fundamentos e impactos

A relação das funções executivas com a leitura é bem explanada por Seabra, Ober & Dias (2023), e alguns pontos nos ajudam a entender o suporte que elas exercem.

Um dos pontos importantes abordados pelos autores é que o desenvolvimento da leitura requer diferentes competências cognitivas inter-relacionadas e é fortemente influenciado pelas funções executivas. Ela recruta processos automáticos como a identificação de letras, a associação entre letras e sons e o reconhecimento de palavras. Quando esses processos são automatizados, o leitor pode focar na tarefa cognitiva mais complexa de extrair o significado do texto. A leitura também depende de habilidades de linguagem bem desenvolvidas, de processos visuais e de atenção, e requer ainda um aprendizado formal.

Avaliando o conjunto de evidências, foi sumarizado o impacto dos componentes executivos nucleares em dois elementos importantes da leitura: **o reconhecimento da palavra** e **a compreensão leitora**. Seguem as informações sintetizadas:

Controle inibitório

- **No reconhecimento de palavras:** desempenha um papel crucial ao impedir a ativação de palavras que são ortográfica e visualmente semelhantes durante a utilização da rota lexical. Da mesma forma, ao utilizar a rota não lexical, é necessário suprimir representações fonológicas inadequadas para assegurar a seleção correta dos fonemas no processo de decodificação.
- **Na compreensão de leitura:** tem a função de suprimir informações irrelevantes de um texto, o que ajuda a manter o foco nas informações essenciais para a compreensão, e previne ainda a sobrecarga da memória de trabalho.

Flexibilidade cognitiva

- **No reconhecimento das palavras:** desempenha um papel essencial ao permitir que se alterne eficientemente entre o uso das rotas lexical e não lexical para o processamento da informação escrita.
- **Na compreensão da leitura:** fundamental para coordenar os diversos processos que ocorrem simultaneamente durante a leitura de um texto, incluindo o processamento dos códigos fonológicos, das informações ortográficas e sintáticas, juntamente com o processamento das informações semânticas.

Memória de trabalho

- **No reconhecimento de palavras:** tem a função de manter e processar as representações ortográficas e fonológicas, especialmente durante o uso da rota não lexical.
- **Na compreensão da leitura:** desempenha um papel crucial na seleção, manutenção e processamento de informações importantes, criando uma representação mental do conteúdo de um texto. Ela também é fundamental para a geração e o processamento de inferências, tanto dentro do texto, quanto além dele.

Funções executivas e matemática: conexões essenciais

Os estudiosos demonstram a importância das funções executivas no aprendizado de diferentes áreas da matemática. Podemos encontrar desde estudos longitudinais, que apontam que crianças nos anos iniciais de escolarização, com melhor funcionamento executivo, apresentam melhores resultados no desempenho matemático nos anos posteriores, até o papel das FEs, em especial a memória de trabalho, em áreas como álgebra, habilidades numéricas e espaciais, geometria e aritmética.

Na área de resolução de problemas, Steffen, Sperafico e Cardoso (2023), utilizando o modelo de Polya, que norteia o aprendizado de resolução de problemas, fizeram uma análise de cada uma das etapas que o constitui e as relacionaram com cada um dos componentes centrais das FEs, demonstrando a importância de cada uma delas em todas as etapas.

Compreendendo todos os conceitos abordados e como eles se inter-relacionam, podemos lançar mão de recursos tecnológicos, aqui direcionados para as técnicas de neuromodulação não invasivas, e estratégias de intervenção, visando ao melhor desenvolvimento das funções executivas, para que possam impactar diretamente a performance acadêmica, especialmente para quem enfrenta dificuldades no processo de aprendizagem.

Neuromodulação não invasiva: um caminho promissor

Ao longo dos anos, a ciência e a tecnologia têm avançado nas mais diversas áreas e não tem sido diferente na saúde, principalmente no que se refere aos campos da neurociência, engenharia biomédica e psicologia. O entendimento sobre a funcionalidade do cérebro e suas conexões com o restante do corpo humano vem crescendo e consideráveis esforços têm sido empregados no desenvolvimento de técnicas de neuromodulação que redefinem as possibilidades no tratamento de uma gama de distúrbios neurológicos e psiquiátricos, ao mesmo tempo que apontam oportunidades valiosas de aprimoramento de funções cognitivas e físicas (Hamani *et al.*, 2017).

Nessa perspectiva, há técnicas de neuromodulação não invasiva, como a estimulação transcraniana por corrente contínua (ETCC/tDCS), a fotobiomodulação (tPBM), o neurofeedback de eletroencefalografia (EEG) e de espectroscopia de infravermelho próximo funcional (HEG/fNIRS), a estimulação transcutânea auricular do nervo vago (taVNS), a estimulação por frequências binaurais, entre outras. Tais intervenções possuem a capacidade de modular a atividade cerebral em regiões cruciais para funções executivas, como o córtex frontal e o pré-frontal, por exemplo. Elas têm sido amplamente estudadas e validadas, trazendo resultados promissores no que se refere ao aprimoramento de funções cognitivas, associadas ou não a treinos cognitivos.

Há uma linha de pesquisa que indica a importância de se desenvolverem ações interventivas que integrem o treino cognitivo com a neuromodulação, pois essa associação pode potencializar significativamente os resultados, ampliando a eficácia dos tratamentos e promovendo melhorias mais robustas e duradouras nas funções cognitivas.

Seguindo esse princípio, podemos usar como referência Matsuzaki *et al.* (2023), que abordam o impacto do treino cognitivo associado ao neurofeedback, tanto de espectroscopia de infravermelho próximo (fNIRS) como de eletroencefalografia (EEG), na melhora das funções cognitivas. O estudo demonstrou ser mais eficaz essa associação na melhoria especialmente da memória de trabalho e episódica, em comparação com intervenções de domínio único.

Hosseini *et al.* (2016), em seu estudo, objetivaram explorar a eficácia do paradigma de treinamento que combina neurofeedback com tarefas cognitivas, utilizando fNIRS para monitorar a atividade cerebral na região do córtex pré-frontal. O artigo discute como o treinamento cognitivo pode promover a neuroplasticidade, melhorando a função cognitiva em diversas populações, incluindo indivíduos saudáveis e pacientes com patologias específicas. Foram recrutados 20 participantes adultos saudáveis, divididos em dois grupos: um recebendo feedback real (NFB) e outro recebendo feedback simulado (SHAM). O grupo NFB melhorou significativamente a precisão em tarefas de memória de trabalho, em comparação com o grupo SHAM. O estudo conclui que o neurofeedback, em combinação com treinamento cognitivo, pode melhorar significativamente as funções executivas após um curto período de treinamento.

Evidências científicas como o estudo de Lu *et al.* (2021) exploram os efeitos da estimulação transcraniana por corrente contínua de alta definição (HD-tDCS) anódica repetida sobre as funções executivas, utilizando a espectroscopia funcional de infravermelho próximo para monitorar a atividade cortical. Participantes foram submetidos a nove sessões de HD-tDCS ao longo de três semanas, com a atividade cortical monitorada por fNIRS para detectar mudanças na sua ativação. O grupo com estimulação anódica demonstrou melhorias significativas na flexibilidade cognitiva em comparação com o grupo controle.

Além disso, Li *et al.* (2019) abordam o uso de neurofeedback (NF) monitorado por espectroscopia funcional de infravermelho próximo (fNIRS) para modulação regional específica da ativação do córtex orbitofrontal lateral (lOFC). O objetivo principal foi avaliar a viabilidade e a relevância funcional do treinamento de NF assistido por fNIRS no lOFC, especialmente em relação à flexibilidade cognitiva e ao processamento de recompensas, que são críticos no funcionamento do córtex orbitofrontal. Foi utilizado um design controlado por placebo, com 60 participantes saudáveis, divididos aleatoriamente entre o grupo de NF real e o grupo controle. Os participantes utilizaram estratégias mentais como imaginação, recordação de experiências e meditação para regular a atividade cerebral durante o treinamento. O grupo de NF real demonstrou um aumento significativo na ativação do lOFC ao longo das sessões de treinamento, em comparação com o grupo controle. O estudo conclui que o treinamento de NF assistido por fNIRS é viável e pode aumentar a ativação do lOFC de forma regional-específica. A capacidade de aumentar a ativação do lOFC está associada a melhorias na flexibilidade cognitiva e na experiência de recompensa, sugerindo relevância funcional para o treinamento.

Beauchene *et al.* (2017) investigaram, além disso, como as frequências binaurais, especificamente a de 15Hz, afetam a memória de trabalho verbal e a conectividade cortical. O estudo envolveu 34 adultos saudáveis que participaram de tarefas de memória de trabalho, enquanto suas respostas corticais eram medidas por EEG. Foi verificado que a frequência binaural de 15Hz aumentou a precisão dos participantes em tarefas de memória de trabalho e modificou a resposta de frequência cortical e a força de conexão das redes corticais. A condição de 15Hz mostrou um aumento significativo na conectividade da rede bilateral frontoparietal, sugerindo maior transferência de informação. Os resultados indicam que as frequências binaurais podem ser usadas para alterar a resposta de frequência e a conectividade das redes corticais, influenciando assim o desempenho em tarefas de memória de trabalho verbal.

Esses são somente alguns dos diversos estudos que têm sido desenvolvidos no sentido do aprimoramento das funções executivas, havendo ainda muito mais a ser explorado. De forma inequívoca e com o avanço da tecnologia, essas abordagens, caracterizadas por serem não invasivas, quando aplicadas de maneira responsável e consciente, demonstram o potencial de otimizar a saúde e a atividade cerebral, proporcionando um ambiente mais favorável para o aprendizado e o desenvolvimento cognitivo.

A reflexão sobre os fundamentos científicos discutidos ao longo deste capítulo é crucial para que os profissionais reconheçam a neuromodulação não invasiva como um caminho viável e robusto, uma intervenção promissora, que permitirá fazer uma diferença significativa na trajetória educacional de seus pacientes, emergindo como uma resposta às necessidades urgentes do cenário educacional brasileiro, no qual muitos estudantes atravessam o sistema educacional com baixo desempenho.

Propomos que futuras investigações continuem a explorar e expandir as aplicações dessas técnicas, de modo a promoverem um impacto ainda mais amplo e duradouro na qualidade de vida e na educação dos estudantes.

Referências

AMERICAN PSYCHIATRIC ASSOCIATION. *Manual diagnóstico e estatístico de transtornos mentais*: DSM-5-TR. 5. ed. rev. Porto Alegre: Artmed, 2023.

BEAUCHENE, C. *et al.* The effect of binaural beats on verbal working memory and cortical connectivity. *J Neural Eng.*, v. 14, n. 2, Apr. 2017.

DIAMOND A. Executive functions. *Annu Rev Psychol.*, v. 64, p. 135-168, 2013.

DIAS, N. M.; MALLOY-DINIZ, L. F. Funções executivas: ponto de partida para compreensão do construto. *In*: DIAS, N. M.; MALLOY-DINIZ, L. F. (org.). *Tratado de funções executivas*: modelos teóricos, constructos associados e desenvolvimento. Belo Horizonte: Ampla, 2023. p. 17-31.

FUENTES, D. *et. al. Neuropsicologia*: teoria e prática. 2. ed. Porto Alegre: Artmed, 2014.

HAMANI, C. *et al. Neuromodulation in psychiatry.* [*s.l.*]: Wiley-Blackwell, 2017.

HOSSEINI, S. *et al.* Task-based neurofeedback training: a novel approach toward training executive functions. *Neuroimage*, v. 1, n. 134, p. 153-159, July 2016.

INSTITUTO AYRTON SENNA. Abandono escolar: entendendo as causas e buscando soluções. Instituto Ayrton Senna. Disponível em: https://institutoayrtonsenna.org.br/abandono-escolar/. Acesso em: 28 nov. 2024.

LENT, R. (coord.). *Neurociência da mente e do comportamento.* Rio de Janeiro: Guanabara Koogan, 2008.

LU, H. *et al.* Effect of repeated anodal HD-tDCS on executive functions: evidence from a pilot and single-blinded fNIRS study. *Front Hum Neurosci*, v. 18, n. 14, p. 583-730, Jan. 2021.

LI, K. *et al.* Functional near-infrared spectroscopy-informed neurofeedback: regional-specific modulation of lateral orbitofrontal activation and cognitive flexibility. *Neurophotonics*, v. 6, n. 2, Apr. 2019.

MALLOY-DINIZ, L. F. (org.). *Tratado de funções executivas*: modelos teóricos, constructos associados e desenvolvimento. Belo Horizonte: Ampla, 2023.

MATSUZAKI, Y. *et al.* The effect of cognitive training with neurofeedback on cognitive function in healthy adults: a systematic review and meta-analysis. *Healthcare*, v. 11, n. 6, 2023.

MINISTÉRIO DA EDUCAÇÃO. Pisa 2018 revela baixo desempenho escolar em leitura, matemática e ciências no Brasil. Disponível em: https://www.gov.br/inep/pt-br/assuntos/noticias/acoes-internacionais/pisa-2018-revela-baixo-desempenho-escolar-em-leitura-matematica-e-ciencias-no-brasil. Acesso em: 28 nov. 2024.

MINISTÉRIO DA EDUCAÇÃO. Divulgados os resultados do Pisa 2022. Disponível em: https://www.gov.br/inep/pt-br/assuntos/noticias/acoes-internacionais/divulgados-os-resultados-do-pisa-2022. Acesso em: 28 nov. 2024.

MOFFITT, E. *et al.* A gradient of childhood self-control predicts health, wealth, and public safety. *Proc Natl Acad Sci USA*, v. 108, n. 7, 15 Feb. 2011.

ROSA, A. S. *et al. Conversando sobre saúde mental e emocional na escola*. São Paulo: Fundação Mapfre: Secretaria da Educação do Estado de São Paulo, 2021.

ROTTA, N.; BRIDI F, C. A.; BRIDI, F. R. S. (org.). *Plasticidade cerebral e aprendizagem*. Porto Alegre: Artmed, 2018.

SEABRA, A. G.; OBER, T.; DIAS, N. M. Funções executivas e leitura. *In*: DIAS, N. M.; MALLOY-DINIZ, L. F. (org.). *Tratado de funções executivas*: modelos teóricos, constructos associados e desenvolvimento. Belo Horizonte: Ampla, 2023. p. 53-67.

STEFFEN, L.; SPERAFICO, Y. L. S.; CARDOSO, C. D. O. Papel das funções executivas do processo de resolução de problemas matemáticos. *In*: DIAS, N. M.; MALLOY-DINIZ, L. F. (org.). *Tratado de funções executivas*: modelos teóricos, constructos associados e desenvolvimento. Belo Horizonte: Ampla, 2023.

CAPÍTULO 08

Neuromodulação e o funcionamento executivo

O desenvolvimento de funções executivas otimiza o processo de aprendizagem e a capacidade de se relacionar com o mundo. O termo abrange processos cognitivos complexos como planejamento e automonitoramento. Para o desenvolvimento dessas capacidades, destaca-se o papel da coerência cerebral. Disfunções nesse aspecto prejudicam os processos cognitivos, dificultando a aquisição de novas habilidades.

Ana Paula A. Ribeiro, Maria Leticia Vieira e Thiago M. Marcos

ANA PAULA A. RIBEIRO

Neuropsicopedagoga clínica. Especialista em Reabilitação Cognitiva e Análise do Comportamento Aplicada. Mestranda em Neurociências. Formação em Sistema Profissional em Gerenciamento de Crises (PCM). Formação em Neurofeedback e Transtorno do Neurodesenvolvimento. Treinadora de Neurofeedback e TDCS.

Contatos: anapaula.aeedm@gmail.com
Instagram: @anapaulaamaro
35 99954 6224

MARIA LETICIA VIEIRA

Neuropsicopedagoga clínica. Especialista em Reabilitação Cognitiva. Psicopedagoga clínica e institucional, neuroterapeuta capacitada em técnicas de neuromodulação: EEG, TDCS, Fotobiomodulação e Sons Binaurais pela Neurowork. Mestranda em Neurociência e Educação. Pedagoga com mais de 25 anos de experiência no processo de alfabetização de crianças e adultos, como também especialista em dificuldades e transtornos da aprendizagem.

Contatos: marialeticia231@gmail.com
Instagram: @marialeticia_neurofeedback
11 97405 2516

THIAGO M. MARCOS

Mestre em Psicologia e Intervenções em Saúde (EBMSP), psicólogo especialista em Psicologia Clínica (CFP), Neuromodulação Não invasiva (Unifesp), formação em Biofeedback. Tratamento e supervisão de transtornos mentais comuns, reabilitação neuropsicológica e transtornos do neurodesenvolvimento em jovens, adultos e idosos.

Contatos: https://thiagommarcos.com.br
Instagram: @thiago.m.marcos
75 98843 6926

Funções executivas

As funções executivas são o "centro de comando do cérebro", ou seja, o sistema de autorregulação (Garcia, 2020) das nossas ações e comportamentos de forma consciente e autônoma; conjunto de habilidades e capacidades essenciais para o nosso dia a dia. Elas atuam em diversas etapas do processo decisório, influenciando desde a percepção de um problema até a escolha final das decisões a serem tomadas, ou seja, das atividades mais simples até as mais complexas que nos permitem planejar, organizar, tomar decisões, controlar impulsos e resolver problemas. Habilidades que nos ajudam a funcionar de forma eficiente com o mundo que nos cerca (Cosenza, 2011).

Pode-se comparar o trabalho das funções executivas com a da torre de controle do tráfego aéreo nos aeroportos e os processos atencionais com o controlador de voo que opera dentro dessa torre para que os aviões decolem e pousem com segurança. As funções executivas não estão restritas a uma única região do cérebro; são distribuídas entre redes neurais complexas que interconectam diversas áreas, para além do córtex pré-frontal, em outras regiões significativas, como: gânglios basais (fundamentais na escolha e na realização de ações); córtex parietal (importante na atenção e na percepção do espaço); cerebelo (crucial para a coordenação dos movimentos e para o aprendizado motor, entre outras funções compartilhadas).

A comunicação entre os neurônios nessas redes é realizada por meio de neurotransmissores, como dopamina, noradrenalina e serotonina. O cérebro possui a capacidade de se adaptar e modificar suas respostas mediante as experiências vividas. A prática e o treinamento têm a potencialidade de fortalecer as conexões neurais relacionadas às funções executivas. Embora a genética tenha uma influência significativa na eficácia das funções executivas, a interação com o ambiente também é crucial.

Menciona Garcia (2020, p. 19): "[...] a área pré-frontal possui conexões com quase todas as áreas corticais, vários núcleos talâmicos principalmente o núcleo dorsomedial, amígdala, hipocampo, núcleos de base, cerebelo, tronco encefálico suas conexões abrange quase todo o encéfalo[...]". As funções executivas são divididas em: planejamento, memória de trabalho, controle inibitório, flexibilidade cognitiva e tomada de decisão". Elas também são conhecidas como funções executivas frias e abstrato-cognitivas (Garcia, 2020), por se tratar de habilidades ligadas ao pensamento.

Memória de trabalho

A memória de trabalho também é conhecida como memória de curto prazo ou operacional. Ela gerencia os dados das informações temporariamente para executar tarefas que auxiliem as ações e os comportamentos em diferentes momentos. A memória é supervisionada diretamente pelo aparato atencional, denominado também por atenção executiva, referente a percepção e resolução dos erros e divergências que possam aparecer nas mais diversas situações.

Quando é necessário tomar algumas decisões, precisamos manter diversas informações na mente de forma simultânea, permitindo-nos pensar, resumir, armazenar, manipular, reter e memorizar o conhecimento enquanto estamos resolvendo problemas, cálculos, reflexões, atividades, enfim, situações do nosso cotidiano. A memória operacional permite trabalhar com as informações por mais tempo sem precisar recorrer a outros suportes que não sejam executivo central, a alça fonoarticulatória, o esboço visuoespacial e o buffer episódico (Diamond, 2013).

Um exemplo claro disso é quando alguém está trabalhando com um assunto que leu no início de um capítulo e, no decorrer das próximas páginas, ainda permanece ativo e contextualizado. Essa permanência colabora no fortalecimento e na compreensão de todo o conteúdo estudado. A informação se faz necessária, pois o que foi aprendido no início do texto vai dando sentido aos fatos que se apresentam a seguir, tornando possível construir o conhecimento dessa nova informação que se estabelecerá na memória de longo prazo.

No processo de alfabetização, a memória de trabalho é de extrema funcionalidade, tornando viável a busca das informações pelo aluno sempre que for necessário ler, escrever e compreender. Ao pensar no som da letra para escrever, ele recorre à evocação da imagem e, quando ele faz a leitura da letra, evoca o som a ser usado. Nesse processo, ocorre a manipulação dos sons e imagens localizados na alça fonológica (Buzetti, 2020) e na prancha visuoespacial (Garcia, 2020). Após esse processo, a informação se encaminha para a memória de longo prazo, ficando armazenada para possível utilização em outro momento, evento que chamamos de rede conceitual (Buzetti, 2020).

O trabalho da memória operacional é o que garante a funcionalidade e o sucesso da alfabetização na vida dos leitores em todas as idades, do início do processo até o auge da proficiência leitora.

Controle inibitório

O controle inibitório é a habilidade que temos de monitorar as ações, os impulsos e os comportamentos, selecionando atitudes de maneira consciente e planejada, auxiliando a manter o foco em uma atividade, mesmo com outras coisas acontecendo ao redor. Essa capacidade ajuda a desviar-se de condutas impulsivas e enfrentar situações desafiadoras tranquilamente; analisar as opções e selecionar as melhores escolhas racionais e não por instinto.

O adequado controle inibitório está ligado a diversos aspectos da nossa vida, tais como: concentração, organização, resolução de problemas, comunicação eficaz, construção de vínculos, lidar com prazos, trabalhar em equipe, ter decisões assertivas e a prevenção de problemas com a saúde mental, incluindo a comunicação (Ye & Zhou, 2009).

O autocontrole está essencialmente conectado a outras habilidades cognitivas (memória de trabalho, flexibilidade cognitiva e controle inibitório), produzindo uma rede complexa que ampara nosso desempenho cognitivo; a interação dessas funções torna possível o desenvolvimento adaptativo diariamente, da infância até a senescência.

Um exemplo desse processo é a vivência de um estudante em uma situação de avaliação: focar na atividade, mesmo que seu celular esteja tocando; dominar os sentimentos evitando reações precipitadas diante do medo da prova; tomar atitudes ponderadas escolhendo a melhor estratégia e evitando a impulsividade; ajustar o comportamento para se adaptar a essa demanda que se faz necessária à vida do estudante.

Flexibilidade cognitiva

A flexibilidade cognitiva é uma das funções executivas e desempenha um papel crucial em nossa capacidade de adaptação e aprendizado. Ela permite adaptar planos e estratégias às diversas situações presentes no cotidiano, desde a mudança elementar à mais complexa. A vida é repleta de mudanças e imprevistos, sendo essa habilidade mental crucial por permitir a adaptação perante as mudanças e, dessa maneira, proporcionar o crescimento como indivíduos resilientes, criativos e bem-sucedidos.

As funções não atuam sozinhas. Associam-se ao conjunto de habilidades, gerando uma rede complexa que sustenta pensamentos, ações e comportamentos, mediados pela atenção e pela percepção. Tal relação acontece da seguinte forma: manter informações em mente enquanto realizamos outras tarefas; passar de uma tarefa para outra sem se distrair; ajustar o modo de pensar e agir quando for necessário; e analisar um problema sob diversos ângulos (Russo, 2015).

Planejamento

O planejamento é uma função executiva complexa, sendo entendido como a habilidade de antecipar, organizar, definir, sequenciar e estruturar ações e recursos intencionalmente, a fim de atingir um objetivo ou satisfazer um desejo (Zimmerman & Fonseca, 2017). Essa habilidade está presente nas diversas situações do cotidiano, nas quais é fundamental pensar e repensar as tarefas que serão executadas e definir os meios para realizá-las; projetar o que está por vir e estabelecer metas e comportamentos para alcançá-los adaptativamente.

Ao se investir tempo no delineamento das ações (Seabra, 2012), traça-se um caminho claro e preciso, como um mapa para chegar ao destino pretendido. Potencializando as oportunidades para alcançar com sucesso o alvo escolhido, o exercício de planejar favorece a identificação das oportunidades viáveis para realização dos objetivos, otimizando o processo.

É crucial fazer a diferença entre definir um objetivo e colocá-lo em prática. Muitas vezes, não existe harmonia entre realizar um sonho e o percurso a ser seguido. Uma pessoa pode ter talento para traçar metas, mas não dispor da habilidade para desenvolver um plano que a leve a concretizar esse sonho (Zimmerman & Fonseca, 2017). Essa dificuldade de planejamento pode advir de diversas dificuldades ou distúrbios, que podem estar enraizados em fatores internos, externos ou em uma mistura de ambos; podendo ser superados com estratégias adequadas.

Quando realizamos o planejamento, diversas áreas do cérebro são ativadas: o córtex pré-frontal, essencial para a tomada de decisões e organização; a memória de trabalho, que nos ajuda a reter detalhes do que estamos planejando, e a criatividade, que nos possibilita encontrar novas alternativas (Seabra, 2012). A cada plano elaborado, novas conexões são formadas entre os neurônios, promovendo a plasticidade cerebral e aprimorando nossa capacidade de aprender e solucionar problemas. Portanto, ao investirmos tempo no planejamento, estamos contribuindo para nosso crescimento pessoal e profissional.

Tomada de decisão

A tomada de decisão é uma habilidade essencial para o funcionamento cotidiano de escolhas, capacidade de selecionar entre inúmeras alternativas e opções por aquilo que pretendemos. Ela guia e molda comportamentos e ações que se referem a preferências, desejos, caminhos, empatias, enfim, tudo aquilo que escolhemos para vivenciar.

Estudos científicos dividem essas habilidades em duas: tomada de decisão perceptual e decisões baseadas em valores, capacidades que atuam diretamente nas escolhas que se apresentam nas situações vivenciadas diariamente.

A tomada de decisão perceptual é imprescindível para nossa sobrevivência e interação com o mundo; envolve a integração e o processamento das informações sensoriais (visão, audição, tato, olfato e gustação), ou seja, facilita nosso poder de análise e síntese na tomada de decisão, validando muitas das decisões a serem tomadas, identificando ameaças de forma rápida e eficaz, avaliando e escolhendo as melhores alternativas; compreendendo as intenções e emoções dos outros (Zimmermann & Fonseca, 2017).

As decisões fundamentadas em valores são guiadas por um conjunto de princípios, crenças e convicções que consideramos essenciais e envolvem o processamento emocional ou motivacional, caracterizado pela busca por recompensa ou por evitar uma consequência negativa. Ao fazermos uma escolha, ponderamos não apenas as repercussões práticas, mas também a medida em que essa decisão está em sincronia com nossos valores éticos, morais e pessoais.

As escolhas baseadas em valores são um guia essencial para uma vida mais significativa e autêntica. Ao fazermos escolhas alinhadas aos nossos princípios, podemos construir uma vida mais coerente e funcional.

No contexto da neurociência, as funções executivas envolvem ativação de redes neurais complexas, particularmente nas regiões frontais do cérebro (Decker, Fillmore & Roberts, 2017). Estudos como os de Basharpoor, Heidari & Molavi (2021) e Bowyer (2016) destacam a importância da coerência de bandas de EEG (teta, alfa, beta) nessas regiões para a integração de informações e o controle cognitivo, permitindo a coordenação de ações voltadas para a conquista dos objetivos.

A coerência indica a comunicação eficiente entre diferentes áreas cerebrais, necessária para a execução de tarefas que demandam funções executivas. Bradley, Smith & Xiao (2024) sugerem que a maturação dessas redes começa nos primeiros meses de vida, influenciando o desenvolvimento de inúmeras habilidades cognitivas.

Coerência cerebral

A perspectiva atual do funcionamento cerebral compreende que as funções cognitivas não estão localizadas em somente uma única área e dependem de diferentes regiões do cérebro. Mesmo simples ações cognitivas envolvem uma dinâmica e complexa padronização das ativações neuronais por diversas regiões. Disfunções nessa rede, como hiper ou hipoconectividade, irão resultar em alterações na proficiência de funções cognitivas e executivas (Decker *et al.*, 2017).

O eletroencefalograma fornece informações sobre a atividade elétrica cerebral em um recorte temporal pela captação realizada com eletrodos posicionados no escalpo. Mediante a Transformada Rápida de Fourier, a atividade elétrica é decomposta em diversos tipos de ondas (delta, teta, alfa, beta e gama). A medida coerência, no eletroencefalograma, mensura o nível de associação entre duas regiões cerebrais, usada para inferir sobre sua relação funcional, assimilando informações como sincronia, amplitude e fase (Bowyer, 2016).

O cálculo da coerência é representado pela fórmula a seguir, na qual Gxy(f) é a densidade espectral de potência cruzada, Gxx(f) e Gyy(f) são as densidades espectrais de potência automática respectivas:

$$y^2xy(f) = \frac{(Gxy(f))^2}{(Gxx(f)Gyy(f))}$$

A coerência cerebral de frequências alfa na região frontoparietal é um dos precursores no desenvolvimento da linguagem precoce em crianças. Em adultos, pode ser utilizada para conjecturar sobre eficiência da linguagem e desempenho cognitivo (Bradley, Smith & Xiao, 2024). Os estudos das coerências cerebrais podem servir de parâmetros sensíveis na detecção de anormalidades eletroencefalográficas em pacientes com ansiedade, depressão, TDAH, Asperger e cefaleias (Markovska-Simoska, Pop-Jordanova & Pop-Jordanov, 2018).

As funções executivas determinam o lastro de desenvolvimento das capacidades cognitivas e da linguagem. Para o estabelecimento adequado das funções executivas, é necessária a coerência cerebral de diversas áreas, principais e secundárias, no intuito de garantir a realização de múltiplas atribuições. A utilização de neurofeedback para melhorar as funções executivas também tem apresentado melhoras nas habilidades de leitura e consciência fonológica (Nazari *et al.*, 2012).

As coerências cerebrais intra e inter-hemisféricas estão relacionadas de maneira positiva e negativa com o desempenho das funções executivas. Isso depende das bandas de frequência estudadas. A coerência entre teta, alfa e beta, nas regiões do hemisfério cerebral esquerdo, impactam positivamente as funções executivas. Assim como a coerência de ondas alfa na região frontal, entre os hemisférios esquerdo e direito (Basharpoor, Heidari & Molavi, 2021).

Um bom coeficiente de alfa entre os dois hemisférios cerebrais é necessário para a manutenção do sistema de controle e supervisão do sujeito. A distribuição de ondas beta precisa ser avaliada com cuidado. Enquanto a presença de alta coerência de beta no hemisfério direito sugere melhora no rendimento intelectual, a alta coerência inter-hemisférica de beta afeta negativamente as funções executivas (Basharpoor, Heidari & Molavi, 2021).

A aplicação desses conhecimentos ajuda sujeitos em diversas fases da vida a desempenhar em sua rotina, facilitando o desenvolvimento escolar, laboral ou social. Dificuldades como dislexia ou transtornos do neurodesenvolvimento estão diretamente relacionadas com as coerências cerebrais e o neurofeedback já é um caminho indubitável para melhorar esse critério por meio da neuroplasticidade.

A seguir, veremos a aplicação prática das técnicas de neuromodulação não invasiva com o uso de protocolos de neurofeedback e TDCS/ETCC (estimulação transcraniana de corrente contínua), dentro das condições da avaliação, desenho da intervenção e de protocolos de treinamentos propostos, com os resultados previstos e relatados em um caso clínico infantil.

Caso clínico

Paciente do sexo masculino, J. G. F., oito anos, com diagnóstico de transtorno do espectro autista (TEA), cursando o 3º ano do Ensino Fundamental, em escola particular. Chegou para intervenção neuropsicopedagógica encaminhado pela escola, apresentando déficits nas funções executivas e dificuldades de leitura e escrita.

Dados iniciais e anamnese

A investigação diagnóstica iniciou-se aos quatro anos, após a família perceber atrasos na linguagem expressiva e compreensão verbal, em consulta com neuropediatra. Em anamnese, foram percebidos outros sintomas como seletividade alimentar, falta de contato visual, dificuldades em seguir instruções e rigidez nas emoções. Encaminhado para uma avaliação multidisciplinar com psicólogo, terapeuta ocupacional e fonoaudiólogo, concluiu-se o diagnóstico de TEA após um ano de investigação clínica.

A anamnese foi realizada com os pais, indicando desenvolvimento dentro do esperado na fase sensório-motora (0 a 2 anos), iniciando seletividade alimentar na fase pré-operatória (2 a 7 anos). Familiares reportaram também: gestação planejada, acompanhamento pré-natal, movimentação fetal por volta dos quatro meses, nascimento por cesárea, peso de 3,850 kg e comprimento de 47 cm, além de um apgar de 9/10, com amamentação exclusiva até os quatro meses.

No que diz respeito aos aspectos sensoriais e motores, começou a engatinhar aos sete meses e a andar aos dez. Ele gostava de andar descalço, embora aceitasse usar sapatos. Quando estava com raiva ou queria atrair a atenção dos pais, batia a cabeça. Durante as brincadeiras, costumava girar em círculos e tinha prazer em correr. Os pais também observaram boa tolerância à sensibilidade tátil, aceitando diferentes texturas.

O acompanhamento neuropsicopedagógico iniciou-se aos seis anos após encaminhamento escolar, enquanto frequentava o processo de alfabetização no 1º ano do Ensino Fundamental I. Apresentava como queixas iniciais resistência para escrever, não gostava de segurar o lápis e rejeitava tentativas de leitura de sílabas simples. Além disso, apresentava comportamento rígido e inflexível, sendo necessário negociar para que a criança realizasse atividades relacionadas à linguagem escrita. A resistência à aprendizagem foi relacionada ao medo de errar.

Aos sete anos, a criança foi diagnosticada com TDAH e distúrbio do processamento auditivo central, sendo submetida a dez sessões de reabilitação auditiva em cabine.

A manutenção das dificuldades no processo de alfabetização, no nível de escrita silábico-alfabético sem valor sonoro, leitura silabada e dificuldade nas funções executivas, motivou a introdução de estratégias de neuromodulação por estimulação transcraniana por corrente contínua (ETCC) e neurofeedback por EEGq (neuromodulação autorregulatória).

O primeiro mapeamento cerebral por EEG mostrou um predomínio de ondas lentas de 2 Hz a 8 Hz, além de hipocoerência, na linha sagital Fz, Pz,

Cz e Oz, elevada razão teta/beta na região frontal. Foram realizadas 40 sessões, duas vezes por semana. O protocolo de sessão incluiu 15 minutos de ETCC (F3-F4, 1mA) e neurofeedback. Durante a estimulação, atividades de consciência fonológica e jogos para funções executivas foram realizados concomitantemente.

A família informou que houve progressos nas notas, com maior envolvimento na execução das tarefas. A criança, que antes apresentava comportamento rígido e se mostrava relutante em participar de determinadas atividades, agora realiza essas tarefas com assistência, mesmo cometendo erros, e se mantém engajada em atividades que exigem esforço mental mais prolongado, como a leitura de frases e jogos que envolvem funções executivas.

Além disso, foi notada melhoria significativa na psicomotricidade fina, apresentando letra legível e boa coordenação, assim como melhor regulação emocional. A criança demonstra aceitação maior das orientações dadas, entende sua responsabilidade em cumprir as tarefas escolares, com fortalecimento da autoestima e autonomia na conclusão de tarefas. Atualmente, J. G. F. está no 3º ano do Ensino Fundamental I, lendo textos curtos, usando a rota lexical, escrevendo palavras com sílabas complexas e produzindo textos espontâneos, como problemas matemáticos que ele mesmo elabora.

Esse avanço contou com uma proposta de trabalho que uniu o neurofeedback, ETCC e os recursos neuropsicopedagógicos em sessões semanais, como mostra a tabela a seguir.

Tabela de procedimentos			
Sessões	**Técnicas**	**Protocolos**	**Objetivos**
Sessão inicial	Mapeamento com EEG de 4 canais Neurobots	ETCC: F3/F4 Neurofeedback: • Lobo frontal: F3, F4, F7 e F8. • Linha sagital Fz, Cz, Pz, Oz. • Ritmo-Sensório-Motor: C3, C4, Cz.	Mapear o funcionamento cerebral.
1ª a 64ª sessão	ETCC Neurofeedback	15 minutos. 3 protocolos de 15 minutos.	• Reduzir ondas lentas. • Realçar coerência. • SMR.

Instrumentos neuropsicopedagógicos	
1ª a 10ª	• Consciência fonológica (consciência da palavra oral e escrita). • IQ Puzzler.
11ª a 20ª	• Consciência fonológica (consciência silábica). • Baralho caixinha da dedução e lógica. • Psicoeducação aos pais.
21ª a 30ª	• Consciência fonológica (rimas e aliterações). • A hora do rush. • Psicoeducação aos pais.
31ª a 40ª	• Consciência fonêmica (Jogo Trilha Puxa Sílaba, Tira e Põe Sílabas). • Piafex (Programa de Intervenção em Autorregulação e Funções Executivas). • Jogo Desafio das Funções Executivas.
41ª a 50ª	• Escrita de palavras e leitura de frases (qual é a palavra, Jogo Organizando frases, palavra secreta). • Piafex.
51ª a 64ª	• Escrita de palavras e leitura de frases (Baralho Qual é a pergunta?, Jogo Memória Sílabas, Pareando frases e figuras). • Jogo de Encaixe Paredinha (com critério de separação de cores).

Conclusão

A grande transformação na qualidade de vida do pequeno J. G. F. foi viabilizada pela união da neuromodulação e da neuropsicopedagogia, áreas do conhecimento científico aplicadas no enfrentamento de transtornos e dificuldades de aprendizagem.

A aplicação simultânea dessas abordagens no tratamento resultou em benefícios para as funções executivas e cognitivas, por meio do condicionamento operante proporcionado pelo neurofeedback e da ETCC. Isso favoreceu a coerência cerebral em diversas áreas relacionadas ao processo de alfabetização e a regulação emocional, possibilitando o progresso dessa criança, promovendo seu desenvolvimento escolar e social.

Referências

BASHARPOOR, S.; HEIDARI, F; MOLAVI, P. EEG coherence in theta, alpha, and beta bands in frontal regions and executive functions. *Applied Neuropsychology. Adult*, v. 28, n. 3, p. 310-317, 2021. Disponível em: https://pubmed.ncbi.nlm.nih.gov/31282216/. Acesso em: 14 abr. 2025.

BOWYER, S. M. Coherence a measure of the brain networks: past and present. *Neuropsychiatric Electrophysiology*; v. 2, n. 1, 2016. Disponível em: https://npepjournal.biomedcentral.com/articles/10.1186/s40810-015-0015-7. Acesso em: 14 abr. 2025.

BRADLEY, H.; SMITH, B. A.; XIAO, R. Associations between EEG power and coherence with cognition and early precursors of speech and language development across the first months of life. *PloS One*, v. 19, n. 4, 2024. Disponível em: https://pubmed.ncbi.nlm.nih.gov/38625991/. Acesso em: 14 abr. 2025.

BUZETTI, M.; CAPELLINI, S. *Habilidades preditoras para alfabetização*: contribuições para sala de aula. Ribeirão Preto: Book Toy, 2020.

COSENZA, R. M.; GUERRA, L. B. *Neurociência e educação*: como o cérebro aprende. Porto Alegre: Artmed, 2011.

DECKER, S.; FILLMORE, P.; ROBERTS, A. Coherence: the measurement and application of brain connectivity. *NeuroRegulation*, v. 4, p. 3-13, 2017. Disponível em: https://www.neuroregulation.org/article/view/16848. Acesso em: 14 abr. 2025.

DEHAENE, S. *Os neurônios da leitura*: como a ciência explica a nossa capacidade de ler. Porto Alegre: Penso, 2012.

DIAMOND, A. Executive functions. *Annual Review of Psychology*, v. 64, p. 135-168, 2013. Disponível em: https://www.ncbi.nlm.nih.gov/pmc/articles/PMC4084861/pdf/nihms-602706.pdf. Acesso em: 10 set. 2024.

GARCIA, D.; RÊGO, G. As funções executivas em alunos com transtorno do TDAH na educação básica. *Revista Científica Multidisciplinar Núcleo do Conhecimento*; ano 5, v. 10, n. 1, p. 24-56, jan. 2020. Disponível em: https://www.nucleodoconhecimento.com.br/educacao/funcoes-executivas. Acesso em: 10 set. 2024.

MARKOVSKA-SIMOSKA, S.; POP-JORDANOVA, N.; POP-JORDANOV, J. Inter- and intra-hemispheric EEG coherence study in adults with neuropsychiatric disorders. *Prilozi*, Makedonska Akademija na Naukite i Umetnostite. Oddelenie za Medicinski Nauki, v. 39, n. 2-3, p. 5-19, 2018. Disponível em: https://pubmed.ncbi.nlm.nih.gov/30864354/. Acesso em: 14 abr. 2025.

NAZARI, M. A. *et al.* The effectiveness of neurofeedback training on EEG coherence and neuropsychological functions in children with reading disability. *Clinical EEG and Neuroscience*, v. 43, n. 4, p. 315–322, 2012. Disponível em: https://pubmed.ncbi.nlm.nih.gov/23185091/. Acesso em: 14 abr. 2025.

RUSSO, R. *Neuropsicopedagogia clínica*: introdução, conceito, teoria e prática. Curitiba: Juruá, 2015.

SEABRA, A.; DIAS, N. *Avaliação neuropsicológica cognitiva*: atenção e funções executivas. São Paulo: Memnon, 2012.

YE, Z.; ZHOU, X. Executive control in language processing. *Neuroscience and Biobehavioral Reviews*, v. 33, n. 8, p. 1168-1177, 2009. Disponível em: https://www.sciencedirect.com/science/article/abs/pii/S0149763409000384?via%3Dihub. Acesso em: 14 abr. 2025.

ZIMMERMANN, N.; FONSECA, R. P. *Tarefas para avaliação neuropsicológica volume 2*. Avaliação de linguagem e funções executivas em adultos. São Paulo: Memnon, 2017.

CAPÍTULO 09

|tVNS e aprendizagem

Otimização cognitiva para aprimoramento da aprendizagem

O século 21 é palco de uma revolução na educação, impulsionada por avanços na neurociência. A neurociência oferece insights valiosos sobre como o cérebro aprende e processa informações. A estimulação transcutânea do nervo vago (tVNS) pode otimizar a aprendizagem, aumentando a atenção e as funções executivas, ajudando crianças e adolescentes a desenvolver habilidades cognitivas.

Tales de Souza Roberto Sales

TALES DE SOUZA ROBERTO SALES

É CEO da Neurowork Brasil, especializada em tecnologias avançadas para saúde e educação. Psicólogo com expertise em avaliação psicológica, traz uma abordagem inovadora à neuromodulação, com mais de uma década de experiência na formação de profissionais em Biofeedback e Neurofeedback. Com pós-graduação em Neurociência Aplicada, MBA em Gestão de Negócios e, atualmente, mestrando em Inteligência Artificial, sua liderança visionária é uma força propulsora na interseção entre psicologia e tecnologia. Promove soluções transformadoras, com foco no bem-estar mental e emocional, criando novas possibilidades para a evolução dos profissionais da área.

Contatos: neurowork.com.br
psitales.sales@gmail.com
Instagram: @tales_saless
Facebook: Tales Sales
LinkedIn: Tales Sales
41 99292 2504

O século 21 é palco de uma verdadeira revolução no campo da educação, impulsionada pelos avanços exponenciais na neurociência. Educadores, pesquisadores e formuladores de políticas, cada vez mais, reconhecem a importância fundamental de compreender o cérebro humano para otimizar o processo de aprendizagem. A neurociência, longe de ser uma disciplina meramente teórica, oferece insights valiosos e práticos sobre como o cérebro aprende, processa informações, memoriza e resolve problemas, fornecendo uma base científica robusta para práticas pedagógicas mais eficazes e inovadoras.

Essa nova compreensão do cérebro não apenas desmistifica crenças tradicionais sobre o aprendizado, mas também fundamenta abordagens pedagógicas baseadas em evidências sólidas. A influência da neurociência se manifesta em diversas áreas da educação, desde a elaboração de currículos mais adequados para diferentes faixas etárias, considerando o desenvolvimento cerebral, até a criação de métodos de ensino que exploram a plasticidade cerebral e os intrincados mecanismos da memória. Além disso, a neurociência contribui para o desenvolvimento de ferramentas de avaliação da aprendizagem mais precisas e abrangentes, permitindo uma análise mais profunda do progresso individual de cada aluno.

Nesse contexto, a neuropsicopedagogia emerge como um elo essencial entre a pesquisa científica e a prática educacional. Essa área integrativa combina os conhecimentos da neurociência, da psicologia e da pedagogia para compreender e otimizar o processo de aprendizagem em sua totalidade. O neuropsicopedagogo atua como um tradutor, convertendo os achados complexos da neurociência em estratégias concretas e aplicáveis para a sala de aula, além de desempenhar um papel crucial na identificação e intervenção em dificuldades de aprendizagem, utilizando abordagens que respeitam e se baseiam no funcionamento cerebral individual.

A integração das neurociências na educação, no entanto, não está isenta de desafios. A necessidade de formação adequada dos educadores, a superação de neuromitos (crenças falsas e simplistas sobre o cérebro) e a garantia de que as práticas pedagógicas sejam baseadas em evidências sólidas são obstáculos a serem superados. Contudo, as oportunidades que essa integração oferece são vastas e promissoras: a personalização do ensino, adaptando as estratégias pedagógicas às necessidades individuais de cada aluno, considerando seu perfil neurocognitivo único; a promoção do bem-estar, criando ambientes de aprendizagem que estimulem o desenvolvimento cerebral saudável e reduzam o estresse; e, finalmente, a maximização do potencial de cada aluno, auxiliando-os a atingir seu pleno desenvolvimento cognitivo e acadêmico.

É nesse cenário de convergência entre neurociências e educação que a tVNS (estimulação transcutânea do nervo vago) se apresenta como uma ferramenta emergente de grande potencial. Ao modular a atividade cerebral de forma não invasiva, a tVNS representa uma nova fronteira na otimização da aprendizagem, alinhando-se com os princípios da neurociência e da neuropsicopedagogia. Este capítulo tem como objetivo explorar como a tVNS, ao aprimorar funções cognitivas específicas, pode transformar o processo de aprendizagem, abrindo novas perspectivas para um futuro educacional mais brilhante e inclusivo.

Fundamentos neurofisiológicos da tVNS: desvendando os mecanismos cerebrais da estimulação vagal

Para compreender plenamente o potencial da tVNS como ferramenta de otimização da aprendizagem, é crucial mergulhar em seus fundamentos neurofisiológicos. A tVNS, como o próprio nome indica, atua sobre o nervo vago, uma estrutura complexa e multifacetada que desempenha um papel central na comunicação bidirecional entre o cérebro e o corpo.

O nervo vago: anatomia e o maestro da comunicação cérebro-corpo

O nervo vago, também conhecido como o décimo nervo craniano, é o mais longo e complexo dos nervos cranianos. Sua vasta extensão e múltiplas ramificações o conectam a uma ampla gama de órgãos e sistemas, incluindo o coração, pulmões, sistema digestivo e sistema imunológico.

Anatomicamente, o nervo vago é composto por aproximadamente 80% de fibras aferentes (sensoriais) e 20% de fibras eferentes (motoras). Essa composição reflete seu papel primordial na coleta de informações sensoriais do corpo e no envio dessas informações para o cérebro.

O nervo vago desempenha um papel crucial na regulação de diversas funções fisiológicas essenciais, como a frequência cardíaca, a pressão arterial, a respiração, a digestão e a resposta imune. Além disso, ele está intimamente envolvido na modulação do humor, do estresse e da cognição.

A importância do nervo vago na comunicação cérebro-corpo reside em sua capacidade de transmitir informações sensoriais do corpo para o cérebro, influenciando o estado emocional, cognitivo e fisiológico do indivíduo. Essa comunicação bidirecional permite que o cérebro monitore e responda às necessidades do corpo, mantendo a homeostase e promovendo o bem-estar.

Mecanismos de ação da tVNS: uma cascata de eventos neurais

A tVNS, ao estimular eletricamente o nervo vago de forma não invasiva (geralmente por meio da pele na orelha ou no pescoço), desencadeia uma cascata de eventos neurais que modulam a atividade cerebral. Os principais mecanismos de ação da tVNS incluem:

- **Estimulação do núcleo do trato solitário (NTS):** o NTS, localizado no tronco encefálico, é o principal ponto de entrada das fibras aferentes do nervo vago no cérebro. A estimulação do NTS ativa uma série de projeções neurais que se estendem para diversas áreas cerebrais.
- **Ativação do *locus coeruleus* (LC):** uma das projeções mais importantes do NTS é para o *locus coeruleus* (LC), um núcleo cerebral localizado no tronco encefálico que é a principal fonte de norepinefrina (NE) no cérebro. A ativação do LC resulta na liberação de NE em diversas regiões cerebrais envolvidas na atenção, na memória e nas funções executivas.
- **Liberação de neurotransmissores-chave:** a estimulação do nervo vago e a ativação do LC levam à liberação de neurotransmissores-chave que desempenham um papel fundamental na cognição e na aprendizagem.
- **Norepinefrina (NE):** a NE modula a atenção, o estado de alerta, a memória e a flexibilidade cognitiva. Ela facilita a detecção de sinais sensoriais, promove o aprendizado e fortalece as conexões sinápticas.

- **Acetilcolina (ACh):** a ACh é essencial para a aprendizagem, a memória e a atenção. Ela desempenha um papel crucial na plasticidade sináptica e na formação de novas memórias.
- **GABA:** o GABA é o principal neurotransmissor inibitório do cérebro. Ele regula a excitabilidade neuronal, promove o foco e reduz a distração (Miyatsu, 2024; Keute, 2018).
- **Modulação de redes neurais:** a liberação desses neurotransmissores modula a atividade de redes neurais envolvidas na atenção, na memória e nas funções executivas. Essa modulação otimiza o funcionamento dessas redes, melhorando o desempenho cognitivo e a capacidade de aprendizagem.

Evidências de neuroimagem: visualizando os efeitos da tVNS no cérebro

Estudos de neuroimagem, como a ressonância magnética funcional (fMRI) e a eletroencefalografia (EEG), têm fornecido evidências diretas de como a tVNS altera a atividade cerebral (Chen, 2022; Wang, 2023).

Esses estudos demonstram que a tVNS pode aumentar a atividade em regiões cerebrais envolvidas na atenção (córtex pré-frontal, córtex parietal), na memória (hipocampo, amígdala) e nas funções executivas (córtex pré-frontal dorsolateral, córtex cingulado anterior).

Além disso, os estudos de neuroimagem revelam que a tVNS pode modular a conectividade entre diferentes regiões cerebrais, fortalecendo as redes neurais envolvidas na cognição e na aprendizagem.

As evidências de neuroimagem confirmam que a tVNS não é apenas uma estimulação periférica, mas, sim, uma intervenção que tem um impacto direto e mensurável na atividade cerebral, abrindo novas perspectivas para a otimização da aprendizagem.

Funções cognitivas aprimoradas pela tVNS: pilares da aprendizagem

A eficácia da tVNS na otimização da aprendizagem reside em sua capacidade de modular e aprimorar funções cognitivas específicas, que atuam como pilares fundamentais do processo de aquisição de conhecimento. Entre essas funções, destacam-se a atenção, a memória e as funções executivas, cada uma desempenhando um papel crucial na forma como aprendemos, processamos informações e aplicamos o conhecimento.

Atenção: o filtro da informação e a base do aprendizado

A atenção é a capacidade de focar em estímulos relevantes e ignorar distrações, permitindo que o cérebro processe informações de forma eficiente. A tVNS demonstra potencial para aprimorar tanto a atenção sustentada (a capacidade de manter o foco por um período prolongado) quanto a atenção seletiva (a capacidade de filtrar informações irrelevantes e focar em estímulos específicos) (Colzato, Wolters & Peifer, 2018).

A estimulação do nervo vago e a consequente liberação de norepinefrina (NE) no cérebro modulam a atividade de redes neurais envolvidas na atenção, aumentando o estado de alerta e a capacidade de concentração. Isso permite que os indivíduos se mantenham mais engajados em tarefas que exigem foco e persistência.

Redução da distração e melhora do foco em tarefas complexas

A capacidade de reduzir a distração é essencial para o aprendizado, especialmente em ambientes complexos e ricos em estímulos. A tVNS pode ajudar a fortalecer os mecanismos de controle inibitório do cérebro, permitindo que os indivíduos filtrem informações irrelevantes e mantenham o foco em tarefas específicas (Borges, Knops & Laborde, 2020).

Essa melhora no foco é particularmente benéfica em tarefas complexas, que exigem a integração de múltiplas fontes de informação e a manutenção da atenção ao longo do tempo. A tVNS pode auxiliar na organização e priorização de informações, facilitando o processamento e a compreensão de conceitos complexos.

Implicações para o aprendizado em sala de aula e atividades de estudo

Os benefícios da tVNS na atenção têm implicações significativas para o aprendizado em sala de aula e atividades de estudo. Alunos com maior capacidade de atenção são mais propensos a:

- Prestar atenção às explicações do professor.
- Participar ativamente das discussões em sala de aula.
- Completar tarefas e exercícios com precisão e eficiência.
- Manter o foco durante o estudo individual, evitando a procrastinação e a dispersão.

Ao otimizar a atenção, a tVNS pode criar um ambiente de aprendizado mais propício à aquisição de conhecimento e ao desenvolvimento de habilidades.

Memória: o armazenamento e a recuperação do conhecimento

A memória é a capacidade de armazenar e recuperar informações e experiências. A tVNS demonstra potencial para otimizar todas as etapas do processo de memória:

- **Codificação:** a fase inicial de processamento da informação, em que ela é transformada em um formato que pode ser armazenado no cérebro.
- **Consolidação:** o processo de estabilização da memória, em que ela é transferida da memória de curto prazo para a memória de longo prazo.
- **Recuperação:** a capacidade de acessar e trazer de volta à consciência informações armazenadas na memória.

A estimulação do nervo vago e a liberação de neurotransmissores como a NE e a ACh modulam a atividade do hipocampo e de outras regiões cerebrais envolvidas na memória, fortalecendo as conexões sinápticas e facilitando o armazenamento e a recuperação de informações.

Aumento da capacidade da memória de trabalho e da memória de longo prazo

A memória de trabalho é a capacidade de manter e manipular informações temporariamente, sendo essencial para tarefas como a leitura, a resolução de problemas e o raciocínio. A memória de longo prazo é a capacidade de armazenar informações por um período prolongado, permitindo que o conhecimento seja utilizado em diferentes contextos e situações.

A tVNS pode aumentar a capacidade tanto da memória de trabalho quanto da memória de longo prazo, permitindo que os indivíduos processem e armazenem mais informações, além de recuperá-las com maior facilidade.

Ao otimizar a codificação, a consolidação e a recuperação da memória, a tVNS contribui para uma maior retenção de informações e habilidades aprendidas. Isso significa que os indivíduos são capazes de lembrar e aplicar o conhecimento adquirido por um período mais longo, o que é fundamental para o sucesso acadêmico e profissional.

A retenção aprimorada também facilita a transferência de conhecimento para novas situações, permitindo que os indivíduos aprendam de forma mais eficiente e adaptem-se a novos desafios.

Funções executivas: o maestro da cognição e do comportamento

As funções executivas são um conjunto de habilidades cognitivas que permitem aos indivíduos controlar e regular seus pensamentos, emoções e comportamentos. Segundo Borges, Knops & Laborde (2020), as principais funções executivas incluem:

- **Controle inibitório:** a capacidade de suprimir impulsos e comportamentos inadequados.
- **Flexibilidade cognitiva:** a capacidade de alternar entre diferentes tarefas ou perspectivas.
- **Planejamento:** a capacidade de estabelecer metas, organizar tarefas e antecipar consequências.

A tVNS demonstra potencial para aprimorar todas essas funções executivas, modulando a atividade do córtex pré-frontal e de outras regiões cerebrais envolvidas no controle cognitivo.

Melhora na tomada de decisões, resolução de problemas e organização

O aprimoramento das funções executivas pela tVNS se traduz em uma melhora na tomada de decisões, na resolução de problemas e na organização. Indivíduos com funções executivas otimizadas são mais propensos a:

- Tomar decisões racionais e ponderadas.
- Resolver problemas de forma criativa e eficiente.
- Organizar tarefas e informações de forma lógica e estruturada.

Impacto na autorregulação e no desempenho acadêmico

As funções executivas desempenham um papel crucial na autorregulação, que é a capacidade de controlar o próprio comportamento e emoções para atingir metas de longo prazo. A tVNS pode fortalecer a autorregulação, permitindo que os indivíduos resistam a tentações, persistam em tarefas difíceis e mantenham o foco em seus objetivos.

O aprimoramento das funções executivas e da autorregulação tem um impacto significativo no desempenho acadêmico, contribuindo para:

- Melhora nas notas e no rendimento escolar.
- Maior capacidade de organização e gerenciamento do tempo.
- Redução da procrastinação e aumento da motivação para aprender.
- Maior resiliência diante de desafios e dificuldades.

Em suma, a tVNS atua como um catalisador para o aprimoramento da atenção, da memória e das funções executivas, elementos cruciais para um aprendizado eficaz e um desempenho acadêmico otimizado. Ao modular a atividade cerebral e fortalecer as redes neurais envolvidas na cognição, a tVNS oferece uma nova perspectiva para a promoção do potencial de aprendizagem de cada indivíduo.

A segurança da tVNS em crianças: priorizando o bem-estar e a ética na aplicação clínica

A crescente utilização da tVNS como ferramenta terapêutica em crianças levanta questões importantes sobre a segurança e a ética de sua aplicação. Embora as evidências disponíveis sugiram que a tVNS é geralmente segura e bem tolerada em adultos, é fundamental abordar as particularidades da população pediátrica, considerando as diferenças anatômicas, fisiológicas e cognitivas que podem influenciar a resposta à estimulação.

A revisão da literatura científica revela que a tVNS tem sido utilizada em crianças com diferentes condições, como epilepsia refratária, TDAH e transtornos do espectro autista, com resultados promissores em termos de segurança (Sigrist *et al.*, 2023).

Uma revisão sistemática sobre a segurança e tolerabilidade da tVNS em humanos, incluindo crianças, identificou que os efeitos colaterais mais comuns são leves e transitórios, como irritação da pele no local da estimulação, dor de cabeça e tontura. Efeitos colaterais mais graves, como alterações no humor, ansiedade e insônia, são raros e geralmente associados a protocolos de estimulação inadequados ou a condições preexistentes (Redgrave *et al.*, 2018).

Considerações específicas para a população pediátrica

Ao aplicar a tVNS em crianças, é crucial considerar as seguintes particularidades:

- **Idade:** embora não haja uma idade mínima estabelecida para o uso da tVNS, a maioria dos estudos clínicos tem incluído crianças a partir de dois anos de idade. Em bebês, a tVNS tem sido utilizada com cautela para tratar problemas de alimentação, sob supervisão médica rigorosa. É fundamental avaliar cuidadosamente o desenvolvimento cognitivo e emocional da criança antes de iniciar a estimulação, garantindo que ela seja capaz de compreender e cooperar com o procedimento.

- **Tamanho da cabeça e distância entre os eletrodos:** o tamanho da cabeça e a distância entre os eletrodos devem ser considerados ao selecionar os eletrodos e ajustar a intensidade da estimulação. Eletrodos muito grandes podem causar desconforto ou irritação da pele, enquanto eletrodos muito pequenos podem não fornecer uma estimulação eficaz.
- **Mielinização incompleta das fibras nervosas:** a mielinização incompleta das fibras nervosas em crianças pode influenciar a condução dos impulsos elétricos, tornando-as mais sensíveis à estimulação. É importante iniciar a estimulação com uma intensidade baixa e aumentá-la gradualmente, monitorando a resposta da criança.
- **Resposta autonômica e emocional:** as crianças podem apresentar uma resposta autonômica e emocional mais intensa à estimulação do que os adultos. É fundamental criar um ambiente seguro e acolhedor, explicando o procedimento de forma clara e tranquilizadora, e monitorando de perto a resposta da criança durante a estimulação.

Recomendações para a aplicação segura da tVNS em crianças

Para garantir a segurança e o bem-estar das crianças submetidas à tVNS, é fundamental seguir as recomendações:

- **Avaliação médica prévia:** realizar uma avaliação médica completa para identificar possíveis contraindicações, como implantes eletrônicos, histórico de convulsões ou problemas cardíacos.
- **Avaliação neuropsicopedagógica:** realizar uma avaliação neuropsicopedagógica detalhada para identificar as necessidades e os objetivos da intervenção, selecionando os candidatos mais adequados para a tVNS.
- **Consentimento informado:** obter o consentimento informado dos pais ou responsáveis, explicando os benefícios e os riscos da tVNS de forma clara e compreensível.
- **Protocolos de estimulação adequados:** utilizar protocolos de estimulação adequados para a idade e a condição da criança, ajustando a intensidade, a frequência, a duração e a localização dos eletrodos de acordo com as necessidades individuais.
- **Monitoramento contínuo:** monitorar continuamente a criança durante a estimulação, observando sinais de desconforto, irritação ou efeitos colaterais.

- **Interrupção da estimulação:** interromper a estimulação imediatamente em caso de efeitos colaterais graves ou desconforto excessivo.
- **Colaboração multidisciplinar:** trabalhar em colaboração com outros profissionais, como médicos, terapeutas ocupacionais e fonoaudiólogos, para garantir uma abordagem abrangente e coordenada.

Considerações éticas: priorizando o bem-estar da criança

Além das questões de segurança, é fundamental considerar os aspectos éticos da aplicação da tVNS em crianças. Os princípios da beneficência (maximizar os benefícios e minimizar os riscos), não maleficência (evitar causar danos ou prejuízos), autonomia (respeitar a capacidade da criança de tomar decisões, sempre que possível) e justiça (garantir o acesso equitativo à tVNS) devem guiar todas as decisões relacionadas à estimulação.

Ao longo deste capítulo, exploramos como a estimulação transcutânea do nervo vago (tVNS) emerge como uma ferramenta promissora para otimizar o desenvolvimento cognitivo e socioemocional em crianças e adolescentes. À medida que a integração das neurociências na prática educativa se intensifica, a tVNS oferece um vislumbre empolgante do futuro da educação, em que intervenções personalizadas podem transformar o potencial de aprendizagem dos jovens.

Uma das características mais notáveis da tVNS é sua capacidade de atuar em múltiplas frentes cognitivas, promovendo melhorias significativas nas funções que servem como pilares essenciais da aprendizagem. A tVNS tem mostrado potencial para:

- **Aprimorar a atenção e o foco:** a capacidade de manter a atenção e evitar distrações é crucial para o sucesso acadêmico. A tVNS pode aumentar a atenção sustentada e seletiva, permitindo que as crianças e os adolescentes maximizem suas experiências de aprendizado em ambientes ricos em estímulos.
- **Fortalecer a memória e a retenção de informação:** a memória é a base sobre a qual o aprendizado é construído. Ao otimizar a codificação, consolidação e recuperação de memórias, a tVNS ajuda os alunos a reter informações por períodos mais longos, promovendo uma compreensão mais profunda e duradoura dos conteúdos acadêmicos.
- **Aperfeiçoar funções executivas:** as funções executivas, como o planejamento, o controle inibitório e a flexibilidade cognitiva, são fundamentais para a resolução de problemas e a tomada de decisões.

A tVNS pode aprimorar essas habilidades, auxiliando jovens a abordar desafios complexos de maneira organizada e eficaz.

- **Facilitar o tratamento de dificuldades de aprendizagem e neurodesenvolvimento:** desde a dislexia e a discalculia até o TDAH e o transtorno do espectro autista, a tVNS oferece uma abordagem complementar para tratar dificuldades de aprendizagem e problemas de neurodesenvolvimento. Ao modular redes neurais específicas, a tVNS pode contribuir para melhorias comportamentais e acadêmicas nesses grupos.

O potencial da tVNS se estende além dos benefícios acadêmicos imediatos, oferecendo um caminho para a personalização do ensino. Ao adaptar as intervenções de tVNS às necessidades individuais de cada criança ou adolescente, os educadores e profissionais de saúde mental podem criar planos de aprendizagem personalizados que considerem as particularidades neurocognitivas e socioemocionais de cada aluno.

A integração contínua da tVNS com outras estratégias e terapias educacionais promete maximizar os resultados. Combinado com abordagens terapêuticas cognitivo-comportamentais, treinamento de habilidades sociais e suporte emocional, a tVNS pode desempenhar um papel central em programas de intervenção holísticos que abordem as complexidades do desenvolvimento infantil e adolescente.

Concluímos este capítulo com otimismo e expectativa pelos avanços contínuos no uso da tVNS, na esperança de que esta tecnologia, com responsabilidade e inovação, se transforme em um pilar do desenvolvimento e aprendizagem no século 21.

Referências

BORGES, U.; KNOPS, L.; LABORDE, S. *et al.* Transcutaneous vagus nerve stimulation may enhance only specific aspects of the core executive functions. A randomized crossover trial. *Frontiers in Neuroscience*, v. 25, n. 14, p. 523, 2020. Disponível em: https://doi.org/10.3389/fnins.2020.00523. Acesso em: 14 abr. 2025.

CHEN, L.; ZHANG, J.; WANG, Z. *et al.* Effects of transcutaneous vagus nerve stimulation (tVNS) on action planning: a behavioural and EEG study. *IEEE Transactions on Neural Systems and Rehabilitation Engineering*, v. 30, p. 1675-1683, 2022. Disponível em: https://doi.org/10.1109/tnsre.2021.3131497. Acesso em: 14 abr. 2025.

COLZATO, L. S.; WOLTERS, G.; PEIFER, C. Transcutaneous vagus nerve stimulation (tVNS) modulates flow experience. *Experimental Brain Research*, v. 236, n. 1, p. 253-257, 2018. Disponível em: https://doi.org/10.1007/s00221-017-5123-0. Acesso em: 14 abr. 2025.

KEUTE, M.; RUHNAU, P.; HEINZE, H.-J. *et al.* Behavioral and electrophysiological evidence for GABAergic modulation through transcutaneous vagus nerve stimulation. *Clinical Neurophysiology*, v. 129, n. 9, p. 1789-1795, 2018. Disponível em: https://doi.org/10.1016/j.clinph.2018.05.026. Acesso em: 14 abr. 2025.

MIYATSU, T.; OVIEDO, V.; REYNAGA, J. *et al.* Transcutaneous cervical vagus nerve stimulation enhances second-language vocabulary acquisition while simultaneously mitigating fatigue and promoting focus. *Scientific Reports*, v. 14, n. 1, p. 17177, 2024. Disponível em: https://doi.org/10.1038/s41598-024-68015-4. Acesso em: 14 abr. 2025.

REDGRAVE, J.; DAY, D.; LEUNG, H. *et al.* Safety and tolerability of transcutaneous vagus nerve stimulation in humans; a systematic review. *Brain Stimulation*, v. 11, n. 6, p. 1225-1238, 2018. Disponível em: https://doi.org/10.1016/j.brs.2018.08.010. Acesso em: 14 abr. 2025.

SIGRIST, C.; TORKI, B.; BOLZ, L.-O. *et al.* Transcutaneous auricular vagus nerve stimulation in pediatric patients: a systematic review of clinical treatment protocols and stimulation parameters. *Neuromodulation*, v. 26, n. 3, p. 507-517, 2023. Disponível em: https://doi.org/10.1016/j.neurom.2022.07.007. Acesso em: 14 abr. 2025.

WANG, C.; ZENG, L.; CAO, X. *et al.* Synergistic effects of transcutaneous vagus nerve stimulation and inhibitory control training on electrophysiological performance in healthy adults. *Frontiers in Neuroscience*, v. 9, n. 18, p. 1123860, 2023. Disponível em: https://doi.org/10.3389/fnins.2023.1123860. Acesso em: 14 abr. 2025.

ZAEHLE, T.; KRAUEL, K. Transcutaneous vagus nerve stimulation in patients with attention-deficit/hyperactivity disorder: a viable option? *Progress in Brain Research*, v. 264, p. 171-190, 2021. Disponível em: https://doi.org/10.1016/bs.pbr.2021.03.001. Acesso em: 14 abr. 2025.

CAPÍTULO 10

Transtorno do espectro autista (TEA)

Abordagens terapêuticas e neuromodulação não invasiva

Você não pode colocar um limite em nada, quanto mais longe você sonhar, mas longe você chegará!

Michael Phelps

Seja bem-vindo! Este capítulo busca compreender como as terapias baseadas em evidências somadas às tecnologias de apoio inovador para neuromodulação não invasiva podem melhorar a qualidade de vida, processos de aprendizagem e neurodesenvolvimento de indivíduos com transtorno do espectro autista (TEA). Será apresentada uma visão geral sobre o autismo e como a neuromodulação não invasiva pode ser uma ferramenta complementar e eficaz no tratamento e na reabilitação, trazendo benefícios aos usuários e melhorando a qualidade de vida.

Philip Sanches

PHILIP SANCHES

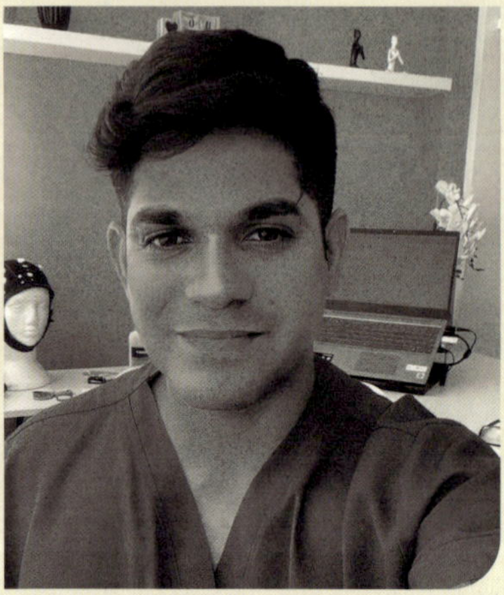

Neuropsicólogo clínico e hospitalar, mestrando em Educação, graduado em Psicologia. É servidor público e professor de graduação e pós-graduação, diretor clínico do Instituto Brasileiro de Neurofeedback e da Clínica Neuro Ser. Possui vasta experiência e vivência em reabilitação e avaliação neuropsicológica, com trabalhos de sucesso envolvendo diversas patologias e transtornos de cunho psiquiátrico ou neurológico.

Contatos: philipsanches.com
phil.sanches01@gmail.com
Instagram: @philip.sanches
11 91679 5238

Desafios e superação no tratamento ao TEA e outras neurodiversidades

A evolução do tratamento do autismo tem sido marcada por uma mudança de paradigmas, desde teorias psicogenéticas até abordagens baseadas em evidências. Durante muito tempo, as pessoas com algum tipo de transtorno mental ou desordem neurológica foram limitadas e excluídas. Acreditava-se que era impossível modificar o cérebro dessas pessoas. Por décadas, famílias e escolas foram desamparadas em meio a uma jornada desconhecida em que cada passo dado gerava medo e insegurança. Hoje, é possível falar sobre superar limites e acreditar nas pessoas independentemente de sua neurodiversidade. Podemos ter perspectiva do alcance máximo dos potenciais de cada indivíduo e reconhecer que é possível modificar o cérebro, seus padrões de atividades neurais e eletroquímicos e gerar neuroplasticidade de forma eficaz e assertiva.

Avanços na genética por meio de pesquisas identificam diversos genes associados ao autismo, o que contribui para melhor compreensão do transtorno e para o desenvolvimento de tratamentos mais personalizados no futuro. A tecnologia começa a ser utilizada como ferramenta de apoio ao tratamento, com a criação de aplicativos, jogos e softwares educativos. Essas descobertas aumentam a ênfase na inclusão de pessoas com autismo na escola, no trabalho e na sociedade.

O objetivo deste capítulo não é falar sobre medidas ou métodos curativos ao transtorno do espectro autista ou outras neurodiversidades, mas compartilhar o fato de que atualmente temos apoio de tecnologias inovadoras e promissoras na reabilitação de pessoas com TEA, promovendo recursos neurológicos no funcionamento cerebral e possibilitando o ganho de habilidades cognitivas e comportamentais, favorecendo junto à equipe multidisciplinar uma melhora na qualidade de vida e, na maioria dos casos clínicos, recuperando atrasos importantes do neurodesenvolvimento.

Apoio inovador e promissor no tratamento ao TEA e outras neurodiversidades

Não é possível gerar mudanças sem imaginar que as coisas podem ser diferentes. Na primeira metade do século XX, o autismo era frequentemente confundido com outras condições, como esquizofrenia infantil, o tratamento era limitado e muitas vezes focado em instituições com pouca ênfase na individualidade e nas necessidades específicas de cada pessoa. Ivar Lovaas, com seus estudos sobre Análise do Comportamento Aplicada (ABA), demonstrou a eficácia de intervenções intensivas e estruturadas. Lovaas (1977) descreve o uso de reforçamento positivo e comportamento verbal, entre outras técnicas baseadas em evidências científicas, para o desenvolvimento de habilidades em crianças com autismo. Em meio à década de 1990, houve um aumento do número de estudos sobre o transtorno, incluindo estudos genéticos e neuroimagem, além do surgimento de novas terapias, como a de mediação social e a ocupacional, e avanço nos estudos em neurociência aplicada a disfunções no padrão de atividade neural. Na atualidade, temos estudos e ensaios clínicos promissores acerca da neuromodulação nos indivíduos com TEA e muito a se publicar sobre diversas técnicas aplicadas em saúde e educação de pessoas neurodivergentes.

Reconhecer que estamos cercados de tecnologias e descobertas científicas nos faz refletir em como será o futuro e se queremos ser parte disso. BCI é a sigla usada para *Brain Computer Interface*, traduzida como Interface Cérebro-Máquina, e consiste em pesquisas de técnicas para desenvolvimento de tecnologia que são controladas pela mente. A BCI, junto com o avanço da neurociência e da tecnologia, surgiu como uma inovação revolucionária que permite a comunicação direta entre o cérebro humano e dispositivos externos. As BCIs preenchem a lacuna entre as disfunções dos sinais neurais do cérebro e o comportamento, oferecendo um potencial sem precedentes para aplicações de vida, comunicação e aprimoramento cognitivo.

A neuromodulação engloba um conjunto de técnicas que visam modular a atividade do sistema nervoso, melhorando a função neuronal. No contexto do TEA, busca-se modular áreas cerebrais associadas às dificuldades características do transtorno, como as relacionadas a cognição social, comunicação e comportamentos repetitivos.

Principais técnicas de neuromodulação em estudo para o TEA

- **Neurofeedback EEG e HEG:** é uma técnica não invasiva que permite ao indivíduo aprender a regular a própria atividade cerebral. Por meio de sensores colocados no couro cabeludo, a atividade elétrica do cérebro é monitorada em tempo real e apresentada ao indivíduo de forma visual ou auditiva.
- **Estimulação Transcraniana por Corrente Contínua (ETCC):** aplica uma corrente elétrica fraca no couro cabeludo, modulando a atividade neuronal. A ETCC pode aumentar (estimulação anodal) ou diminuir (estimulação catodal) a excitabilidade cortical.
- **Fotobiomodulação cerebral (FTM):** também conhecida como terapia com luz de baixa intensidade, é uma técnica inovadora que utiliza a luz para estimular as células cerebrais e promover a saúde neurológica. Essa abordagem terapêutica tem ganhado crescente atenção nos últimos anos devido ao seu potencial para tratar diversas condições neurológicas e melhorar o desempenho cognitivo.

Abordagens terapêuticas e neuromodulações no TEA

O transtorno do espectro autista é um transtorno de desenvolvimento neural e mental de início precoce marcado por um desenvolvimento atípico. As principais características são prejuízos na comunicação social já presentes na infância e comportamentos restritivos e repetitivos. O grau de gravidade dos prejuízos cognitivos e de linguagem varia, com a maioria dos indivíduos apresentando habilidades cognitivas e comportamentais abaixo do esperado para sua idade, escolaridade e contexto social. Oitenta por cento dos indivíduos com TEA apresentam pelo menos um transtorno comórbido que afeta significativamente o curso da sintomatologia. Para assertividade nas terapias, o diagnóstico diferencial é fundamental – entender se o indivíduo possui, além do TEA ou transtornos relacionados à linguagem, deficiência intelectual, TDAH, esquizofrenia, mutismo, ansiedade ou privação psicossocial grave.

O transtorno está frequentemente associado a uma qualidade de vida significativamente reduzida, bem como a uma alta carga familiar. Estudos científicos mostram anormalidade no padrão de funcionamento cerebral e falhas na circuitaria neural. Subjacente à patologia diversificada e à heterogeneidade do TEA, há uma interação complexa de genética, exposições ambientais e fisiopatologias sistêmicas que demonstraram impactar a conectividade cerebral e o processamento de informações (Holiga *et al.*, 2019; Cheroni *et al.*, 2020; Carroll *et al.*, 2021; Panisi *et al.*, 2021).

Os objetivos de qualquer terapia ou neuromodulações em TEA são os de contribuir para o desenvolvimento de habilidades conforme a etapa da vida do indivíduo, permitir que o autista atinja o seu maior potencial, tratar sintomatologias que atrapalham a qualidade de vida e dar apoio aos familiares. Estudos baseados em evidências científicas apontam a intervenção comportamental em Análise do Comportamento Aplicada (ABA) como uma das abordagens mais eficazes no tratamento ao TEA. Somada às psicoterapias integrativas e técnicas em neuromodulação, é foco de estudos promissores da melhora de sintomatologias importantes nas pessoas com TEA.

A neuromodulação cerebral é um procedimento que estimula o cérebro, melhorando o padrão de funcionamento e promovendo neuroplasticidade perturbatória com o objetivo de fortalecer conexões neurais. É um método terapêutico que pode ser não invasivo, como o neurofeedback, TDCS/ Estimulação Transcraniana por Corrente Contínua (ETCC), Hemoencefalografia (HEG), entre muitos outros, ou cirúrgico, como a *Deep Brain Stimulation* (DBS) – uma técnica cirúrgica que utiliza correntes elétricas para modular a atividade neuronal do cérebro, já muito utilizada em pacientes com desordens neurológicas importantes como o Parkinson. Apesar de poucos estudos publicados, muitas pesquisas promissoras estão sendo realizadas, discutindo sobre as aplicações, práticas e protocolos de sucesso.

Aplicabilidade e intervenção da neuromodulação aplicada no autismo

A neuromodulação não invasiva integrada ao tratamento em autismo é uma ferramenta eficaz no processo de aquisição de recursos neurológicos. Estudos científicos e ensaios clínicos revelam diretrizes, protocolos importantes para a eficácia e assertividade do uso das ferramentas em neuromodulações. Mas por que optar por utilizar técnicas em neuromodulação no tratamento do autismo? São instrumentos que ajudam a melhorar a conectividade funcional em múltiplas áreas e redes neuronais do cérebro (Dobrushina *et al.*, 2020). Ativação de neuroplasticidade perturbatória, neurônios espelhos, corpo caloso etc.

Foi recentemente demonstrado que o neurofeedback (NF) produz efeitos positivos e mudanças significativas nas redes neurais. Um rastreamento sistemático e quantitativo dos principais sintomas do TEA em diversas categorias foi usado para documentar mudanças comportamentais ao longo do tempo. A intervenção de neurofeedback ILF diminuiu a gravidade média dos sintomas de cada categoria a um grau notável, com o efeito mais forte (77% a 80% de redução média da gravidade) para sintomas físicos e de sono e a menor influência sobre os sintomas comportamentais (15% de redução média da gravidade).

Descobertas recentes sugerem que o NF é uma alternativa eficaz, com ensaios clínicos positivos e promissores para o tratamento do autismo (Rauter, Schneider & Prinz, 2022).

Uma sessão em neuromodulação cerebral não invasiva é estruturada em uma sala individualizada, onde, dependendo do instrumento ou técnica a ser utilizada, pode ser colocada uma touca com eletrodos na região do cérebro ou faixas em *led* para realização de neuromodulação cerebral por meio de equipamentos neurológicos do tipo *Brain-Computer Interface* (BCI) (Amplificador Neural, Software Cerebral, eletrodos EEG) associados a dispositivos como fone de ouvido, tela, caixa de som etc. Na terapia baseada em neurofeedback, por exemplo, emitem-se ritmos cerebrais no córtex: delta (0,1-3 Hz), teta (4-8 Hz), alfa (9-12 Hz), beta (~14-38 Hz) e gama (>40Hz); na estimulação transcraniana por corrente contínua (ETCC), a neuromodulação consiste em aplicar uma corrente elétrica de baixa intensidade no cérebro de forma indolor e não invasiva; na hemoencefalografia (HEG), é posicionada na região da testa uma faixa fixada com velcro, na qual sensores infravermelhos realizam a leitura do fluxo sanguíneo cerebral, promovendo a habilidade de controlar voluntariamente o fluxo sanguíneo na área em treinamento, com finalidade de ativar a região que especificamente consome mais oxigênio, o que permitirá a ativação voluntária do exercício cerebral, incrementando a sinaptogênese e a angiogênese na região estimulada. Na fotobiomodulação (FTM), é colocada uma faixa em *led* que também ajudará no processo de oxigenação, utilizando luz de baixa intensidade para estimular o cérebro e melhorar o funcionamento das células. Durante os processos neuromodulatórios no cérebro, realiza-se atividade de estimulação dos domínios cognitivos cerebrais com o paciente. O processo psicoterápico deve ser correlacionado com uma avaliação comportamental do paciente, bem como os exames laboratoriais, EEG, HEG, Tomografia Computadorizada (TC), ressonância e com as queixas e os comportamentos clinicamente relevantes relatados pelos profissionais e familiares, pois é com base nessas coletas que se define o protocolo de atendimento. Poderá ser aplicado por qualquer profissional da área da saúde ou educação especializado e que, além do manejo em trabalhar com a população neurodivergente, esteja capacitado para execução das técnicas em neuromodulação.

Estudos têm investigado os efeitos da ETCC em diferentes aspectos do TEA, com resultados promissores, embora a pesquisa ainda esteja em desenvolvimento:

- **Melhora em habilidades sociais:** alguns estudos sugerem que a neuromodulação pode melhorar a cognição social, a percepção de emoções e a interação social em pessoas com TEA.
- **Redução de comportamentos repetitivos:** há evidências de que a EMT e a ETCC podem ajudar a reduzir comportamentos repetitivos e estereotipados.
- **Aprimoramento da comunicação:** algumas pesquisas indicam melhorias na comunicação verbal e não verbal após a neuromodulação.
- **Modulação da excitabilidade cortical:** estudos com eletroencefalografia (EEG) mostram que a neuromodulação pode alterar a atividade elétrica do cérebro em indivíduos com TEA, buscando normalizar padrões atípicos.
- **Mecanismos de ação:** acredita-se que a neuromodulação atue no TEA por meio de diferentes mecanismos:
  - **Neuroplasticidade**: a estimulação repetida pode induzir mudanças duradouras na força das conexões sinápticas, promovendo a neuroplasticidade e a reorganização funcional do cérebro.
  - **Excitação-inibição**: acredita-se que o TEA esteja associado a um desequilíbrio entre excitação e inibição neuronal. A neuromodulação pode ajudar a restabelecer esse equilíbrio.
  - **Modulação de redes neurais**: a neuromodulação pode modular a atividade de redes neurais envolvidas nas funções afetadas no TEA.
- **Vantagens da neuromodulação não invasiva:** as técnicas são não invasivas, ou seja, não requerem cirurgia, são seguras, pois quando aplicadas por profissionais qualificados e seguindo protocolos adequados, tornam-se eficazes e assertivas. Com potencial para efeitos duradouros, a neuromodulação pode induzir mudanças longevas na função cerebral, ser complemento de outras terapias, utilizada em conjunto com outras intervenções, como terapia comportamental, fonoaudiologia e terapia ocupacional, psicologia etc.

Raciocínio clínico, intervenção, protocolos em neuromodulação

Os indivíduos com TEA possuem dificuldade no índice de conectividade cerebral (mielina, glias, substâncias) e processamento de informações. Há impactos no funcionamento neural causados por alterações funcionais do córtex cerebral, que apresentam anormalidades na disposição dos neurônios, no padrão de conexões das colunas corticais e na estrutura das espinhas dendríticas. Essas alterações afetam fundamentalmente o córtex pré-frontal e suas conexões (Martinez-Morga *et al.*, 2018).

É preciso levar em consideração muitos fatores importantes no processo de desenvolvimento de protocolos em neuromodulações para o tratamento do autismo, levantamentos de desempenho da equipe multidisciplinar, certificação de diagnósticos diferenciais, uso de medicamentos, hábitos, histórico genético, ambiente, repertórios e habilidades comportamentais preservadas, atrasos no desenvolvimento. É natural que o profissional, independentemente da área de atuação, realize uma boa anamnese estruturada, sabendo que a etiologia do transtorno é multifatorial, ou seja, enquanto fenótipo resulta da interação de vários fatores ambientais e genéticos que atuam na manifestação de seus diversos quadros clínicos, tendo em vista que as intervenções multidisciplinares são as primeiras linhas de tratamento e seguimento. Faz-se necessário o devido acompanhamento médico e de profissionais especializados, pois tudo isso terá total influência no prognóstico de qualquer transtorno, síndromes ou outras doenças, considerando a condição de saúde para o bem-estar do paciente; logo, o acompanhamento deve ser priorizado, sob o risco de prejuízos mais severos na qualidade de vida do paciente. Importante considerar que a resposta à neuromodulação pode variar entre os indivíduos. Não é uma cura, mas uma ferramenta que pode auxiliar no tratamento e melhorar a qualidade de vida.

Para raciocínio clínico e protocolos, é necessário levar em consideração as categorias dos sintomas abrangentes, uma vez que a intervenção baseada em neuromodulações não invasivas não será baseada em um parâmetro de padrão generalizado e, sim, na singularidade do indivíduo, bem como nos maiores atrasos, prejuízos, comportamentos problemas, alvos e metas da família.

Um estudo científico sobre a eficácia do neurofeedback no tratamento do autismo, realizado por Rauter, Schneider e Prinz (2022), revela uma lista de todos os "sintomas acompanhados e com a evolução da gravidade antes do início (pesquisa 1, 16 de outubro de 2018) e depois (pesquisa 2, 30 de abril de 2019) ao fim da intervenção com neurofeedback ILF". O estudo mostra 137 sintomas das categorias de sono, atenção e comportamento de aprendizagem, sensorial e percepção, comportamento, emoções, sintomas físicos e dor, engajamento social. Dos sintomas listados, 23 foram selecionados com base nos maiores níveis de gravidade relatados pelos pais, conforme a Tabela 1.

Categoria	Sintoma	Gravidade pré-intervenção (pesquisa 1)	Gravidade pós-intervenção (pesquisa 2)	Redução de gravidade [%]
Sono	Dificuldade em manter o sono	10	2	80
Sono	Suor noturno	10	0	100
Sono	Sono agitado	10	1	90
Sono	Bruxismo	10	1	90
Sono	Dificuldade em adormecer	10	0	100
Sono	Enurese noturna	10	10	0
Atenção/Aprendizado	Baixa habilidade em desenho	10	8	20
Atenção/Aprendizado	Dificuldade em mudar a atenção	10	5	50
Atenção/Aprendizado	Má expressão verbal	10	4	60
Sensorial	Hipersensibilidade auditiva	10	3	70
Sensorial	Má consciência corporal	10	7	30
Sensorial	Déficits Somatossensoriais	10	5	50
Sensorial	Equilíbrio deficiente	9	0	100
Sensorial	Falta de jeito	10	4	60
Comportamental	Falar excessivamente	10	10	0
Comportamental	Impulsividade	10	10	0
Comportamental	Comportamento autolesivo	10	8	20
Comportamental	*Stimming* autista	10	8	20
Comportamental	Hiperatividade	9	7	22
Comportamental	Comportamento opositor/desafiador	8	6	25
Emocional	Ansiedade	10	6	40
Físico	Fadiga/exaustão	10	4	60
Físico	Sistema imunológico fraco	10	0	100
Σ		226	109	Ø 52

Tabela 1 – Sintomas com maior gravidade relatados pelos pais.

Fonte: Rauter, Schneider & Prinz, 2022. Tradução do autor.

Para abordagem inicial de protocolo, é preciso realizar avaliação de funcionalidade comportamental e cognitiva para estabelecimento de metas e alvos junto ao paciente e familiares, com o objetivo de alcançar o máximo potencial do paciente. O protocolo deverá ser correlacionado à singularidade e às metas traçadas e, como consequência de um bom raciocínio clínico, a escolha da região cerebral a ser estimulada deverá ser consequência de uma análise avaliativa. Os quadros de sintomatologias são balizadores de medição comportamental e cognitiva, que servem para demonstrar evolução do processo clínico, cabendo ao terapeuta aferir junto ao paciente e familiares esse desempenho.

Manejo, estratégias e técnicas comportamentais para abordagem inicial em neuromodulação

1. Aproximação sucessiva

A aproximação sucessiva tem como objetivo desenvolver a familiaridade do paciente com os dispositivos que serão utilizados nas sessões de neuromodulação, como toucas e eletrodos, entre outros. Tais dispositivos precisam estar em meio ao convívio pessoal do paciente. O cuidador deverá estar bem orientado pelo terapeuta sobre a técnica para que o objetivo de familiaridades seja alcançado com eficácia.

2. Livre demanda

Tem como objetivo observar, analisar, explicar, associar ambiente, comportamento e aprendizagem, analisando métodos flexíveis, adaptados e singulares ao paciente. E então realizar a escolha de instrumentos que ajudem a entender a funcionalidade do comportamento.

3. Previsibilidade

Efetivar a familiarização com os dispositivos e, se possível, testar caso o paciente faça o assentimento. O objetivo dessa técnica é antecipar para o paciente o que ele irá fazer naquele momento; isso ajuda a evitar crises. Usar temas de interesse da criança mantém maior engajamento dela.

4. Execução de mandos e seguimento de instruções

Executar mandos e seguimento de instruções são pré-requisitos básicos para execução da sessão em neuromodulação. Caso o paciente não seja verbal, é possível utilizar figuras de comunicação alternativa.

5. Execução da sessão em neuromodulação

Quando o paciente já está familiarizado e consegue seguir as instruções, o processo psicoterápico em neuromodulação ocorre de forma agradável, sem causar aversão ao paciente.

Eficácia da neuromodulação como apoio inovador no tratamento do autismo

Estudos e ensaios clínicos citados neste capítulo e na referência mostram diversos ganhos nos indivíduos que usaram a neuromodulação de forma complementar no tratamento ao TEA. São diversos indicadores de melhoras que estão relacionados à sintomatologia dos pacientes de forma singular e abrangem: redução do seu nível de excitação, melhoria da flexibilidade cognitiva e estabilidade da regulação estatal, melhora do sono, melhora no comportamento social, consciência corporal, desenvolvimento de fala e linguagem, conectividade neural e estruturas corticais.

A neuromodulação, portanto, é um método clínico adequado para abordar uma gama diversificada de comportamentos autistas característicos de atrasos e prejuízos comportamentais e cognitivos, e que pode ajudar a reduzir os déficits de desenvolvimento por meio de melhor auto-avaliação-regulação do padrão de atividade cerebral.

Referências

AMERICAN PSYCHIATRIC ASSOCIATION (APA). *Manual diagnóstico e estatístico de transtornos mentais*: 5. edição texto revisado – DSM-5-TR. Porto Alegre: Artmed, 2023.

CARROLL, L. *et al.* Autism spectrum disorders: multiple routes to, and multiple consequences of, abnormal synaptic function and connectivity. *Neurocientist*, v. 27, n. 1, p. 10-29, 2021. Disponível em: https://pubmed.ncbi.nlm.nih.gov/32441222/. Acesso em: 10 abr. 2025.

CASANOVA, M. F. *et al.* Transcranial magnetic stimulation in autism spectrum disorders: neuropathological underpinnings and clinical correlations. *Seminars in Pediatric Neurology*, v. 35, 2020. Disponível em: https://pubmed.ncbi.nlm.nih.gov/32892959/. Acesso em: 10 abr. 2025.

CHERONI, C.; CAPORALE, N.; TESTA, G. Autism spectrum disorder at the crossroad between genes and environment: contributions, convergences, and interactions in ASD developmental pathophysiology. *Molecular Autism*, v. 11, n. 69, 2020. Disponível em: https://molecularautism.biomedcentral.com/articles/10.1186/s13229-020-00370-1. Acesso em: 10 abr. 2025.

DOBRUSHINA, O. R. *et al.* Modulation of intrinsic brain connectivity by implicit electroencephalographic neurofeedback. *Front. Hum. Neurosci.* v. 14, n. 192, 2020. Disponível em: https://www.frontiersin.org/journals/human-neuroscience/articles/10.3389/fnhum.2020.00192/full. Acesso em: 10 abr. 2025.

FERNANDES, T.; DIAS, A. L. A.; SANTOS, N. A. Estimulação transcraniana por corrente contínua no autismo: uma revisão sistemática. *Revista Psicologia: Teoria e Pesquisa*, São Paulo, v. 19, n. 1, p. 176-191, 2017. Disponível em: https://editorarevistas.mackenzie.br/index.php/ptp/article/view/9790/6595. Acesso em 10 abr. 2025.

GRIN-YATSENKO, V. A. *et al.* Effect of Infra-Low Frequency Neurofeedback on Infra--Slow EEG Fluctuations. *In*: SCHWARTZ, M. (ed.). *Biofeedback*. IntechOpen, 2018. Disponível em: https://www.intechopen.com/chapters/61418. Acesso em: 10 abr. 2025.

HOLIGA, Š. *et al.* Patients with autism spectrum disorders display reproducible functional connectivity alterations. *Sci Transl Med.* v. 11, n. 481, eaat9223, 2019. Disponível em: https://pubmed.ncbi.nlm.nih.gov/30814340/. Acesso em: 10 abr. 2025.

HOLTMANN, M. *et al.* Neurofeedback in autism spectrum disorders. *Dev Med Child Neurol.*, v. 53, n. 11, p. 986-993, 2011.

LEGARDA, S. B. *et al.* Clinical neurofeedback: case studies, proposed mechanism, and implications for pediatric neurology practice. *Journal of Child Neurology*, v. 26, n. 8, p. 1045-1051, 2011.

LOVAAS. O. I. *The autistic child*: language development through behavior modification. Nova Jersey: John Wiley & Sons Inc., 1977.

MARTINEZ-MORGA, M. *et al.* Neurobiological bases of autistic spectrum disorder and attention deficit hyperactivity disorder: neural differentiation and synaptogenesis. *Rev. Neurol.*, v. 66, n. S01, p. S97–S102, 2018. Disponível em: https://pubmed.ncbi.nlm.nih.gov/29516460/. Acesso em: 10 abr. 2025.

OTHMER, S. F. *Protocol guide for neurofeedback clinicians.* 5. ed. Los Angeles: EEG Info, Inc., 2015.

OTHMER, S.; OTHMER, S. F. Neurofeedback for the autism spectrum. *In*: SIRI, K.; LYONS, T. (ed.) *Cutting-edge therapies for autism 2011-2012.* Skyhorse Publishing, 2011. p. 262–267.

OTHMER, S.; OTHMER, S. Infra-low frequency neurofeedback for optimum performance. *Biofeedback*, v. 44, n. 2, p. 81-89, 2016. Disponível em: doi: 10.5298/1081-5937-44.2.07. Acesso em: 10 abr. 2025.

OTHMER, S.; OTHMER, S.; LEGARDA, S. B. Clinical neurofeedback: training brain behavior. *Treatment Strategies – Pediatric Neurology and Psychiatry*, v. 2, p. 67-73, 2011. Disponível em: https://www.eeginfo.com/research/researchpapers/Clinical.NF.Training.Brain.Behavior.pdf. Acesso em: 10 abr. 2025.

PANISI, C. *et al.* Autism spectrum disorder from the womb to adulthood: suggestions for a paradigm shift. *J. Pers. Med.*, v. 11, n. 2, p. 70, 2021.

RAUTER, A.; SCHNEIDER, H.; PRINZ, W. Effectivity of ILF Neurofeedback on Autism Spectrum Disorder-A Case Study. *Frontiers in human neuroscience*, v. 16, 892296, 2022. Disponível em: https://pubmed.ncbi.nlm.nih.gov/35754769/. Acesso em: 10 abr. 2025.

ROSSINI, P. M. *et al.* Non-invasive electrical and magnetic stimulation of the brain, spinal cord, roots and peripheral nerves: basic principles and procedures for routine clinical and research application. *Clinical Neurophysiology*, v. 126, n. 6, p. 1071-1107, 2015. Disponível em: https://doi.org/10.1016/j.clinph.2015.02.001. Acesso em: 10 abr. 2025.

SASU, R. Early development and childhood emotional and behavioral disorders. *In*: KIRK, H. W. (ed.). *Restoring the brain*: neurofeedback as an integrative approach to health. 2. ed. Boca Raton, FL: Routledge, 2020. p.179-195.

SCHNEIDER, H.; RIEDERLE, J.; SEUSS, S. Therapeutic effect of infra-low frequency neurofeedback training in children and adolescents with ADHD. *In*: ASADPOUR, V. (ed.). *Brain-Computer Interface*. Londres: IntechOpen, 2021.

SOUZA, J. Além da inteligência artificial: o próximo passo da tecnologia já tem nome e se chama BCI. *Money Times*. 2023. Disponível em: https://www.moneytimes.com.br/alem-da-inteligencia-artificial-o-proximo-passo-da-tecnologia-ja-tem-nome-e-se-chama-bci/. Acesso em: 10 abr. 2025.

CAPÍTULO 11

Aprimoramento das habilidades comunicativas sociais na dupla excepcionalidade

Crianças e adolescentes com autismo e superdotação enfrentam grandes desafios em relação às habilidades comunicativas sociais, que podem refletir significativamente nos processos de aprendizagem. Técnicas para melhorar a comunicação social são fundamentais para adaptação escolar, por isso, propomos e consideramos o treino de neurofeedback como uma estratégia promissora de intervenção.

Aline Aparecida dos Santos e Camila Bertaglia

ALINE APARECIDA DOS SANTOS

orcid.org/0000-0003-0254-5437

Psicóloga, Mestre em Ciências (Unifesp, 2021), Especialista em Neuropsicologia (FMUSP, 2016). Formação em técnicas de neuromodulação não invasiva (Neurowork e Unifesp) e membro do Núcleo de Estudos em Cognição Social da Unifesp (NECSU).

Contatos:

neuropsicologia.alinesantos@gmail.com
Instagram: @neuropsicologiaalinesantos
https://g.co/kgs/iajzmXL
11 99136 8610

CAMILA BERTAGLIA

Graduada em Pedagogia (2016) e pós-graduada em Psicopedagogia Clínica e Institucional pelo Centro Universitário Salesiano de São Paulo (2018). Especialista em Neuropsicologia Aplicada à Neurologia Infantil pela Universidade Estatual de Campinas – Unicamp (2022) e neuroterapeuta capacitada em Neurofeedback e Biofeedback pela Neurowork (2023) – EEG, HEG e TDCS.

Contatos:

www.camilabertaglia.com.br
caabertaglia@gmail.com
Instagram: @psicopedagoga_camilabertaglia
19 97410 2771

Introdução

A dupla excepcionalidade entre autismo e superdotação apresenta desafios significativos no que diz respeito às habilidades comunicativas sociais. Essa combinação única de características pode impactar diretamente a forma como as crianças e os adolescentes interagem com o mundo ao seu redor, influenciando suas relações interpessoais, adaptação social e autopercepção.

O autismo, ou transtorno do espectro autista (TEA), é marcado por dificuldades persistentes de interação e comunicação social, além de padrões comportamentais repetitivos e restritos (APA, 2013). Já a superdotação, de acordo com Renzulli (1999), é definida pela interação de três elementos essenciais: habilidade acima da média, alto nível de compromisso com a tarefa e altos níveis de criatividade. Ou seja, o indivíduo utiliza sua habilidade acima da média em áreas de seu interesse, impulsionado por um alto nível de compromisso com a tarefa e expressando sua criatividade para produzir resultados significativos.

As diferenças entre o desenvolvimento intelectual avançado e as dificuldades de comunicação e interação social do autismo resultam em um perfil heterogêneo (Bucaille *et al.*, 2022). Essa disparidade pode dificultar a construção de relacionamentos e evidenciar lacunas no desenvolvimento social, principalmente no ambiente escolar (Tasca *et al.*, 2022).

A expressão comportamental percebida na escola da criança ou adolescente com dupla excepcionalidade, geralmente, está relacionada com desregulação emocional, especialmente quando confrontado com os desafios acadêmicos, levando muitas vezes a sentimentos de inadequação e maior desengajamento (Cai & Uljarević, 2020). Como pode sentir e expressar emoções de maneira distinta dos demais, a evitação social pode ser uma estratégia de proteção contra a sobrecarga sensorial e emocional (Papadopoulos, 2020; Cardoso & Mello, 2023). Somados a estes fatores, podem ocorrer a sensação de tédio e a falta de motivação, especialmente em disciplinas que não envolvam seus interesses (Aziz, 2020).

Diante disso, a criação de estratégias de intervenção personalizadas para auxiliar esse paciente é crucial. Principalmente com foco no desenvolvimento de habilidades sociais, emocionais e de comunicação, visando relações interpessoais mais saudáveis e a adaptação ao ambiente escolar. É essencial que as estratégias levem em consideração as necessidades individuais de cada paciente, adaptando as atividades e os objetivos ao seu perfil (García-Martínez *et al.*, 2021).

Nesse contexto, propomos a utilização do neurofeedback (NFB) como recurso de intervenção complementar para a melhoria das habilidades cognitivas e sociais em adolescentes com dupla excepcionalidade. O NFB é uma técnica não invasiva que utiliza o monitoramento da atividade cerebral em tempo real (Kouijzer *et al.*, 2013; Pessoa *et al.*, 2021) e auxilia o paciente a aprender a regular suas ondas cerebrais. Estudos indicam que o neurofeedback pode ser benéfico para pessoas com autismo, com resultados positivos na melhora da atenção, de flexibilidade cognitiva, regulação emocional e habilidades sociais (Kouijzer *et al.*, 2013; Mekkawy, 2021). Acreditamos que a aplicação dessa técnica, em conjunto com outras estratégias de intervenção, pode contribuir significativamente para o desenvolvimento da cognição social, das habilidades de comunicação e da adaptação escolar.

O objetivo deste capítulo é discutir e abordar, mediante um estudo de caso, a aplicação da técnica de neurofeedback como uma intervenção promissora, para auxiliar na melhora da regulação emocional e no desenvolvimento das habilidades comunicativas sociais, em contexto de dupla excepcionalidade entre autismo e superdotação.

A importância das habilidades comunicativas sociais para o sucesso escolar

As habilidades comunicativas sociais são elementos fundamentais no desenvolvimento de crianças e adolescentes, especialmente no contexto educacional, uma vez que influenciam diretamente sua capacidade de interação e o estabelecimento de relações saudáveis com colegas e educadores.

O ser humano é biologicamente programado para viver em grupo e possui mecanismos cerebrais que permitem essa capacidade (Yamamoto & Valentova, 2018). O comportamento social é o resultado de uma cascata complexa de eventos que acontecem em nosso cérebro. Para tal, podemos considerar três eixos consecutivos, sendo eles a cognição social, as habilidades sociais e a competência social (Happé & Frith, 2020; Figueiredo, 2022).

Cognição social refere-se às operações mentais que sustentam as atitudes nas interações sociais e desempenha um papel crucial na forma como os indivíduos percebem, interpretam e respondem às situações do dia a dia (Cardoso & Mello, 2023). Engloba os processos de percepção, motivação social, compartilhamento de experiências, conhecimento social e a mentalização; por fim, está basicamente relacionada à efetividade no processamento primário de pistas sociais (Figueiredo & Mecca, 2024). Quanto às habilidades sociais, trata-se de um repertório de habilidades que envolvem responsabilidade, empatia, assertividade, colaboração, cooperação, habilidades comunicativas, de negociação e autorregulação (Figueiredo & Mecca, 2024). As competências sociais, por sua vez, implicam a capacidade de utilizar habilidades sociais de maneira apropriada e eficaz em diferentes contextos sociais, demonstrando alinhamento, flexibilização e um bom índice de aceitação social (Yamamoto & Valentova, 2018, Cardoso & Mello, 2023, Figueiredo & Mecca, 2024).

Alterações em algum componente da cognição social ou das habilidades sociais podem, consequentemente, gerar inabilidade das competências sociais, que por sua vez trazem prejuízos ao desempenho escolar.

Os desafios encontrados por alunos com autismo e superdotação estão justamente relacionados a esses prejuízos sociais. Suas necessidades educacionais específicas muitas vezes não são atendidas, resultando em desmotivação, baixo desempenho acadêmico e problemas comportamentais (Immordino-Yang & Damasio, 2007). A dificuldade em se adaptar ao ritmo e às demandas da escola tradicional, juntamente com a falta de compreensão por parte de professores e colegas, pode criar um ambiente de estresse e exclusão, impactando negativamente a autoestima e o desenvolvimento social desses alunos (Cardoso & Mello 2023).

O neurofeedback como estratégia de intervenção nas habilidades comunicativas sociais

O uso do neurofeedback (NFB) como técnica de intervenção para melhorar as habilidades comunicativas sociais em pessoas com o transtorno do espectro autista (TEA) e superdotação tem se mostrado promissor em vários estudos. A técnica se baseia no princípio da neuroplasticidade, que é a capacidade do cérebro de se moldar e adaptar a partir de novas experiências e aprendizagens ao longo da vida (Loriette, Ziane & Hamed, 2021). O treino acontece por meio do monitoramento em tempo real da atividade cerebral com equipamento de eletroencefalograma (EEG), com o objetivo de ensinar o paciente a controlar conscientemente sua atividade e melhorar o seu funcionamento cognitivo e emocional (Loriette; Ziane & Hamed, 2021; Huang; Yu & Li, 2024).

A seguir, são descritos alguns estudos que constataram as contribuições do treino de neurofeedback.

No trabalho de Mekkawy (2021) com crianças autistas, o treino de NFB conseguiu diminuir a razão teta/beta ao inibir a atividade teta e intensificar a atividade beta. Ao final da intervenção, foram observadas mudanças significativas na coerência das ondas cerebrais, melhoras na comunicação, atenção, flexibilidade cognitiva e interação social, em comparação com a avaliação antes do tratamento.

No estudo de Rahmah *et al.* (2021), foi observado que o NFB melhorou significativamente as queixas emocionais em crianças autistas, evidenciado pelo aumento da atividade da onda alfa (18 Hz) e do ritmo sensório-motor (5 Hz). Também foi observada melhora nas interações sociais, indicando que o NFB pode ser um recurso relevante para a modulação do funcionamento emocional e social.

Em estudo prospectivo, randomizado e controlado por placebo de Huang, Yu & Li (2024), que investigou a eficácia da combinação entre neurofeedback e treino de estilo de aprendizagem em crianças com autismo e superdotação, foram observadas melhoras nos sintomas clínicos, nas habilidades sociais e na qualidade de vida dos alunos.

Na revisão sistemática de Kumari & Sharma (2020), em 11 dos 17 estudos analisados, as principais descobertas foram mudanças nas frequências associadas aos déficits cognitivos sociais no TEA, incluindo consciência social e comunicação.

A revisão sistemática de Syed *et al.* (2022) sobre a eficácia do treino de neurofeedback no tratamento do TEA, das funções executivas e da atividade eletroencefalográfica (EEG), incluindo estudos com diferentes delineamentos e grupos controle, concluiu que houve melhora de sintomas e das funções cognitivas em alguns pacientes com TEA. A resposta ao tratamento variou entre os pacientes.

A literatura científica, de modo geral, vem avançando nos estudos sobre os benefícios do NFB na reabilitação das queixas cognitivas e comportamentais, trazendo boas expectativas pelos benefícios da técnica e, principalmente, por não ser invasiva e praticamente não trazer riscos aos pacientes.

Estudo de caso

O presente caso se refere a um menino de 11 anos e meio, diagnosticado com TEA – nível de suporte 1, com perfil cognitivo de altas habilidades, capacidade de inteligência total muito acima do esperado para sua idade (QIT = 142) e risco para transtorno do déficit de atenção e hiperatividade, em apresentação desatenta.

Sua trajetória é marcada por avaliações desde o Ensino Fundamental I, quando foi submetido a intervenções de terapia cognitivo-comportamental e psicopedagogia. Desde então, inicia-se um processo investigativo, já que apresenta dificuldade para estabelecer novas conexões de amizade, bem como, durante sua jornada acadêmica, desenvolveu comportamentos de aversão a algumas atividades tradicionais escolares, como escrever o conteúdo no caderno, preencher livros, fazer atividades escritas e provas. Os comportamentos irritadiços com choro intenso, sinais de isolamento e quietude excessiva, além de dificuldades com a flexibilização mental e ambiental, preocuparam seus pais, que conheceram o neurofeedback e apostaram nessa técnica, antes de se iniciar o uso de outros métodos invasivos.

No exame qualitativo de neurofeedback por EEG realizado antes de começarem os atendimentos, foram sinalizados excessos de ondas lentas em delta (1 — 4 Hz) e teta (4 — 7 Hz), que colaboram com as dificuldades no funcionamento executivo. Já pela observação familiar, as queixas estão relacionadas principalmente a atenção, controle corporal, resolução de problemas e flexibilidade. A região posterior direita apresenta uma quantidade de ondas beta (14 — 38 Hz) maior que o esperado, o que pode indicar ansiedade elevada, rigidez cognitiva e falta de flexibilidade no comportamento, além de hipercoerência da região do sulco central, indicando hipersensibilidade corporal e dificuldades com a motricidade fina. Também foi identificada hipercoerência na região posterior, que pode indicar dificuldades com sono, descanso e relaxamento.

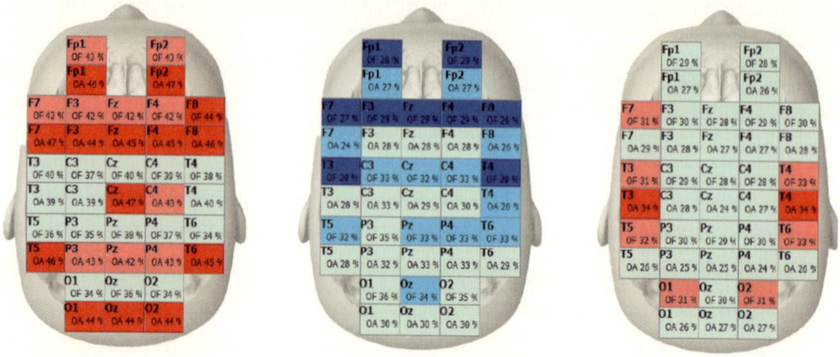

Frequências baixas **Frequências médias** **Frequências altas**

Figura 1: Mapeamento de eletroencefalografia (EEG) por neurofeedback – visão geral das amplitudes.

Considerando as informações obtidas na anamnese, juntamente com a avaliação profissional e o exame qualitativo de neurofeedback por EEG, com o objetivo de delimitar o padrão de funcionamento cerebral atual, foi possível desenvolver o raciocínio clínico, que levou ao treino personalizado e individualizado do paciente de acordo com suas necessidades.

Os treinos foram direcionados à estimulação das áreas T3, T4, T5 e T6 – com a finalidade de inibir ondas beta e realçar ondas alfa –, associada ao treino nas áreas F3, F4, F7 e F8, com o objetivo de inibir ondas delta e teta e realçar ondas beta, e também ao treino de SMR em C3, Fz, C4 e Cz, inibindo ondas delta e teta. Esse treino foi aplicado durante dez sessões, sendo duas sessões semanais.

Os primeiros relatos mencionados pela responsável foram sobre a diminuição dos comportamentos reativos, bem como a menor frequência de movimentos repetitivos disfuncionais. Também foi descrito que o paciente está mais afetuoso no relacionamento com a irmã, além de pessoas da família terem percebido mudanças em seu comportamento, ficando mais ativo e interagindo melhor. Os profissionais que o acompanham perceberam a diminuição na irritabilidade e na reatividade, com oscilações a depender da semana. Na escola, apesar de não escrever todas as atividades no caderno, ele passou a fazer alguns registros, realizou as provas e conseguiu alcançar melhores notas.

Os resultados foram bastante satisfatórios e os treinos continuam acontecendo duas vezes por semana, sem pausas. O treinamento terá a inclusão de outras técnicas de neuromodulação não invasiva, como o hemoencefalograma (HEG) e a estimulação transcraniana por corrente contínua (tDCS – Transcranial Direct Current Stimulation), além da continuidade dos acompanhamentos com psicopedagoga e psicóloga na abordagem cognitivo-comportamental.

Considerações finais

A relevância das habilidades comunicativas sociais na dupla excepcionalidade é evidente, uma vez que esses aspectos desempenham um papel crucial na adaptação, interação e qualidade de vida de crianças e adolescentes em seus diversos ambientes relacionais. A compreensão de suas necessidades é essencial para desenvolver estratégias de intervenção mais eficazes, como foi descrito anteriormente sobre o treino de neurofeedback, que vem sendo considerado uma estratégia de intervenção inovadora e bastante promissora.

Pode-se notar que o paciente do caso clínico obteve resultados positivos já observados em dez atendimentos. Entre eles estão a melhora na cognição e nas habilidades sociais, principalmente quando o paciente passa a se autorregular emocionalmente, deixar de estar mais reativo ao ambiente, ao demonstrar afeto e permitir maior interação social. Somam-se, ainda, os avanços no desempenho escolar, com o paciente fazendo registros no caderno, realizando as provas e atingindo melhores notas, tendo um potencial muito grande de desenvolver ainda mais suas habilidades e se tornar mais competente socialmente.

Considerando os resultados obtidos na apresentação do caso clínico, somados à literatura científica, concluímos que o treino de NFB é uma ferramenta riquíssima para a prática clínica e com reflexo significativos no contexto escolar e familiar. Enfatizamos a importância da intervenção precoce e do desenvolvimento de estratégias para o aprimoramento das habilidades comunicativas sociais, visando o bem-estar e a inclusão social de todas as crianças e adolescentes.

Referências

AMERICAN PSYCHIATRIC ASSOCIATION – APA. *Manual diagnóstico e estatístico de transtornos mentais:* DSM 5. Tradução: Maria Inês Correa Nascimento, Revisão técnica: Aristides Volpato Cordioli. Washington: American Psychiatric Association, 2013.

AZIS, I. A. Alunos com autismo de alto funcionamento (AAF) e superdotação (2e): eles se sentem entediados na escola? 2020. Doi: 10.20319/ PIJTEL.2020.42.6884.

BUCAILLE, A. *et al.* Perfil neuropsicológico de crianças intelectualmente superdotadas: uma revisão sistemática. *Journal of the International Neuropsychological Society*, v. 28, n. 4, p. 424-440, 2022. 28 (4):424-440. Doi: 10.1017/S1355617721000215.

CAI, R. Y; ULJAREVIC M. Regulação emocional: uma meta para melhorar a saúde mental no autismo. 2020. Doi: 10.1016/B978-0-323-85031-5.00016-5.

CARDOSO, T. S. G; MELLO, C. B. *Cognição social e regulação emocional na infância e adolescência*. UNIFESP, 2023. Doi: https://doi.org/10.34024/9786585919043.

FIGUEIREDO, T. (org.). *Tratado de cognição social*: uma abordagem multidimensional. Belo Horizonte: Ampla, 2022.

FIGUEIREDO, T.; MECCA, T. *Cognição social*: um guia para a compreensão das bases do comportamento social. Belo Horizonte: Ampla, 2024.

GARCÍA-MARTÍNEZ, I. *et al.* Analisando intervenções educacionais com alunos superdotados. Revisão Sistemática. *Crianças*, v. 8, n. 5, 2021. Disponível em: https://doi.org/10.3390/children8050365.

HAPPÉ, F.; FRITH, U. Annual research review: looking back to look forward – changes in the concept of autism and implications for future research. *J Child Psychol Psychiatry*, v. 61, n. 3, p. 218-232, Mar. 2020.

HUANG, M. X; YU, Q.; LI, Y. Y. Um estudo prospectivo randomizado controlado de neurofeedback combinado com treinamento de intervenção de perfil de estilo de aprendizagem em crianças com autismo de alto funcionamento. *Zhongguo Dang Dai Er Ke Za Zhi*, v. 26, n. 10, p. 1066-1071, 15 Oct. 2024. Doi: 10.7499/j.issn.1008-8830.2405054.

IMMORDINO-YANG, M. H.; DAMASIO, A. Sentimos, portanto aprendemos: a relevância da neurociência afetiva e social para a educação. *Mente, Cérebro e Educação*, v. 1, p. 3-10, 2007. Disponível em: https://doi.org/10.1111/j.1751-228X.2007.00004.x.

KOUIJZER, M. E. *et al.* Is EEG-biofeedback an effective treatment in autism spectrum disorders? A randomized controlled trial. *Appl Psychophysiol Biofeedback*, v. 38, n. 1, p. 17-28, Mar. 2013. Doi: 10.1007/s10484-012-9204-3. PMID: 22903518.

KUMARI, M.; SHARMA, A. Treinamento de neurofeedback para déficits cognitivos sociais: uma revisão sistemática. *International Journal of Online and Biomedical Engineering (iJOE)*, v. 16, n. 10, p. 151–171, 2020. Disponível em: https://doi.org/10.3991/ijoe.v16i10.15923.

LORIETTE, C.; ZIANE, C.; HAMED, S. B. Neurofeedback for cognitive enhancement and intervention and brain plasticity. *Revue Neurologique*, n. 177, p. 1133-1144, 2021.

MEKKAWY, L. Eficácia do neurofeedback como modalidade de tratamento para crianças no espectro autista. *Bull Natl Res Cent*, 45, 2021. Disponível em: https://doi.org/10.1186/s42269-021-00501-5.

PAPADOPOULOS, D. Psychological framework for gifted children's cognitive and socio-emotional development: a review of the research literature and implications. 2020. Disponível em: 10.17478/jegys.666308.

PESSOA, D. A. *et al.* Neurofeedback e suas aplicações: uma revisão da literatura deixa sua eficácia no transtorno do espectro do autismo (TEA). *Revista Brasileira de Desenvolvimento*, v. 7, n. 12, p. 117927–117941, 2021. Disponível em: https://doi.org/10.34117/bjdv7n12-514.

RAHMAH, M.; MILFYETTY, S.; FADILAH, R. Efektivitas neurofeedback training terhadap emosi e interaksi social para anak autis di pusat kajian psikologi magister psikologi pascasarjana Universitas Medan Area. *Tabularasa Jurnal Ilmiah Magister Psikologi*, v. 3, n. 1, p. 57-75, 2021. Doi: 10.31289/TABULARASA.V3I1.426

RENZULLI, J. S. O que é essa coisa chamada superdotação e como a desenvolvemos? Uma perspectiva de vinte e cinco anos. *Journal for the Education of the Gifted*, v. 23, n. 1, p. 3-54, 1999. Disponível em: https://doi.org/10.1177/016235329902300102.

SYED, S. A. *et al.* Neuro-feedback therapeutic treatment for autism spectrum disorders; systematic review. *Webology*, v. 19, 2022. Disponível em: https://www.researchgate.net/publication/359417745.

TASCA, I. *et al.* Behavioral and socio-emotional disorders in intellectual giftedness: a systematic review. *Child Psychiatry Hum Dev.* V. 55, n. 3, p. 768-789, June 2024. Doi: 10.1007/s10578-022-01420-w.

YAMAMOTO, M. E; VALENTOVA, J. V. *Manual de psicologia evolucionista.* Trad. Monique Bezerra Paz Leitão, Wallisen Tadashi Hattori. Natal: EDUFRN, 2018. Disponível em: https://repositorio.ufrn.br/jspui/handle/12345 6789/26065. Acesso em: 15 dez. 2024.

CAPÍTULO 12

Autismo e neurofeedback

Uma história real com relatos de um jovem com diagnóstico de autismo na vida adulta.

André Schelling

ANDRÉ SCHELLING

Escritor e terapeuta com formação em Neurofeedback. Especialista em Terapia de Família certificado pela UNIGUAÇU e formação em Neurofeedback pela Neurowork.

Contatos: schelling.com.br

Diagnóstico tardio

O diagnóstico foi um impacto em minha vida, e atingiu em cheio minha autoconfiança.

Lorenzo

A busca por bem-estar mental é um desejo humano. Contudo, muitos enfrentam desafios complexos, como o diagnóstico tardio, e os prejuízos decorrentes da falta de tratamento adequado. Lorenzo foi diagnosticado com TDAH na adolescência e, posteriormente, com o transtorno do espectro autista (TEA) na fase adulta. Ele experimentou o sofrimento inerente a esses diagnósticos. A ansiedade e o estresse se tornaram constantes, impactando sua vida acadêmica, social e pessoal. A sensação de não pertencimento e a dificuldade de se conectar com os outros eram alguns de seus obstáculos. Agora adulto e recém-formado em direito, passou a conviver diariamente com as dificuldades na comunicação e nos relacionamentos, que culminou em um quadro de depressão. Não tendo sido entendido e tratado de forma adequada na infância e na adolescência, seu quadro se agravou. Assim, surgiu uma série de dúvidas e pensamentos sobre seu passado e suas características, abalando a autoconfiança e aumentando suas dúvidas sobre suas capacidades cognitivas. O diagnóstico veio no último semestre da faculdade, quando as expectativas com seu futuro geravam ainda mais preocupações. Fazia já alguns anos que Lorenzo recebia atendimento com psiquiatra, tratando um quadro de ansiedade, depressão e TDAH com uso de medicamentos, além de realizar terapia semanal com psicólogo. Foi quando procurou um neuropsicólogo, que fez o diagnóstico de autismo, o laudo indicava dificuldade no foco, na atenção e na memória e algum prejuízo cognitivo. Nesse momento, ele passou a ficar ainda mais preocupado, e a autocobrança acabou culminando em crises de ansiedade, abalando sua autoconfiança, o que atrapalhava a sua rotina diária, seus relacionamentos, sua vida pessoal e profissional. Assim, seu humor e sua energia estavam prejudicados e sua "bateria social" não recarregava mais, tornando-o cada vez mais impaciente com pessoas e eventos cotidianos, o que agravava sua inflexibilidade cognitiva e relacional. Esse é um desafio que muitos enfrentam na sociedade atual. Este capítulo conta uma dessas histórias reais.

> *As minhas dificuldades de focar e manter minha atenção estavam cada vez piores naquele final de ano. O acúmulo de atividades do fim do curso de direito me deixava com uma ansiedade muito grande, não conseguia participar de compromissos com mais pessoas, este tipo de estresse me gerou crises de ansiedade, e a cada momento que passava ficavam piores. Os prejuízos gerados por um diagnóstico tardio feito no final do meu curso de direito, no meio do maior estresse da minha vida, fez com que abrissem minhas feridas* (Lorenzo).

A importância da relação terapêutica

Lorenzo sempre teve uma relação complicada com as interações sociais e as demandas do cotidiano. Desde a infância, ele enfrentou dificuldades que o levaram a desconfiar de algo, sem saber o que estava acontecendo. Essas condições resultaram em desafios significativos na escola e em ambientes sociais, afetando sua autoestima e capacidade de se conectar com os outros.

> *Lembro-me do meu tempo no colégio primário, que fui o primeiro da classe a ser alfabetizado. No entanto, desde cedo, percebi uma forte tendência à dispersão; frequentemente, os professores me chamavam a atenção por isso. Meu círculo de amizade era restrito, composto por apenas dois ou três amigos, e eu já era bastante introspectivo. Ao chegar ao 5º ano, já em outra escola, ingressei em uma turma maior, com mais professores, o que resultou em uma retração social e acadêmica. Meu desempenho escolar despencou, e as relações sociais se tornaram ainda mais complicadas. Essa fase coincidiu com o início do bullying; como era tímido e quieto, era visto como "estranho", e a sociedade, muitas vezes, não aceita o que é diferente. A pressão*

para ter um bom desempenho só agravava a exclusão, e frequentemente ouvia ofensas como "burro" e "retardado". Durante as aulas, manter o foco era um desafio quase impossível. Dispersava-me em menos de dois minutos, perdendo-me em pensamentos aleatórios. Era como se minha mente estivesse acelerada, e cada tentativa de concentração exigia um esforço excessivo, gerando ansiedade e exaustão mental. Professores e colegas acreditavam que eu era desinteressado, enquanto a verdade era que só conseguia me concentrar em temas que realmente me interessavam. A organização também era um desafio; frequentemente procrastinava e, em vez de fazer as tarefas escolares, priorizava atividades que me davam prazer. Isso gerava uma ansiedade constante, pois sabia que tinha obrigações escolares, mas não conseguia iniciar as tarefas. Ainda no 5º ano, participei do Programa Educacional de Resistência às Drogas e à Violência (Proerd), uma iniciativa da Polícia Militar que visava prevenir o uso de drogas e a violência entre crianças. Ao final do curso, cada turma teve a oportunidade de escrever uma redação sobre o tema, e a melhor redação de cada sala seria premiada na formatura. Para minha surpresa, minha redação foi escolhida como a melhor da minha turma. Contudo, na formatura, não ganhei prêmios, pois a competição incluía várias escolas, e muitos alunos talentosos estavam concorrendo. Apesar disso, o reconhecimento pela minha escrita foi uma experiência marcante e me fez sentir que poderia me destacar em algo. Outra habilidade que desenvolvi foi tocar flauta doce, uma atividade que fazia parte das aulas de música na escola. A música sempre foi um espaço no qual me sentia mais à vontade, e, ao longo das aulas, fui aprimorando minha técnica. Eu era um dos melhores da turma e frequentemente praticava em casa. A música era um refúgio para mim, um lugar em que eu podia me expressar sem medo de ser julgado. Embora essa habilidade me trouxesse alegria, havia outros aspectos da minha vida escolar que se mostravam desafiadores. Por exemplo, jogar futebol era um ponto fraco e isso gerava frustração, pois alguns colegas tiravam sarro de mim. A comparação constante com os outros aumentava meu sentimento de inadequação. Durante o recreio, muitas vezes ficava sozinho, o que me constrangia. Às vezes, eu passava o recreio com alguns dos poucos amigos que eu tinha da minha classe. Em algumas ocasiões, fazia companhia a um garoto com síndrome de Down e a um menino paraplégico, que sempre me acolhiam bem. Essa conexão me mostrou que, mesmo em meio a dificuldades, ainda havia espaço para amizade e compreensão. Com o passar dos anos, minhas notas pioraram, mesmo com aulas particulares. A pressão dos colegas e a cobrança dos meus pais aumentaram, resultando em angústia nas semanas de exame. Mesmo passando por recuperação, nunca fui reprovado, mas o apoio do conselho de classe foi fundamental. A dificuldade de socialização e o baixo rendimento escolar me deixavam confuso. Sentia que vivia desorientado, acreditando ser inferior aos demais e lutando contra uma autoestima baixa. No 1º ano do Ensino Médio, aos 15 anos, a escola pediu aos meus pais que eu passasse por uma avaliação cognitiva. Após diversos testes, fui diagnosticado com transtorno de déficit de atenção e hiperatividade (TDAH) com predomínio da desatenção. O laudo foi enviado à escola e aos meus pais, mas, surpreendentemente, nenhuma providência foi tomada em relação a isso. Sem qualquer tipo de tratamento, eu continuei sofrendo e me frustrando no meio acadêmico. Essa negligência toda me gerou um grande prejuízo emocional que está presente até nos dias de hoje. Caro leitor, se você recebe algum laudo de um transtorno que afeta a qualidade de vida, ou se tem algum filho que o recebe, é essencial que você aceite a situação e procure ajuda, pois se você ignorar ou negligenciar algo do tipo, estará condenando a própria qualidade de vida e gerando altos prejuízos emocionais. Durante o Ensino Médio, frequentemente era chamado à coordenação por minhas notas baixas. Nesses encontros, meu pai estava presente, mas já parecia conformado com a situação. O colégio ofereceu atividades complementares que poderiam ajudar, como oficinas e projetos que valiam nota extra ao boletim. No entanto, em uma ocasião específica, eu não consegui realizar essas atividades. A ansiedade tomou conta de mim e acabei procrastinando, deixando para depois aquilo que deveria ser prioridade. Sabia que precisava fazer, mas a falta de domínio sobre as matérias e a pressão para entregar um bom trabalho me paralisaram. Essa única vez em que não fiz as atividades complementares se destacou, e acabei sendo chamado à coordenação, o que me deixou ainda mais angustiado. Quando ingressei na faculdade de Direito, decidi me inscrever em um curso de inglês, onde tive uma excelente adaptação. A turma pequena e a metodologia participativa me ajudaram a manter o foco. Tornei-me o melhor aluno, o que elevou minha autoestima e me fez perceber que não era "incapaz". Essa experiência foi um divisor de águas, pois me permitiu ver que, apesar de todas as dificuldades enfrentadas ao longo da vida escolar, eu era capaz de aprender e me destacar em um ambiente que me agradava. Aos 22 anos, comecei a estagiar em um órgão público, onde enfrentava discriminação devido à minha natureza introspectiva. Comentários sobre um possível diagnóstico de transtorno do espectro autista (TEA) começaram a circular. Após pesquisa, percebi que me identificava com vários sintomas. Aos 24 anos, conversando com meus pais, consegui uma avaliação neuropsicológica que confirmou o diagnóstico de TEA. A avaliação revelou um desempenho cognitivo abaixo do normal, provavelmente agravado por conta do meu estado mental naquele período da minha vida. Busquei tratamento com neurofeedback, que me despertou esperança e a possibilidade de uma vida melhor. Essas experiências moldaram minha trajetória, revelando a importância do autoconhecimento e da busca por ajuda. A jornada não foi fácil, mas ao longo dela compreendi que as dificuldades que enfrentei me tornaram mais forte e resiliente. A música, a escrita e o aprendizado me mostraram que, apesar de todas as limitações, eu tinha habilidades que podiam brilhar, e isso se tornou uma fonte de motivação para seguir em frente (Lorenzo).

Ele não sabia nem entendia como algo novo e diferente em sua vida poderia ajudá-lo e, com sua autoconfiança comprometida, nada parecia lhe oferecer um futuro promissor. Ao fazer pesquisas na internet, encontrou um terapeuta que trabalhava com neurofeedback. A partir desse encontro, decidiu investir no seu tratamento, comprometendo-se em todas as etapas. A relação terapêutica desempenha um papel fundamental no processo de desenvolvimento e bem-estar de indivíduos com autismo, especialmente aqueles diagnosticados tardiamente. Essa relação, pautada em confiança, empatia e colaboração, vai além das sessões tradicionais dentro do consultório. A inclusão de atividades extraconsultório podem enriquecer significativamente o processo terapêutico e promover a qualidade de vida do indivíduo.

> Os neurônios em espelho formam uma rede específica de atividade que favorece, portanto, a base do comportamento de imitação e empatia, que são justamente esses os comportamentos prejudicados ou suprimidos nos indivíduos com TEA, que consequentemente, não apresentam a capacidade de se colocar no lugar do outro, e até mesmo de compreender seus "próprios estados mentais", interferindo negativamente na aprendizagem do sujeito, e em sua construção do mundo interno e externo (Araújo *In* Souza, 2021, p. 114).

A relação terapêutica com o André foi fundamental nesse processo. No início, eu me sentia um pouco ansioso e retraído. Conforme as sessões avançavam, eu me sentia cada vez mais à vontade e fui construindo uma relação de confiança com ele, o que permitiu-me expressar de forma mais autêntica e explorar minhas dificuldades. Ao sair das sessões, me sentia mais leve ao desabafar sobre coisas da vida que me traziam angústias e incômodos. A compreensão e o apoio dele ajudaram a enxergar meus desafios sob uma nova perspectiva e a desenvolver estratégias para lidar com eles. A jornada ainda é longa, mas a terapia tem sido uma grande aliada. A cada sessão, me sinto mais fortalecido e confiante para enfrentar os desafios do dia a dia (Lorenzo).

Um dos momentos mais marcantes para Lorenzo foi a visita que fizemos à sua antiga escola. Essa experiência não só reavivou memórias afetivas, mas também o reconectou com antigos professores. Durante a visita, ele pôde expressar gratidão e compartilhar suas conquistas, algo que nunca havia feito antes. A importância da memória afetiva para a consolidação da aprendizagem é essencial na relação terapêutica.

Foi emocionante rever minha escola da época do fundamental e perceber o quanto evoluí. Encontrei antigos professores e, pela primeira vez, consegui expressar gratidão de maneira verdadeira. Essas interações não eram fáceis para mim antes (Lorenzo).

Além das interações sociais, ele também notou melhorias em sua comunicação e na modulação de expressões faciais. Isso resultou em uma maior capacidade de formar novos relacionamentos, ampliando seu círculo social e fortalecendo seu bem-estar emocional.

A melhora na minha qualidade de vida ficou evidente em um evento recente. Ao lidar com uma situação de trânsito caótica referente a uma falha mecânica no carro, de maneira serena e proativa, demonstrei como o neurofeedback contribuiu para o desenvolvimento de habilidades essenciais para o dia a dia (Lorenzo).

A importância de acessar memórias afetivas de impacto se mostrou quando visitamos a escola onde Lorenzo estudou: ser recebido pela orientadora pedagógica e pela diretora da escola, que reconheceram e o acolheram como ex-aluno. Acredito que uma boa relação terapêutica, aplicação do neurofeedback e atividades que valorizem a memória afetiva são alguns pontos relevantes para chegar aos resultados que obtivemos. Essa combinação favorece a consolidação de memórias e novos aprendizados que o neurofeedback proporciona. Não se trata apenas de uma coisa ou outra, mas todo o trabalho que foi e está sendo feito com os outros profissionais – como o psiquiatra, que alinha as medicações; a psicóloga; o neuropsicólogo; o nutricionista; os suplementos; e, por fim, o neurofeedback – todos foram essenciais e indispensáveis nesse caso. Não é apenas uma técnica, um profissional ou uma medicação, é todo o conjunto trabalhando para efetiva evolução e melhora da qualidade de vida e bem-estar do paciente. Porém, o mapeamento cerebral abre um caminho de entendimento do funcionamento cerebral, contribuindo para todas as áreas de atuação. Inclusive para psiquiatras entenderem o padrão funcional do cérebro e alinharem uma medicação mais adequada para cada paciente.

> O uso de medicamentos ocorre em situações pontuais, direcionado e com o objetivo de tratar sintomas associados ao transtorno do espectro autista, devendo ser individualizado (Araújo *In* Souza, 2021, p. 115).

Mapeamento cerebral

O mapeamento cerebral é uma ferramenta crucial na compreensão da atividade elétrica do cérebro e na personalização do tratamento. Cada mapeamento cerebral é uma experiência única, revelando a especificidade e individualidade de cada paciente. Com a tecnologia aplicada à saúde mental, é possível criar protocolos de neurofeedback cada vez mais precisos para cada indivíduo.

> Nossos pacientes consideram muito útil poder enxergar os padrões de atividade elétrica localizada no cérebro deles. É possível mostrar aqueles que parecem ser responsáveis pela dificuldade que eles têm de se concentrar ou por sua falta de controle emocional. Eles enxergam por que diferentes áreas cerebrais precisam ser treinadas para gerar frequências diferentes e padrões de comunicação. Assim, fica mais fácil que não se culpem e aprendam a processar as informações de maneira diferente (Van Der Kolk, 2014, p. 383).

Os ritmos cerebrais, que refletem a atividade sincrônica dos neurônios, podem ser categorizados em diferentes faixas de frequência, cada uma associada a estados mentais distintos com correlatos comportamentais.

Quando decidi buscar o neurofeedback, sabia que precisava de algo diferente. Sentia que minhas tentativas anteriores não me levavam ao lugar que eu queria. Não queria só conviver com as dificuldades, mas superá-las (Lorenzo).

Os ritmos cerebrais não apenas informam sobre o estado atual do paciente, mas também oferecem uma base científica adaptada às necessidades individuais de cada pessoa.

A inclusão do neurofeedback na terapia é uma inovação recente que permite às pessoas monitorar e regular sua atividade cerebral em tempo real. Isso proporciona uma abordagem personalizada e baseada em dados para o tratamento de condições mentais e emocionais.

O cérebro mostra seu caminho

O mapeamento cerebral oferece uma leitura de um perfil neural individualizado. O neurofeedback, como ferramenta de neuromodulação, permite explorar a plasticidade cerebral individual, visando otimizar funções cognitivas, sua atenção e regulação emocional, e principalmente as habilidades sociais e comportamentais em pessoas com autismo.

> *A leitura do meu cérebro me surpreendeu. Ver minhas dificuldades refletidas nos dados me fez perceber que aquilo que sempre senti, tinha uma explicação. A ansiedade era uma constante, mas agora eu sabia onde focar o trabalho* (Lorenzo).

O autismo é uma variação neurobiológica que influencia a forma como pessoas percebem o mundo e interagem com ele. A ciência do cérebro e a tecnologia se unem para oferecer novas possibilidades de tratamento e inclusão de indivíduos com autismo, permitindo que desenvolvam suas habilidades e melhorem sua qualidade de vida.

> O transtorno do espectro autista (TEA) é um distúrbio no desenvolvimento humano, caracterizado por causar diversos prejuízos a seus portadores, no que tange a interação social e a comunicação verbal e não verbal. Sua etiologia ainda é desconhecida, entretanto, a tendência atual é considerá-la como uma síndrome de origem multicausal envolvendo fatores genéticos, neurológicos e sociais. O transtorno do espectro autista, por definição, começa antes dos três anos de idade (Araújo *In* Souza, 2021, p. 111).

No começo do ano de 2024, realizamos o mapeamento cerebral do Lorenzo. Os resultados revelaram informações sobre sua atividade cerebral. A seguir, mostramos alguns dados do mapeamento dele e relacionamos com o seu padrão de vida e com os dados atuais sobre o autismo.

- **Região posterior direita:** observou-se um aumento nos níveis de beta, sugerindo a possibilidade de ansiedade elevada e perfeccionismo. Ele frequentemente se sentia sobrecarregado em situações sociais, essa hipervigilância pode ter contribuído para seu estresse.
- **Região frontal e cingulado anterior:** uma lentificação foi identificada, indicando dificuldades cognitivas que poderiam se manifestar como teimosia e pensamentos compulsivos. Essa lentificação poderia estar ligada à sua luta constante para processar informações em ambientes desafiadores.
- **Frontal:** hipercoerência, potencialmente associada a inflexibilidade mental e obsessividade.
- **Sulco central:** hipercoerência, que poderia indicar hipersensibilidade corporal e cefaleia.

- **Posterior:** hipercoerência, sugerindo distúrbios de sono e hipersensibilidade emocional.

> Transtorno do espectro autista (TEA) é uma condição do neurodesenvolvimento no qual há comportamentos restritos e repetitivos, dificuldade na interação social e na comunicação. [...] No paciente com transtorno do espectro autista, existe um desequilíbrio, com aumento de estímulo do sistema excitatório, e um sistema inibitório imaturo, o que torna comum a presença de distúrbios do sono, alteração do humor e reação exacerbada aos estímulos (Araújo *In* Souza, 2021, p. 113).

Essas descobertas, que vieram por meio do mapeamento cerebral, nos forneceram uma base para desenvolver um plano de treinamento específico, focado nas áreas que mais impactavam a vida dele.

Treino personalizado

Com os dados do mapeamento em mãos, foram criados protocolos de neurofeedback personalizados para Lorenzo. Esses protocolos visam reduzir a ansiedade e melhorar o controle inibitório, além de aumentar a flexibilidade cognitiva. Foram realizados 20 treinos com o foco em diminuir a ansiedade e suas crises, aplicando protocolos de ritmo sensório-motor (SMR), inibindo beta rápido nos temporais T3 e T4 e realçando alfa. No mapeamento de Lorenzo, observam-se picos de beta rápido, que relacionamos com ansiedade.

As sessões de neurofeedback permitiram que Lorenzo treinasse seu cérebro para regular a atividade dos ritmos cerebrais. Ao longo das sessões, ele começou a notar mudanças significativas em sua vida cotidiana. A partir da vigésima sessão, os resultados começaram a aparecer lentamente em sua rotina. Iniciamos o treino 2 com pequenas mudanças no treino de SMR, focando na região frontal para trabalhar funções executivas e de aprendizagem, além de melhorar o foco, a atenção e a memória.

> *Aos poucos, comecei a perceber mudanças. Pequenas evoluções em minha rotina, tarefas que antes eram paralisantes, como iniciar conversas ou planejar algo novo, ficaram mais fáceis. E no final se transformam em superações* (Lorenzo).

Além das melhorias cognitivas, ele fez progressos em sua vida profissional. Conseguiu iniciar um trabalho, um passo significativo em sua busca por independência. Durante esse período, ele desenvolveu projetos para atender autistas.

Esses projetos não demonstraram apenas seu amadurecimento, mas também sua vontade de fazer a diferença na comunidade.

Conclusão

O resultado do neurofeedback em sua vida foi expressivo. Além de reduzir significativamente a ansiedade, ele também desenvolveu uma capacidade renovada de tomar decisões e agir com segurança. Essa transformação ampliou sua visão sobre o que é possível para ele no futuro. Com a confiança crescente, Lorenzo agora se enxerga de forma mais positiva. Uma das suas metas pessoais é concluir o curso de pilotagem, uma realização que antes parecia distante.

> *Com o neurofeedback, eu tive uma grande evolução com relação à diminuição da hipervigilância e melhora significativa na qualidade do sono. Atualmente, eu sinto que tenho um pouco mais de flexibilidade cognitiva, a questão da ansiedade diminuiu bastante, a tendência à irritabilidade melhorou também. Sinto que a questão do espelhamento (empatia) melhorou um pouco. Outra coisa que eu percebi foi que sinto menos desconforto comigo mesmo e acabo não me importando mais tanto com o que os outros estão pensando sobre mim. Meus pais relatam que eu estou mais comunicativo. Eu tenho saído mais aos fins de semana com maior frequência e tenho me sentido um pouco mais confiante, tanto é que tomei a iniciativa de chamar alguém para sair* (Lorenzo).

A jornada de Lorenzo ilustra como a combinação de tecnologia aplicada à saúde e intervenção terapêutica podem abrir novos caminhos para indivíduos com TEA e TDAH. O mapeamento cerebral e o neurofeedback não apenas forneceram uma compreensão do funcionamento do seu cérebro, mas também o capacitaram a superar barreiras e alcançar objetivos que antes pareciam inalcançáveis.

> O neurofeedback revela que, com feedback preciso, o cérebro pode aprender a fortalecer o controle cortical e acalmar as erupções subcorticais. A desregulação cerebral é o fator central em todas as doenças mentais e, como vimos, mesmo cérebros gravemente desregulados podem progredir em direção à regulação e, normalmente, se lhes for dado tempo suficiente, um ambiente de apoio e orientação terapêutica, podem alcançá-la (Fisher, 2025, p. 328-329 – tradução do autor).

Nesse caso, destaco a importância de uma abordagem multidisciplinar que considere tanto os aspectos técnicos quanto as experiências emocionais e comportamentais dos pacientes. À medida que mais pessoas exploram essas opções, o potencial para transformação e bem-estar se expande, iluminando o caminho para um futuro mais positivo.

Nota do autor

Este capítulo apresentou o neurofeedback como uma técnica complementar em um caso de autismo. A técnica é inserida em um contexto multidisciplinar, no qual o paciente foi atendido por psiquiatra e psicólogo, sendo recomendado o neurofeedback pelo neuropsicólogo. A ciência, a terapia e o neurofeedback evoluem constantemente, exigindo adaptações nos tratamentos. Este capítulo não pode ser considerado um tratamento. Recomenda-se acompanhamento por profissionais qualificados, dada a singularidade do autismo. Aos leitores, aconselha-se buscar profissionais qualificados quando necessário.

Referências

ARAÚJO, R. S. Aspectos neurofuncionais do transtorno do espectro autista: revisão de literatura. *In*: SOUZA, L. P. (org.). *Autismo*: pesquisas e relatos. Campo Grande: Inovar, 2021.

FISHER, S. F. *Neurofeedback in the treatment of developmental trauma*: calming the fear-driven brain. Nova York: W. W. Norton & Company, 2025.

KOLK, B. V. D. *O corpo guarda suas marcas*: cérebro, mente e corpo na cura do trauma. Rio de Janeiro: Sextante, 2020.

LYRA, M.; WISNIEVSKI, V. *Neuromodulação não invasiva*: da teoria à prática clínica. São Paulo: Literare Books International, 2024.

CAPÍTULO 13

Transtorno específico da aprendizagem

Estratégias neuromodulatórias

Neste capítulo, discutimos a relação entre a infância e os transtornos de aprendizagem, explicando as razões para essas dificuldades. Enfatizaremos a terapia neuromodulatória, em especial a estimulação transcraniana por corrente contínua (ETCC), que vem se destacando como uma abordagem promissora. Essa técnica visa aprimorar o desempenho cognitivo ao fortalecer as redes neurais associadas à aprendizagem, oferecendo novas perspectivas para o tratamento.

Brunna Vasconcellos

BRUNNA VASCONCELLOS

Bacharel em Psicologia, especialista em Neuropsicologia e mestranda em Neurociências, com várias pós-graduações na área, incluindo Transtornos de Aprendizagem, Transtornos Mentais, Neurobiologia e Psicofarmacologia. Pós-graduada em Reabilitação Cognitiva, Análise do Comportamento, Transtornos Alimentares e Cirurgia Bariátrica. Complementa sua formação com cursos em Biofeedback, Neurofeedback e Neuromodulação não invasiva. Possui vasta experiência em psicologia clínica e reabilitação neuropsicológica, com foco em transtorno do espectro autista (TEA), síndromes raras e transtornos mentais. Dedica-se a promover a qualidade de vida e o desenvolvimento cognitivo de seus pacientes, utilizando abordagens inovadoras e integradas para o tratamento e a intervenção.

Contatos: www.psibrunnavasconcellos.com
brunnavf@icloud.com
Instagram: @psi.brunnavasconcellos
22 99705 8950

Desvendando o aprendizado: o que é aprender?

Aprender é um processo complexo que envolve a conquista, o desenvolvimento e a aplicação de conhecimentos, habilidades e comportamentos. De acordo com Jean Piaget (1972), aprender é um processo de adaptação constante do indivíduo ao meio, no qual novos conteúdos são assimilados e estabelecidos em estruturas cognitivas preexistentes. Piaget alega que a aprendizagem é um processo contínuo de transformação, no qual as experiências moldam e ampliam a compreensão do mundo.

Lev Vygotsky (1984) cooperou significativamente para a teoria do aprendizado introduzindo o conceito de Zona de Desenvolvimento Proximal (ZDP). O teórico defende que a aprendizagem ocorre de forma mais funcional quando o indivíduo recebe apoio apropriado, permitindo que realize tarefas que ainda não consegue realizar de forma independente. Tal conceito enfatiza a relevância das interações sociais e do suporte para a aprendizagem, enfatizando que o aprendizado é um fenômeno social e colaborativo.

David Kolb (1984) descreveu a teoria da aprendizagem experiencial, que propõe a aprendizagem como um ciclo contínuo constituído por quatro fases: experiência concreta, observação reflexiva, conceptualização abstrata e experimentação ativa. Kolb sustenta que a integração dessas fases é fundamental para a transformação das experiências em conhecimento prático, alegando que o aprendizado é um processo dinâmico e colaborativo.

Howard Gardner (1995) ampliou a compreensão do aprendizado com a teoria das Inteligências Múltiplas. O teórico aponta que o aprendizado não ocorre de maneira uniforme, mas é influenciado por vários modos de inteligência, como a linguística, a espacial e a lógico-matemática. Tal teoria realça a individualidade do aprendizado, conscientizando que diferentes pessoas têm diferentes pontos fortes e métodos de adquirir conhecimento.

Logo, compreender o que é aprender envolve reconhecer a complexidade e a individualidade do processo de conquista de conhecimento, levando em consideração tanto os aspectos cognitivos quanto os emocionais e sociais. O entendimento dessas múltiplas facetas é essencial para reconhecer e abordar o transtorno específico da aprendizagem, que pode afetar de forma relevante a capacidade de aprender de um indivíduo.

O que é o transtorno específico da aprendizagem (TEAp)?

Como discutido anteriormente, o processo de aprender é composto por uma série de habilidades cognitivas, como, por exemplo, memória, associação, raciocínio, coordenação motora, comunicação e várias outras. Quando há uma desordem nessas aptidões, o processo de aprendizagem é automaticamente interrompido ou enfraquecido. Isso pode resultar em diversas dificuldades significativas em atividades relacionadas ao aprendizado, além de poder impactar negativamente a autoestima do indivíduo em virtude do insatisfatório desempenho escolar, acadêmico ou até mesmo profissional.

Os TEAp são um conjunto de condições que afetam a capacidade de um indivíduo de adquirir e utilizar habilidades acadêmicas específicas, como leitura, escrita e matemática. Tais transtornos não são atribuídos a deficiências intelectuais, distúrbios emocionais ou deficiências sensoriais, mas a dificuldades específicas no processamento cognitivo (American Psychiatric Association, 2014).

Os TEAp possuem origens neurobiológicas, e encontram-se ligados a modificações nas estruturas e nas funções cerebrais que comprometem a eficácia no processamento de informações. Tais condições provêm de falhas nos circuitos neuronais envolvidos no processamento cognitivo, prejudicando habilidades específicas.

O desenvolvimento é influenciado pela relação entre fatores genéticos, epigenéticos e ambientais. A maturação neurobiológica das dificuldades é evidenciada no nível cognitivo e se relaciona com as manifestações comportamentais identificadas. Os sinais do TEAp não devem ser associados a outras condições, como problemas visuais ou auditivos, deficiência intelectual, outros distúrbios neurológicos, falhas na instrução educacional ou condições psicossociais impróprias (American Psychiatric Association, 2014).

É importante ressaltarmos que dificuldade de aprendizagem e transtorno de aprendizagem não são a mesma coisa. Enquanto o transtorno de aprendizagem diz respeito a uma alteração no desenvolvimento que afeta a capacidade de aprender, as dificuldades de aprendizagem podem ter diversas motivações, incluindo fatores biológicos, psicológicos e sociais. Compreender essa diferenciação é crucial para escolher um tratamento adequado e, dessa maneira, promover uma recuperação mais eficaz em cada caso.

Para esclarecer as maiores diferenças entre dificuldade de aprendizagem e transtorno de aprendizagem, elaboramos a seguinte tabela:

Dificuldade de aprendizagem	A dificuldade de aprendizagem é uma condição temporária que ocorre em um momento específico da vida da criança ou adulto por algum motivo externo que dificulta o processo de aprendizagem. Exemplos de tais fatores incluem questões emocionais, problemas familiares, alimentação inapropriada, ambiente desadequado, entre outros.	Constantemente, as citadas dificuldades podem ser resolvidas ou superadas com ajustes no ambiente de aprendizagem, ou pela aplicação de métodos pedagógicos adequados.
Transtorno de aprendizagem	O transtorno de aprendizagem é um termo que se relaciona a condições neurológicas específicas e permanentes que afetam o potencial de um indivíduo em adquirir e empregar habilidades acadêmicas fundamentais, como leitura, escrita ou matemática. Esses transtorno são diagnosticáveis, têm uma base neurobiológica e estão associados a disfunções nos circuitos neuronais envolvidos no processamento cognitivo.	Mencionadas condições persistem ao longo do tempo e não se solucionam de modo isolado, exigindo assim intervenções e abordagens específicas para gerenciar e reduzir seu efeito sobre o processo de aprendizado.

Algumas crianças enfrentam desafios na aprendizagem ou no desenvolvimento de habilidades em leitura, escrita e matemática. No entanto, quando essas dificuldades não têm uma causa primária identificável, e quando as crianças atendem aos critérios diagnósticos estabelecidos, elas podem ser diagnosticadas com transtornos de aprendizagem.

A quinta edição do *Manual Diagnóstico e Estatístico de Transtornos Mentais* (DSM-5, na sigla em inglês) definiu que o transtorno específico da aprendizagem fica dentro do grande grupo de transtornos do neurodesenvolvimento. Grupo esse que envolve:

Transtornos de comunicação

- Transtornos da fala.
- Transtorno da fluência com início na infância.
- Transtorno da fluência com início na fase adulta.
- Transtorno de comunicação social.

Transtorno específico da aprendizagem

- Leitura.
- Escrita.
- Matemática.

Transtornos do desenvolvimento intelectual

- Transtornos motores.
- Transtorno do desenvolvimento da coordenação.
- Transtorno do movimento estereotipado.

Transtorno de déficit de atenção e hiperatividade

Transtornos do espectro autista

Os quadrantes a seguir exibem as características diagnósticas associadas ao transtorno específico da aprendizagem descritas no DSM-5.

Transtornos da aprendizagem relacionados à leitura – Dislexia
Leitura de palavras de forma imprecisa ou lenta e com esforço (p. ex., lê palavras isoladas em voz alta, de forma incorreta ou lenta e hesitante, frequentemente adivinha palavras, tem dificuldade de soletrá-las).
Dificuldade para compreender o sentido do que é lido (p. ex., pode ler o texto com precisão, mas não compreender a sequência, as relações, as inferências ou os sentidos mais profundos do que é lido).
Transtornos da aprendizagem relacionados à expressão de escrita – Disortografia
Dificuldades para ortografar ou escrever ortograficamente (p. ex., pode adicionar, omitir ou substituir vogais e consoantes).
Dificuldades com a expressão escrita (p. ex., comete múltiplos erros de gramática ou pontuação nas frases, emprega organização inadequada de parágrafos, expressão escrita das ideias sem clareza).

Transtornos da aprendizagem relacionados à matemática – Discalculia
Dificuldade para dominar o senso numérico, fatos numéricos ou cálculo (p. ex., entende números, sua magnitude e relações de forma insatisfatória; conta com os dedos para adicionar números de um dígito em vez de lembrar o fato aritmético, como fazem os colegas; perde-se no meio de cálculos aritméticos e pode trocar as operações).
Dificuldade no raciocínio (p. ex., tem grave dificuldade em aplicar conceitos, fatos ou operações matemáticas para solucionar problemas quantitativos).

Segundo o DSM-5 (American Psychiatric Association, 2014), os transtornos de aprendizagem são detectados quando o desempenho de um indivíduo em testes padronizados, aplicados individualmente, de leitura, escrita, ou matemática fica consideravelmente abaixo do que seria esperado para sua faixa etária, nível educacional e capacidade intelectual. Ciasca (2003) acrescenta que, no Brasil, cerca de 30 a 40% das crianças nas séries iniciais apresentam algum tipo de dificuldade. Em contraste, os distúrbios de aprendizagem afetam de 3 a 5% da população geral com problemas acadêmicos.

Quanto mais cedo for realizado o diagnóstico, mais rapidamente os responsáveis pela criança poderão procurar ajuda e, com isso, aumentar as chances de prevenir as dificuldades que afetam a autoestima (Shaywitz, 2006). Sofie & Riccio (2002) também acrescentam ser essencial que as crianças com dificuldade sejam diagnosticadas precocemente e com precisão, para que então recebam intervenções apropriadas.

Explorando a neuromodulação no transtorno específico da aprendizagem

A neuromodulação não invasiva refere-se a um conjunto de técnicas que modificam a atividade neuronal de forma não cirúrgica, com o intuito de aprimorar funções cognitivas, motoras ou emocionais. Entre essas técnicas, destacam-se a Estimulação Transcraniana por Corrente Contínua (ETCC) ou *transcranial Direct Current Stimulation* (tDCS) em inglês. O objetivo primordial da neuromodulação não invasiva é modular a excitabilidade cortical e induzir alterações nas redes neurais, favorecendo, assim, os processos de aprendizagem e a recuperação funcional.

Pesquisas recentes analisaram a efetividade da ETCC em sintomas depressivos, e os resultados positivos indicam ser uma abordagem promissora para o tratamento. Além disso, estudos modernos também demonstraram sua eficácia em transtornos de aprendizagem e no manejo da dor crônica (Fregni *et al.*, 2006).

A ETCC constitui uma técnica segura, não invasiva e de fácil implementação, que provoca alterações no potencial de repouso da membrana neuronal. Isso resulta na modulação da excitabilidade cortical e na taxa de disparo neuronal. Os efeitos dessa técnica são influenciados por diversos fatores, incluindo o posicionamento e a dimensão dos eletrodos, a intensidade da corrente, a duração da estimulação e o número total de sessões. No contexto da reabilitação, é provável que essas variáveis associadas à ETCC impactem de maneira significativa as modificações nos processos de dificuldade de aprendizagem, assim como os mecanismos neurais subjacentes a esses processos.

A aplicação da eletricidade como recurso terapêutico para a estimulação elétrica do cérebro não é novidade, uma vez que os primeiros registros remontam à Antiguidade. Desde então, essa prática tem sido aprimorada e sua utilização se expandido progressivamente (Brunoni; Boggio; Fregni, 2012).

Em relação à segurança, a ETCC é considerada uma técnica segura, embora alguns efeitos colaterais possam ocorrer, como formigamento na pele sob os eletrodos, fadiga moderada e coceira. Além disso, de forma mais rara, foram relatadas náusea, insônia e cefaleia (Poreisz *et al.*, 2007). Portanto, é fundamental que os indivíduos sejam devidamente informados sobre esses possíveis efeitos antes de qualquer estudo ou prática clínica envolvendo a técnica.

Os efeitos da ETCC estão diretamente associados à polaridade dos eletrodos utilizados. Em uma sessão, são empregados dois eletrodos: um ânodo e um cátodo. A estimulação anódica promove a despolarização da membrana neural, facilitando o disparo neuronal, enquanto a estimulação catodal atua de forma oposta, hiperpolarizando a membrana neural. Esses eletrodos podem ser aplicados conforme diferentes protocolos, visando regiões específicas do córtex cerebral e modulando sua atividade de acordo com a polaridade, utilizando um fluxo de corrente contínua de baixa intensidade (Berryhill & Jones, 2012).

A eficácia da neuromodulação não invasiva no tratamento de transtornos de aprendizagem tem sido amplamente investigada em estudos científicos. As pesquisas indicam que a implementação de técnicas de estimulação pode resultar em melhorias significativas em funções como atenção, memória e habilidades linguísticas. As evidências científicas são corroboradas por ensaios clínicos controlados, que demonstram que a neuromodulação pode aumentar a plasticidade sináptica, promovendo, assim, a aprendizagem e a retenção de informações.

Estudos sobre a função cerebral identificaram deficiências nos circuitos neurais de crianças com dislexia. No entanto, quando tais indivíduos recebem uma reabilitação adequada e precoce, esses circuitos podem mostrar ativação aumentada em várias áreas do cérebro. Isso favorece a plasticidade neuronal e resulta em melhor desempenho na leitura (Temple *et al.*, 2003).

Ao aumentar a excitabilidade cortical, a ETCC pode melhorar a plasticidade sináptica, um processo fundamental para a aprendizagem e a formação de memórias, permitindo que o cérebro se adapte e se reorganize em resposta a novas informações. Além disso, a ETCC tem demonstrado ser eficaz na melhoria de funções cognitivas críticas, como atenção, memória de trabalho e habilidades linguísticas, que frequentemente são impactadas em indivíduos com transtornos de aprendizagem. Essas melhorias podem contribuir para um desempenho acadêmico e social mais satisfatório.

Um aspecto relevante da ETCC é sua adaptabilidade às necessidades específicas de cada paciente, possibilitando que os terapeutas personalizem a intensidade, a duração e a localização da estimulação para otimizar os resultados. Quando associada a intervenções educacionais e terapias comportamentais, a ETCC pode amplificar os efeitos dessas abordagens, criando um ambiente mais favorável ao aprendizado.

Os impactos da ETCC nas habilidades de leitura em adultos com dislexia foram investigados em um estudo conduzido por Heth e Lavidor (2015). Os autores analisaram os efeitos da estimulação anodal no córtex visual esquerdo e da estimulação catodal no córtex orbitofrontal direito em pacientes adultos com dislexia. Os participantes foram aleatoriamente distribuídos entre um grupo experimental e um grupo placebo, e três testes foram realizados (Leitura Oral, RAN e Pesquisa de Símbolos) para avaliar os resultados antes e depois da estimulação. Os resultados indicaram que, cinco dias após a estimulação, houve melhoria nas habilidades de leitura em voz alta, além de avanços na nomeação de letras e na velocidade de nomeação de números (Heth & Lavidor, 2015).

Estudo (autor)	Pacientes	Idade média	Intensidade (mA)	Região estimulada	Resultados observados
Rios *et al.* (2018)	12	12,5 anos	2 mA	Ânodo: T3–T4 (lobo temporal médio e posterior esquerdo) Cátodo: FP2 (área supraorbital direita) Ânodo adicional: PO7 (córtex visual)	Melhoria significativa na leitura oral e na nomeação rápida automatizada (RAN) após a estimulação.
Heth & Lavidor (2015)	10/9	27,2 anos	1,5 mA	Ânodo: córtex visual esquerdo Cátodo: córtex orbitofrontal direito (FPZ)	Melhoria na leitura em voz alta, na nomeação de letras e na velocidade de nomeação de números cinco dias após a estimulação.
Rahimi *et al.* (2019)	10/9	10,3 anos	1 mA	Ânodo: T7 (giro temporal superior esquerdo) Cátodo: T8 (giro temporal superior direito)	Aumento significativo na precisão e velocidade de leitura após a estimulação.
Costanzo *et al.* (2016a)	17	13,7 anos	1 mA	Ânodo: P7–TP7 (córtex temporoparietal esquerdo) Cátodo: P8–TP8 (córtex temporoparietal direito)	Melhoria na precisão da leitura e na consciência fonológica após a estimulação.
Costanzo *et al.* (2016b)	9	13,4 anos	1 mA	Ânodo: P7–TP7 (córtex temporoparietal direito) Cátodo: P8–TP8 (córtex temporoparietal esquerdo)	Melhoria na fluência de leitura e na consciência fonológica após a estimulação.

Fontes: Rios et al., 2018; Heth & Lavidor, 2015; Rahimi et al., 2019; Costanzo et al., 2016a; Costanzo et al. 2016b.

Os resultados dos estudos realizados por Rios *et al.* (2018) indicaram aumento significativo em todas as competências avaliadas, com uma melhoria estimada de 41,7% nos escores obtidos após a aplicação da ETCC, em comparação com os escores anteriores. Além disso, os autores relataram a ocorrência de formigamentos (33,3%) e leves dores de cabeça (25%) como efeitos colaterais durante o decorrer da pesquisa.

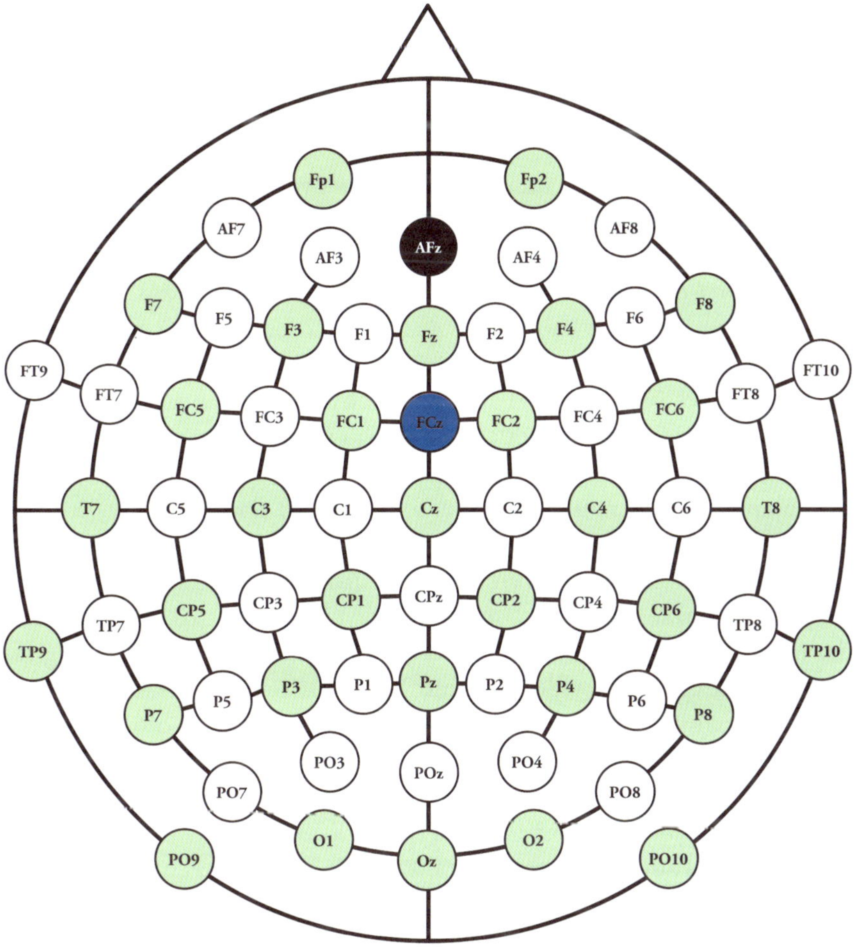

Figura 1: Mapeamento dos eletrodos.
Fonte: Rupasov et al. *(2012).*

Os estudos conduzidos por Costanzo *et al.* (2016) tiveram como finalidade investigar os efeitos da estimulação transcraniana por corrente contínua (ETCC) nas habilidades de leitura em crianças e adolescentes com dislexia. Inicialmente, os participantes foram submetidos a uma série de avaliações neuropsicológicas, incluindo leitura de palavras, leitura sem palavras, leitura de texto, decisão lexical, fusão de fonemas e nomeação automatizada rápida para possibilitar uma comparação posterior à aplicação da ETCC.

Os pacientes foram divididos em três condições distintas de ETCC: (a) estimulação anodal no hemisfério esquerdo e catodal no direito; (b) estimulação anodal no hemisfério direito e catodal no esquerdo; e (c) aplicação placebo com anodal no hemisfério direito e catodal no esquerdo. Os resultados indicaram um aumento significativo na precisão da leitura de textos entre os pacientes que receberam a estimulação anodal esquerda/catodal direita, apresentando redução de erros em comparação ao grupo placebo e à linha de base.

Os autores observaram melhoria significativa e sustentada no grupo experimental que recebeu a ETCC associada a um treinamento de leitura, em comparação ao grupo placebo, que não apresentou alterações relevantes em nenhuma das medidas de leitura avaliadas. Os resultados mostraram progresso contínuo nas habilidades analisadas, uma vez que os testes realizados seis meses após o tratamento revelaram resultados mais significativos do que aqueles obtidos imediatamente após a aplicação da ETCC, evidenciando os efeitos benéficos a longo prazo desse tratamento. Os autores também relataram que os participantes não experienciaram efeitos colaterais significativos durante o tratamento (Costanzo *et al.*, 2016).

Os achados sublinharam a eficácia da ETCC no tratamento de sintomas associados a transtornos de aprendizagem quando aplicada em regiões dos córtices temporal, parietal e visual esquerdo (Rios *et al.*, 2018). A maioria das pesquisas focou no tratamento de pacientes em idade escolar, e alguns estudos conseguiram evidenciar que os benefícios proporcionados pela ETCC se mantiveram por até seis meses após a intervenção, indicando sua viabilidade como ferramenta de reabilitação a longo prazo.

A crescente base de evidências científicas que sustenta a utilização da neuromodulação não invasiva indica que essa abordagem pode proporcionar novas oportunidades para a reabilitação de indivíduos com transtornos de aprendizagem, favorecendo a melhoria de suas capacidades cognitivas e, por conseguinte, a sua qualidade de vida.

Referências

AMERICAN PSYCHIATRIC ASSOCIATION – APA. *Diagnostic and statistical manual of mental disorders*. 5. ed. Washington: APA, 2014.

AMERICAN PSYCHIATRIC ASSOCIATION – APA. *Manual diagnóstico e estatístico de transtornos mentais*: DSM-5. Porto Alegre: Artmed, 2014.

BERRYHILL, M. E.; JONES, K. T. tDCS selectively improves working memory in older adults with more education. *Neuroscience Letters*, v. 521, n. 2, p. 148-151, 2012. Disponível em: doi:10.1016/j.neulet.2012.05.074. Acesso em: 14 abr. 2025.

BRUNONI, A. R.; BOGGIO, P. S.; FREGNI, F. Estimulação elétrica no sistema nervoso central: uma breve revisão histórica. *In*: BRUNONI, A. R.; BOGGIO, P. S.; FREGNI, F. *Neuromodulação terapêutica*: princípios e avanços da estimulação cerebral não invasiva em neurologia, reabilitação, psiquiatria e neuropsicologia. São Paulo: Sarvier, 2012. p. 3-20.

CASTAÑO, J. Bases neurobiológicas del lenguaje y sus alteraciones. *Rev Neurol*, v. 36, n. 8, p. 781-785, 2003. Disponível em: https://doi.org/10.33588/rn.3608.2002206. Acesso em: 14 abr. 2025.

CIASCA, S. M. *Distúrbios de aprendizagem*: proposta de avaliação interdisciplinar. São Paulo: Casa do Psicólogo, 2003.

COSTANZO, F. *et al.* Evidence for reading improvement following tDCS treatment in children and adolescents with dyslexia. *Restorative Neurology and Neuroscience*, v. 34, n. 2, p. 215-226, 2016a. Disponível em: https://doi.org/10.3233/RNN-150561. Acesso em: 14 abr. 2025.

COSTANZO, F. *et al.* Reading changes in children and adolescents with dyslexia after transcranial direct current stimulation. *Neuroreport*, v. 27, n. 5, p. 295-300, 2016b. Disponível em: doi: 10.1097/WNR.0000000000000536. Acesso em: 14 abr. 2025.

CRENITTE, P. A. P. *Dificuldade e transtorno de aprendizagem*. [e-book]. São Paulo: Grupo de Estudos e Pesquisa em Escrita e Leitura, Universidade de São Paulo, 2019. Disponível em: http://www.ptr.poli.usp.br/wp-content/uploads/sites/393/2019/07/Disturbios-Especificos-de-Aprendizagem.pdf. Acesso em: 5 out. 2024.

FREGNI, F. *et al.* A randomized, sham-controlled, proof of principle study of transcranial direct current stimulation for the treatment of pain in fibromyalgia. *Arthritis & Rheumatism: Official Journal of the American College of Rheumatology*, v. 54, n. 12, p. 3988-3998, 2006. Disponível em: https://doi.org/10.1002/art.22195. Acesso em: 14 abr. 2025.

GARDNER, H. *Inteligências múltiplas*: teoria na prática. Porto Alegre: Artmed, 1995.

HETH, I.; LAVIDOR, M. Improved reading measures in adults with dyslexia following transcranial direct current stimulation treatment. *Neuropsychologia*, v. 70, p. 107-113, 2015. Disponível em: https://doi.org/10.1016/j.neuropsychologia.2015.02.022. Acesso em: 14 abr. 2025.

KOLB, D. A. *Experiential learning*: experience as the source of learning and development. Prentice Hall, 1984.

PIAGET, J. *A psicologia da criança*. São Paulo: Martins Fontes, 1972.

POREISZ, C. *et al.* Safety aspects of transcranial direct current stimulation concerning healthy subjects and patients. *Brain Research Bulletin*, v. 72, n. 4-6, p. 208-214, 2007. Disponível em: https://doi.org/10.1016/j.brainresbull.2007.01.004. Acesso em: 14 abr. 2025.

POWELL, K. B.; VOELLER, K. K. S. Prefrontal executive function syndromes in children. *Journal of Child Neurology*, v. 19, p. 785-797, 2004. Disponível em: https://doi.org/10.1177/08830738040190100801. Acesso em: 14 abr. 2025.

RAHIMI, V. *et al.* Modulation of temporal resolution and speech long-latency auditory-evoked potentials by transcranial direct current stimulation in children and adolescents with dyslexia. *Experimental Brain Research*, v. 237, n. 3, p. 873-882, 2019. Disponível em: https://doi.org/10.1007/s00221-019-05471-9. Acesso em: 14 abr. 2025.

RAMUS, F. Neurobiology of dyslexia: a reinterpretation of the data. *Trends in Neurosciences*, v. 27, n. 12, p. 720-726, 2004. Disponível em: doi: 10.1016/j.tins.2004.10.004. Acesso em: 14 abr. 2025.

RIOS, D. M. *et al.* Impact of transcranial direct current stimulation on reading skills of children and adolescents with dyslexia. *Child Neurology Open*, v. 5, 2018. Disponível em: https://doi.org/10.1177/2329048X18798255. Acesso em: 14 abr. 2025.

RUPASOV, V. I. *et al.* Time-dependent statistical and correlation properties of neural signals during handwriting. *PLoS One*, v. 7, n. 9, 2012. Disponível em: https://doi.org/10.1371/journal.pone.0043945. Acesso em: 14 abr. 2025.

SHAYWITZ, S. *Entendendo a dislexia*: um novo e completo programa para todos os níveis de dificuldades de leitura. Trad. V. Figueira. Porto Alegre: Artmed, 2006.

SOFIE, C. A.; RICCIO, C. A. A comparison of multiple methods for the identification of children with reading disabilities. *Journal of Learning Disabilities*, v. 35, n. 3, p. 234-44, 2002. Disponível em: https://doi.org/10.1177/002221940203500. Acesso em: 14 abr. 2025.

TEMPLE, E. *et al.* Neural deficits in children with dyslexia ameliorated by behavioral remediation: evidence from functional MRI. *PNAS*, 2003.

VYGOTSKY, L. S. *A formação social da mente*. São Paulo: Martins Fontes, 1984.

VYGOTSKY, L. S. *A formação social da mente*. São Paulo: Martins Fontes, 2002.

CAPÍTULO 14

Neuromodulação no tratamento de pacientes com dislexia

Este capítulo apresenta a neuromodulação como abordagem no tratamento da dislexia, destacando técnicas como estimulação transcraniana por corrente contínua e neurofeedback, que promovem melhorias em leitura, escrita e funções executivas. Com base em evidências e casos clínicos, reforça a importância de estratégias multidisciplinares centradas no paciente.

Mariana R. Mendonça Chagas
e Thays Milena S. Gonçalves

MARIANA R. MENDONÇA CHAGAS

Psicóloga formada pela Universidade Tiradentes (UNIT) e pós-graduada em Neuropsicologia. Especializou-se pela Neurowork, com expertise em técnicas como Neurofeedback, Biofeedback, tDCS, Fotobiomodulação e tVNS. Sócia administrativa da Clínica Aliança, fundadora do Instituto Benjamim e professora de cursos de pós-graduação. Reconhecida como referência em neuromodulação em Aracaju, Sergipe, promovendo saúde e inovação na neuropsicologia.

Contatos: marianapsicrh@gmail.com
Instagram: @marianarafaela_neuropsicologa
79 99826 6027

THAYS MILENA S. GONÇALVES

Terapeuta especializada em Reabilitação e Estimulação Cognitiva, com formação em Neurofeedback e Biofeedback pela Neurowork. Aplicando técnicas avançadas, promove o desenvolvimento cognitivo e emocional de seus pacientes, sempre investindo em sua formação e inovação na área de neuromodulação e reabilitação cognitiva.

Contatos: thaysreabiliteto@gmail.com
Instagram: @thaysterapeuta_
79 99858 1996

A dislexia é uma condição neurológica que afeta a capacidade de leitura e escrita, manifestando-se de maneiras variadas entre os indivíduos. Caracterizada por dificuldades na precisão e na fluência da leitura, a dislexia frequentemente se associa a desafios na ortografia e na compreensão textual. Embora a dislexia não seja um indicativo de inteligência, seus sintomas podem impactar significativamente o desempenho acadêmico e a autoestima dos indivíduos que a apresentam.

Os sintomas da dislexia geralmente incluem a dificuldade em reconhecer palavras, a lentidão na leitura e a confusão entre letras semelhantes. Essas dificuldades podem se manifestar desde a infância, muitas vezes se tornando evidentes quando as crianças começam a aprender a ler. Além dos aspectos acadêmicos, a dislexia pode causar problemas emocionais e sociais, levando à frustração, à ansiedade e, em alguns casos, ao isolamento social.

A natureza da dislexia está profundamente enraizada em processos cognitivos que envolvem a linguagem, a memória e a atenção. Estudos sugerem que a dislexia está associada a diferenças na estrutura e na função cerebral, especialmente em áreas responsáveis pelo processamento fonológico (associação entre sons e letras) e pela integração de informações visuais e auditivas. Assim, compreender essas características neurobiológicas é crucial para desenvolver intervenções eficazes.

Com o avanço das pesquisas em neurociências e as novas tecnologias de neuromodulação, surgem oportunidades promissoras para complementar os tratamentos tradicionais. A neuromodulação, ao influenciar a atividade cerebral, pode potencialmente facilitar o aprendizado e a habilitação de habilidades linguísticas em indivíduos com dislexia. Este capítulo explora as aplicações da neuromodulação como uma abordagem inovadora no tratamento de pacientes com o transtorno, destacando sua relevância e potencial para transformar a experiência de aprendizagem.

A dislexia é uma dificuldade específica de aprendizagem caracterizada por desafios na leitura, na escrita e, muitas vezes, na ortografia. Compreender suas bases neurológicas é fundamental para desenvolver intervenções eficazes. Nos últimos anos, o neurofeedback tem emergido como uma abordagem promissora para o tratamento desse e outros distúrbios de aprendizagem.

Transtorno específico da aprendizagem: dislexia e discalculia

O **transtorno específico da aprendizagem (TEAp)** é a condição que afeta a capacidade de uma pessoa aprender e desenvolver habilidades acadêmicas em uma área específica, apesar de ter inteligência dentro da média ou superior. Entre as condições mais conhecidas, está a **dislexia**, que é um transtorno relacionado a dificuldades no aprendizado de leitura e escrita.

A **dislexia** é caracterizada por dificuldades persistentes em reconhecer palavras de forma rápida e precisa, associar sons às letras e realizar a decodificação fonológica, que é a habilidade de transformar as letras em sons para ler palavras. Essa dificuldade não está relacionada à falta de inteligência ou ao ambiente de ensino, mas sim a uma forma específica de processamento cerebral.

As pessoas com dislexia têm dificuldades na **fluência de leitura**, na **precisão ortográfica** e na **compreensão textual**. Isso significa que, mesmo com bastante esforço e prática, elas podem levar mais tempo para aprender a ler e escrever corretamente. Essas dificuldades podem afetar o desempenho acadêmico e também a autoestima e a confiança do indivíduo.

A dislexia tem uma base **neurológica** e está relacionada a diferenças na estrutura e no funcionamento de áreas do cérebro envolvidas no processamento da linguagem, especialmente nas regiões **temporais** e **parietais**. No entanto, o transtorno não tem uma causa única e pode variar de pessoa para pessoa podendo ser influenciado por fatores genéticos e ambientais.

O tratamento da dislexia geralmente envolve **estratégias de intervenção educativa,** que buscam compensar as dificuldades em leitura e escrita. O uso de métodos especializados, como **ensino fonológico intensivo**, técnicas de **leitura repetitiva** e o uso de **tecnologias assistivas**, como softwares de leitura e escrita, pode ser muito eficaz. Além disso, a abordagem deve ser individualizada, levando em conta as necessidades de cada aluno.

Embora seja um transtorno de longo prazo, com o suporte adequado, muitas pessoas com dislexia conseguem aprender a ler e escrever de forma competente e têm sucesso em várias áreas da vida. A chave é um diagnóstico precoce e o fornecimento de estratégias adequadas para que a pessoa possa desenvolver suas habilidades cognitivas e acadêmicas de forma eficaz.

Em resumo, a **dislexia** é um transtorno de aprendizagem que afeta a leitura e a escrita devido a dificuldades no processamento fonológico e na integração de informações linguísticas. Apesar das dificuldades, com o suporte certo, as pessoas com dislexia podem superar os desafios e alcançar seu potencial máximo.

Efeitos do neurofeedback na dislexia

O neurofeedback representa uma abordagem inovadora e promissora no tratamento de pessoas com dislexia. Embora os resultados iniciais sejam encorajadores, mais pesquisas são necessárias para entender melhor seus mecanismos, eficácia e aplicabilidade em diferentes contextos. Estudos indicam que o neurofeedback pode trazer benefícios significativos para indivíduos com dislexia, como:

- **Aumento da atenção:** o treinamento pode ajudar a melhorar a atenção e a concentração, que são frequentemente deficitárias em pessoas com dislexia.
- **Melhoria na leitura:** algumas pesquisas mostram que o neurofeedback pode auxiliar na melhoria das habilidades de leitura, ao aumentar a conectividade neural em áreas do cérebro relacionadas à linguagem.
- **Redução da ansiedade:** o neurofeedback pode ajudar a diminuir a ansiedade relacionada à aprendizagem, permitindo que os indivíduos se sintam mais confiantes em suas habilidades.

tDCS no tratamento de pessoas com dislexia

A estimulação transcraniana por corrente direta (tDCS) é uma técnica não invasiva que utiliza correntes elétricas de baixa intensidade para modular a excitabilidade cortical. Os eletrodos são colocados no couro cabeludo, permitindo que a corrente elétrica flua entre eles, influenciando a atividade neuronal. Essa técnica tem sido usada para tratar uma variedade de condições, incluindo depressão, dor crônica e, mais recentemente, dificuldades de aprendizagem, como a dislexia.

Mecanismos de ação da tDCS

A tDCS apresenta-se como uma ferramenta inovadora e promissora no tratamento de dislexia, oferecendo uma nova abordagem para potencializar a aprendizagem. Embora os resultados sejam encorajadores, mais pesquisas são necessárias para otimizar os protocolos de aplicação e entender completamente os mecanismos envolvidos.

A combinação de tDCS com abordagens educacionais tradicionais pode proporcionar um caminho efetivo para melhorar as habilidades de leitura e escrita em indivíduos disléxicos, contribuindo para sua inclusão e sucesso acadêmico.

A técnica pode aumentar ou diminuir a excitabilidade cortical, dependendo da polaridade dos eletrodos. A estimulação anódica (positiva) geralmente aumenta a excitabilidade neuronal, enquanto a estimulação catódica (negativa) tende a inibi-la. Para a dislexia, a aplicação de tDCS pode ajudar a modular áreas específicas do cérebro relacionadas à leitura e à linguagem, como o giro angular e a área de Broca.

Efeitos da tDCS em pacientes com dislexia

Estudos recentes têm investigado o uso da tDCS como complemento às intervenções tradicionais para dislexia. Pesquisas indicam que a estimulação pode levar a melhorias significativas nas habilidades de leitura e escrita em crianças e adultos disléxicos. A aplicação da técnica, especialmente quando combinada com atividades de treinamento de leitura, pode resultar em aumento na velocidade de leitura, compreensão e fluência.

- **Melhora nas habilidades de leitura:** em um estudo realizado por Costanzo *et al.* (2016), a aplicação de tDCS anódica sobre o córtex pré-frontal durante atividades de leitura resultou em melhorias significativas na fluência e na compreensão da leitura em crianças com dislexia.
- **Efeito sustentado:** além dos ganhos imediatos, algumas pesquisas sugerem que os efeitos da tDCS podem se sustentar ao longo do tempo, especialmente quando a estimulação é aplicada em sessões repetidas.
- **Integração com treinamentos:** a combinação da tDCS com métodos de treinamento cognitivo e fonológico parece ser mais eficaz do que o uso isolado de cada abordagem. Isso sugere que a técnica pode funcionar como um facilitador, preparando o cérebro para a aprendizagem de novas habilidades.

Área temporoparietal com neuromodulação

O uso de neurofeedback e estimulação transcraniana de corrente contínua na neuromodulação da área temporoparietal tem se mostrado uma abordagem promissora para o tratamento de pacientes com dislexia, que enfrentam dificuldades na leitura e no processamento fonológico.

A área temporoparietal é crucial para o processamento fonológico, a integração sensorial (visão e audição) e a coordenação de informações linguísticas. Pacientes com dislexia frequentemente apresentam atividade reduzida ou desorganizada nessa região, o que dificulta o reconhecimento e a decodificação de palavras durante a leitura.

Neurofeedback e tDCS na neuromodulação da área temporoparietal

Com base em sinais eletroencefalográficos (EEG), o neurofeedback pode ajudar a **modular a atividade elétrica cerebral** nas áreas específicas envolvidas na leitura e no processamento da linguagem, como a região temporoparietal.

- **Mecanismo de ação:** durante as sessões de neurofeedback, o paciente é treinado para aumentar a atividade nas frequências cerebrais desejadas (por exemplo, ondas betas e alfa) nas áreas responsáveis pelo processamento fonológico e visual.
- **Objetivo:** o objetivo do neurofeedback é aumentar a conectividade e a sincronização entre as regiões temporais e parietais, facilitando o processamento mais eficiente da linguagem escrita e melhorando a decodificação fonológica.
- **Benefícios para a dislexia:** o treinamento com neurofeedback pode melhorar a fluidez de leitura e o desempenho fonológico, ajudando os pacientes a superar os desafios típicos da dislexia, como a dificuldade de mapear sons com letras.

Os benefícios da **tDCS** no mecanismo de ação com baixa intensidade para **modificar a excitabilidade neural** em áreas específicas do cérebro:

- **Objetivo:** a estimulação **anodal** na região temporoparietal pode **aumentar a atividade neuronal** em áreas responsáveis pela decodificação fonológica e pela integração auditiva e visual da linguagem, facilitando o processamento da leitura.
- **Benefícios para a dislexia:** o uso da tDCS na área temporoparietal pode **melhorar a conectividade neural** entre as áreas cerebrais envolvidas na leitura e na compreensão de palavras, resultando em **melhora na fluência e na precisão da leitura**.

Combinação de neurofeedback e tDCS

A combinação dessas duas abordagens – **neurofeedback** e **tDCS** – pode ser particularmente poderosa, pois ambas visam a **modulação da atividade cerebral** nas áreas temporais parietais para otimizar a capacidade de leitura.

O neurofeedback pode ajudar a treinar o paciente a regular sua própria atividade cerebral de forma contínua, enquanto a tDCS pode proporcionar um "impulso" imediato à excitabilidade neuronal nas áreas cerebrais necessárias.

O uso de neurofeedback e tDCS para neuromodulação da **área temporoparietal** oferece uma abordagem inovadora e eficaz para o tratamento de pacientes com dislexia. Essas técnicas podem ajudar a aumentar a conectividade cerebral e otimizar o processamento da linguagem, facilitando a leitura e o processamento fonológico. Embora ainda sejam necessárias mais pesquisas para entender completamente os efeitos a longo prazo, esses métodos estão mostrando resultados promissores na melhoria das habilidades de leitura e no gerenciamento dos sintomas da dislexia.

Estudo de caso

O caso que iremos apresentar neste capítulo se refere a um paciente que começou com avaliação neuropsicológica com encaminhamento psicológico por suspeita de TDAH, autismo e dislexia.

Paciente H. J. S. G., idade de 28 anos, sexo masculino, trabalha como autônomo, nível médio completo, solteiro, sem filhos, mora com a avó. Relata dificuldade em realizar as tarefas do dia a dia, procrastinação, aumento do estresse diário, ansiedade, tristeza, angústia, aumento da irritabilidade, falta de concentração, prejuízo na memória e insônia. Houve duas repetências em sua época escolar – 8º ano do ensino fundamental e 1º ano do Ensino Médio. Realiza trabalhos domésticos. Pratica academia cinco vezes na semana.

As dificuldades cognitivas mais evidentes envolviam questões de **leitura**, sendo que o paciente apresentava **trocas de palavras**, o que dificultava tanto a fluência quanto a compreensão do texto. No que tange à escrita, o paciente apresentava dificuldades relacionadas a **organização das ideias** e **grafia**. Além disso, o quadro de **TDAH** gerava desafios relacionados a atenção sustentada e impulsividade. Os sintomas depressivos leves resultavam em baixa motivação e dificuldades emocionais, afetando seu desempenho geral.

Com relação ao quadro geral, relatou ter "sono leve e muito interrompido" e possuir apetite normal. Não apresentava dificuldades auditivas, apresentava dificuldades visuais – síndrome de Irlen –, não apresentava dificuldades fonoaudiológicas nem dificuldades motoras. Não teve nenhum traumatismo. Não fez ingestão de drogas, usa bebida alcoólica (socialmente).

Conseguia executar as atividades do cotidiano sozinho, gerenciar seu próprio dinheiro e administrava a casa. Não sinalizou ter dificuldade em realizar o AVD. Sentia não haver comprometimento no trabalho e na vida social; sentia que havia alteração do humor e do comportamento – maior irritabilidade. Alegou nunca ter desmaiado, não tinha percepções diferentes e relatou ter consciência de suas dificuldades. Fazia uso dos seguintes medicamentos: Ansitec – ansiedade; Nootropil – atenção e memória –, 800 mg.

Em doenças preexistentes, alegou não ter nenhum problema de saúde. Realizou tomografia sem alteração, fez EEG sem alteração.

Quanto ao histórico familiar, relatou que a tia e o pai têm problema de memória, a avó tem Alzheimer, o pai tem pressão alta, a prima tem depressão, o primo tem dependência química, primos com deficiência mental. No mais, não apresenta histórico familiar de outras doenças.

Paciente possuía diagnóstico fechado de TDAH, TEA, síndrome de Irlen e dislexia. Faz acompanhamento com neurologista, oftalmologista e reabilitação neuropsicológica com uso de neurofeedback e tDCS.

O paciente realizou o exame de mapeamento do neurofeedback em 24 de abril de 2024. Segue o resultado:

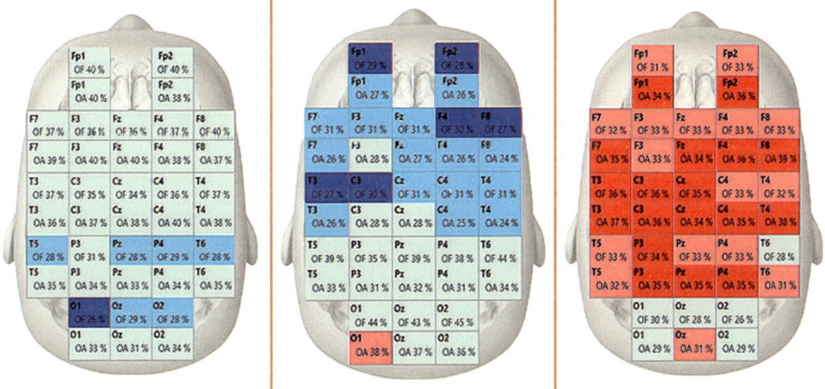

Frequências baixas

Delta – 2 a 4 Hz
Teta – 4 a 8 Hz

Frequências médias

Alfa – 9 a 12 Hz
Beta lento – 13 a 15 Hz

Frequências altas

Beta – 16 a 18 Hz
Beta rápido – 19 a 38 Hz
Gama – 39 a 48 Hz

Figura 1: Visão geral das amplitudes.

Há um predomínio de ondas rápidas (beta, beta rápido e gama) em todo o encéfalo. Essa característica pode estar relacionada com pessoas que tendem a ter pensamento lógico e racional, irritabilidade, ansiedade, baixa resiliência e tendência a comportamento controlador.

Verificou-se que, na região posterior, T3, T4, T5, T6, P3, P4 e Oz apresentam quantidade de beta maior que o esperado, sendo que deve ser investigada a presença de ansiedade elevada, distúrbio do sono, alteração da percepção da imagem e possíveis traumas.

Foi verificado que a razão teta/beta encontra-se abaixo do esperado nas regiões frontal e pré-frontal, como também nas regiões posteriores, o que pode estar relacionado a baixa tolerância ao estresse, sintomas depressivos, ansiedade, inquietude, dificuldade para pegar no sono, dificuldade em manter a função atencional e alterações na função executiva.

Ritmo sensório-motor (SMR)

Os níveis de SMR encontram-se abaixo do esperado, o que está relacionado com dificuldade para iniciar o sono, sono agitado e bruxismo. Também é relacionado com dificuldade em psicomotricidade fina, inquietação, déficit em controle inibitório e distração.

Sítio	Estado	SMR %
C3	Olhos fechados	–
	Olhos abertos	9.9%
	Em atividade	–
C4	Olhos fechados	–
	Olhos abertos	8.8%
	Em atividade	–
CZ	Olhos fechados	–
	Olhos abertos	8.8%
	Em atividade	–

Desbalanceamento nas áreas temporais à direita, com falta de ondas teta e beta lento, contrapondo com excesso de beta rápido e gama. As áreas temporais T3 e T5 são associadas a reconhecimento de palavras e compreensão da linguagem, podendo ser relacionado com a dislexia.

Coerência

Hipercoerência na região frontal, o que pode estar relacionado com inflexibilidade mental, obsessividade e ansiedade. Hipercoerência na região posterior, P3, P4, O1, O2, o que pode estar relacionado com hipersensibilidade, alteração da percepção da imagem e processamento, como também alteração do sono, possível distúrbio do sono.

Intervenções realizadas

O paciente foi submetido a um protocolo de reabilitação neuropsicológica com sessões duas vezes semanais no período de seis meses, incluindo:

- **Neurofeedback:** o uso de neurofeedback foi central para o tratamento, visando melhorar a regulação da atividade cerebral nas áreas responsáveis por **atenção, controle emocional** e **funções executivas**. O protocolo foi ajustado para promover a **autorregulação emocional** (fundamental para o quadro de autismo e depressão leve) e **melhora da atenção**, com especial ênfase na redução da impulsividade e melhoria da concentração.
- **Estimulação transcraniana por corrente contínua (tDCS):** a tDCS foi aplicada para promover a **plasticidade cerebral** e melhorar funções cognitivas, com foco nas áreas relacionadas à **leitura** e **memória de trabalho**. O objetivo da tDCS foi melhorar a **decodificação fonológica**, a **leitura fluente** e a **retenção de informações**, particularmente em tarefas que exigem a manipulação de informações de curto prazo.
- **Reabilitação cognitiva:** o paciente participou de sessões de **treinamento cognitivo** para promover habilidades de **leitura** e **escrita**, com ênfase em **decodificação fonológica, fluência na leitura** e **organização de ideias** na escrita. Além disso, o treinamento incluiu exercícios para melhorar a **memória de trabalho** e a **atenção sustentada**.

Avaliação dos resultados

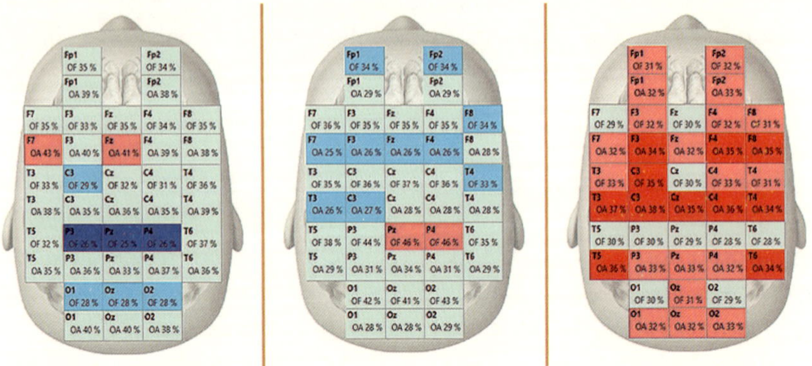

Frequências baixas

Delta – 2 a 4 Hz
Teta – 4 a 8 Hz

Frequências médias

Alfa – 9 a 12 Hz
Beta lento – 13 a 15 Hz

Frequências altas

Beta – 16 a 18 Hz
Beta rápido – 19 a 38 Hz
Gama – 39 a 48 Hz

Figura 2: Visão geral das amplitudes.

H. J. S. G. demonstrou **progresso significativo** nas áreas de **leitura, escrita, memória** e **atenção** ao longo do tratamento. Foi verificado que nas áreas T3, P3, P4 e T6 o paciente apresentou como melhoria redução de ondas rápidas (beta rápido e gama). O mesmo ocorreu em relação às ondas médias alfa e beta lento, sendo que o paciente também obteve melhoras nas regiões pré-frontais e frontais de forma bastante significativa. A combinação de **neuromodulação** (neurofeedback e tDCS) e **reabilitação cognitiva** foi altamente eficaz, especialmente na **eliminação das trocas de palavras** durante a leitura e na melhora de **atenção** e **controle da impulsividade**. O paciente também apresentou avanços na **regulação emocional**, com redução significativa nos sintomas de **depressão leve**.

Leitura e linguagem (dislexia)

- **Trocas de palavras:** o avanço mais notável ocorreu na **fluência da leitura**. O paciente, que anteriormente trocava palavras com frequência (por exemplo, trocando fonemas e sílabas), agora lê de forma **mais precisa e fluente**. Não há mais troca de palavras durante a leitura, o que melhorou consideravelmente a compreensão do texto lido.
- **Compreensão de texto:** a capacidade de **entender** e **interpretar** o conteúdo lido melhorou significativamente. O paciente agora consegue **extrair as informações principais** dos textos lidos com mais clareza, realizando resumos e interpretações mais eficazes.

- **Escrita:** em **organização e grafia**, o paciente mostrou **melhorias consideráveis** na organização de suas ideias ao escrever. As redações e os exercícios escritos apresentam agora um nível de **clareza** e **coerência** maior, com **redução significativa** nos erros de grafia. A estruturação dos textos, embora ainda em processo de evolução, tornou-se mais consistente, e o paciente tem demonstrado **maior confiança** em sua capacidade de escrever.
- **Memória:** o paciente apresentou **melhorias significativas** na **memória de trabalho**, particularmente na capacidade de manter e manipular informações por períodos mais longos. Ele agora consegue realizar tarefas cognitivas mais complexas que exigem **memória de curto prazo** e **atenção sustentada**, com menos erros e maior precisão. O uso de neurofeedback e tDCS contribuiu diretamente para essa melhoria, estimulando áreas cerebrais responsáveis pela **retenção de informações**. O paciente também demonstrou **avanços na memória de longo prazo**, lembrando-se melhor de eventos passados, detalhes importantes de atividades realizadas e conteúdos acadêmicos.
- **Atenção e TDAH – atenção sustentada e controle da impulsividade:** houve **melhora significativa** no controle da **atenção sustentada**, e o paciente se mostrou **menos impulsivo** durante as atividades terapêuticas e acadêmicas. Ele agora consegue manter o foco por períodos mais longos e apresenta menos dificuldades em finalizar tarefas sem distração.
- **Regulação emocional:** o paciente demonstrou **redução nos sintomas de depressão** e **ansiedade**, apresentando maior **motivação** e **autoconfiança**. Ele tem se mostrado mais **engajado** nas atividades diárias e terapêuticas. A autoestima foi significativamente impactada de forma positiva, e o paciente passou a expressar maior **controle sobre suas emoções**.

A continuidade do tratamento, com o acompanhamento das intervenções e ajustes necessários, é recomendada para consolidar os ganhos alcançados e promover o desenvolvimento contínuo de habilidades cognitivas e emocionais.

A neuromodulação vem como uma ferramenta de auxílio na reabilitação neuropsicológica de forma muito promissora no tratamento de paciente com o diagnóstico de dislexia. Embora os resultados sejam promissores, é importante considerar que a pesquisa sobre tDCS e neurofeedback no tratamento da dislexia ainda está em suas fases iniciais. Existem várias questões a serem abordadas; por exemplo, a determinação de parâmetros ideais (intensidade, duração e frequência) para a aplicação do aparelhos em pacientes disléxicos ainda não é clara. A resposta à tDCS e ao neurofeedback pode variar entre os indivíduos, o que torna essencial a personalização do protocolo de aplicação padronizado para cada paciente, com base nas queixas do paciente.

Referências

BAIA JUNIOR, W. C.; SILVA, M. R.; SOUSA, D. S.; LINHARES, M. N. Efeitos do neurofeedback em transtornos neurocognitivos e psiquiátricos em adultos tratados cirurgicamente por tumor cerebral. *JBNC – Jornal Brasileiro de Neurocirurgia*, v. 27, n. 2, p. 143-148, 2019.

BÄUML, J. G.; PLOETZ, T. The impact of neurofeedback training on reading ability in children with dyslexia. *Journal of Cognitive Enhancement*, v. 1, n. 1, p. 72-82, 2016.

FREGNI, F.; PASCUAL-LEONE, A. Technology insight: noninvasive brain stimulation in neurology – the future is now. *Nature Reviews Neurology*, v. 3, n. 9, p. 553-559, 2007.

HOVENS, J. E.; SCHOUTEN, A. The effect of neurofeedback training on the reading skills of children with dyslexia: a randomized controlled trial. *Frontiers in Human Neuroscience*, v. 9, 2015.

KRAUSE, B.; COHEN KADOSH, R. Efficacy and safety of transcranial electrical stimulation in neuropsychiatric disorders: a systematic review. *Biological Psychiatry*, v. 73, n. 7, p. 538-545, 2013.

MOTA, L. M. Q. P. *Avaliação do transtorno do déficit de atenção com hiperatividade*: análise das funções executivas entre gêneros a partir do treino de neurofeedback. 2022. Trabalho de Conclusão de Curso (Graduação em Psicologia) – Centro Universitário Christus, Fortaleza, 2022.

SCHNEIDER, M.; HOHNE, C. The effects of transcranial direct current stimulation on reading and phonological awareness in children with dyslexia: a randomized controlled trial. *Brain Stimulation*, v. 11, n. 6, p. 1250-1257, 2020.

CAPÍTULO 15

Neuromodulação no transtorno do desenvolvimento intelectual e desenvolvimento cognitivo

Este estudo aborda a neuromodulação no transtorno do desenvolvimento intelectual. Explora os principais aspectos da neuromodulação e sua aplicação terapêutica, com ênfase na neuroplasticidade – a capacidade do cérebro de se adaptar a estímulos. Técnicas não invasivas de neuromodulação são investigadas como alternativas no tratamento dessa condição, destacando seu potencial para melhorar o desenvolvimento cognitivo e a qualidade de vida dos indivíduos.

Kely Piccoli

KELY PICCOLI

Graduada em Pedagogia pela Universidade de Passo Fundo. Especialização em Neuropsicopedagogia Clínica e Institucional, Psicopedagogia Clínica e Institucional, Intervenção no Autismo (Modelos Denver e ABA), Psicologia Educacional, Educação Especial, entre outras áreas. Pós-graduada em Terapia Cognitivo-comportamental, Transtornos Neurocognitivos, Educação Infantil e Neurociência e Aprendizagem. Dez anos de experiência em atendimentos clínicos a crianças e adultos com transtornos globais do desenvolvimento.

Contatos: kely.piccoli@hotmail.com
Instagram: @kelypiccoli
54 99606 3723

A neuromodulação tem se mostrado promissora como tratamento adjunto para distúrbios do neurodesenvolvimento, como, por exemplo, o transtorno do desenvolvimento intelectual (TDI), o transtorno do espectro autista (TEA) e o transtorno do déficit de atenção com hiperatividade (TDAH).

De forma ampla, pode-se dizer que **neuromodulação** refere-se a qualquer técnica capaz de modificar a atividade do sistema nervoso central ou periférico, estimulando ou inibindo o seu funcionamento. As técnicas de neuromodulação podem ser invasivas ou não invasivas, sendo que aqui serão explanadas as não invasivas e como elas colaboram no tratamento do TDI.

O transtorno do desenvolvimento intelectual, anteriormente conhecido como deficiência intelectual, é caracterizado por limitações significativas no funcionamento intelectual e no comportamento adaptativo. Essas limitações afetam habilidades conceituais, sociais e práticas, manifestando-se durante o período de desenvolvimento. Esse transtorno impacta a capacidade do indivíduo de funcionar de forma independente e de cumprir responsabilidades sociais adequadas à sua idade e seu contexto cultural.

Critérios diagnósticos do DSM-5-TR para transtorno do desenvolvimento intelectual

Os critérios diagnósticos para o TDI, conforme descritos no DSM-5-TR, incluem:

Critério A: deficiências nas funções intelectuais

- Envolve dificuldades de raciocínio, solução de problemas, planejamento, pensamento abstrato, julgamento, aprendizado acadêmico e aprendizado pela experiência.
- Essas dificuldades devem ser confirmadas tanto por avaliação clínica quanto por testes de inteligência padronizados individualmente.

Critério B: deficiências no comportamento adaptativo

- Refere-se a falhas no desenvolvimento de habilidades adaptativas que resultam em incapacidade de alcançar padrões de desenvolvimento e socioculturais para independência pessoal e responsabilidade social.
- As limitações de funcionamento adaptativo devem ser evidentes em um ou mais dos seguintes domínios:
  - **Conceitual (acadêmico)**: inclui linguagem, leitura, escrita, matemática, raciocínio, conhecimento e memória.
  - **Social**: envolve consciência interpessoal, comunicação interpessoal, habilidades sociais e capacidade de estabelecer amizades.
  - **Prático**: abrange autocuidado, responsabilidades ocupacionais, manejo de dinheiro, recreação, organização escolar e habilidades de trabalho.

Critério C: início durante o período de desenvolvimento

- Os déficits intelectuais e adaptativos devem ter início durante o período de desenvolvimento.

Avaliação e diagnóstico

O diagnóstico do transtorno do desenvolvimento intelectual é baseado em uma avaliação abrangente que inclui:

- **Testes padronizados de inteligência:** para medir o funcionamento intelectual.
- **Avaliação do comportamento adaptativo:** usando medidas padronizadas que consideram o desempenho do indivíduo em comparação com seus pares de mesma idade e contexto cultural.
- **Histórico clínico:** inclui informações sobre o desenvolvimento, históricos médico, educacional e social do indivíduo.

Considerações adicionais

- **Gravidade:** o DSM-5-TR classifica a gravidade do transtorno (leve, moderada, grave ou profunda) com base no nível de suporte necessário para o funcionamento adaptativo, e não apenas nos escores de QI.
- **Comorbidades:** é comum que indivíduos com TDI apresentem outras condições médicas ou de saúde mental, como transtornos de humor, ansiedade e epilepsia.

Impactos do TDI na vida diária

O transtorno do desenvolvimento intelectual tem impacto significativo e abrangente na vida diária dos indivíduos afetados. Esses impactos se manifestam em várias áreas da vida, influenciando a capacidade de uma pessoa de funcionar de forma independente e de se integrar plenamente na sociedade. A seguir, exploramos como o TDI pode afetar diferentes aspectos da vida cotidiana:

1. Educação e aprendizado

Indivíduos com TDI frequentemente enfrentam desafios significativos no ambiente educacional. As dificuldades em habilidades conceituais, como leitura, escrita e matemática, podem levar a um desempenho acadêmico abaixo da média. Esses desafios exigem adaptações curriculares e estratégias de ensino especializadas para facilitar o aprendizado. A presença de professores treinados em educação especial e o uso de tecnologias assistivas podem melhorar a experiência educacional e promover o desenvolvimento de habilidades.

2. Habilidades sociais e relacionamentos

O TDI pode afetar a capacidade de estabelecer e manter relacionamentos interpessoais. Indivíduos com esse transtorno podem ter dificuldades em interpretar sinais sociais, o que pode levar a mal-entendidos e isolamento social. As habilidades de comunicação podem ser limitadas, tornando desafiador expressar pensamentos e emoções de maneira eficaz. Programas de treinamento social e intervenções terapêuticas podem ajudar a melhorar as interações sociais e a construção de relacionamentos saudáveis.

3. Vida diária e autonomia

As limitações em habilidades práticas afetam a capacidade de um indivíduo de realizar atividades diárias de forma independente. Isso inclui tarefas como cuidar da higiene pessoal, gerenciar dinheiro, preparar refeições e utilizar transporte público. A necessidade de suporte varia de acordo com a gravidade do TDI, com alguns indivíduos necessitando de assistência contínua, enquanto outros podem alcançar maior autonomia com treinamento adequado e suporte adaptativo.

4. Emprego e participação na comunidade

O acesso ao emprego e à participação comunitária podem ser limitados para indivíduos com TDI devido a barreiras cognitivas e sociais. No entanto, com suporte adequado, muitos podem encontrar oportunidades de trabalho em ambientes inclusivos que valorizem suas habilidades únicas. A participação em programas de treinamento vocacional e a colaboração com empregadores para criar ambientes de trabalho adaptados podem melhorar as oportunidades de emprego.

5. Saúde mental e bem-estar

Indivíduos com TDI são frequentemente mais vulneráveis a problemas de saúde mental, como ansiedade e depressão, devido às dificuldades enfrentadas em sua vida diária. O suporte emocional e psicológico é crucial para promover o bem-estar mental. Intervenções terapêuticas, como a terapia cognitivo-comportamental, podem ser adaptadas para atender às necessidades específicas dessa população.

6. Suporte familiar e rede de apoio

As famílias de indivíduos com TDI desempenham um papel fundamental no apoio ao desenvolvimento e ao bem-estar. O acesso a recursos comunitários, grupos de apoio e serviços de alívio pode amenizar o fardo dos cuidadores e melhorar a qualidade de vida para toda a família.

O transtorno do desenvolvimento intelectual apresenta uma série de desafios que afetam quase todas as áreas da vida diária. No entanto, com intervenções adequadas, suporte contínuo e um ambiente inclusivo, indivíduos com TDI podem alcançar uma vida plena e gratificante. O foco em suas habilidades e potencialidades, em vez de limitações, é essencial para promover a inclusão e a participação ativa na sociedade.

Neuromodulação como possibilidade

A neuromodulação emerge como uma abordagem promissora para complementar o atendimento de pessoas com TDI, oferecendo novas possibilidades para o aprimoramento cognitivo e comportamental. Técnicas como o neurofeedback, a estimulação transcraniana por corrente contínua (tDCS), a estimulação do nervo vago e a fotobiomodulação transcraniana são intervenções não invasivas que visam regular a atividade cerebral e promover a neuroplasticidade. O neurofeedback, por exemplo, permite que os indivíduos aprendam a autorregular suas ondas cerebrais, potencialmente melhorando a atenção e a memória. Já a tDCS pode facilitar a aprendizagem e a memória ao aplicar correntes elétricas leves no cérebro, enquanto a estimulação do nervo vago e a fotobiomodulação transcraniana têm mostrado potencial em modular redes neurais associadas a funções cognitivas e emocionais.

Integrar essas técnicas de neuromodulação no plano de atendimento para indivíduos com TDI pode oferecer benefícios significativos, especialmente quando combinadas com intervenções educacionais e terapêuticas tradicionais. Ao abordarem diretamente a atividade cerebral, essas intervenções têm o potencial de melhorar o funcionamento cognitivo e adaptativo, promovendo maior autonomia e qualidade de vida. Além disso, a natureza não invasiva dessas técnicas as torna uma opção viável e segura para complementar estratégias de tratamento existentes, permitindo que profissionais de saúde e educação personalizem abordagens baseadas nas necessidades e capacidades individuais de cada pessoa com TDI.

A história da neuromodulação

Segundo Priori (2003), os primeiros relatos sobre o uso de corrente elétrica para fins terapêuticos por cientistas da área da saúde datam de 43 a 48 d.C. Nesse período, médicos perceberam que, ao aplicar descargas geradas por peixes-elétricos posicionados ao redor da cabeça dos pacientes, era possível induzir um efeito anestésico, aliviando dores e mal-estar.

A partir desses estudos, outros avanços foram registrados. Entre os principais cientistas envolvidos estão Luigi Galvani, que descobriu e deu nome à corrente galvânica, e Alessandro Volta, que desenvolveu a pilha voltaica. Volta também percebeu que estímulos elétricos com diferentes durações podiam provocar diversas reações fisiológicas, inclusive em pessoas com transtornos mentais.

De acordo com os estudos de Boggio (2006), foram desenvolvidas técnicas como terapia eletroconvulsiva, criada por Bini e Cerletti, na Universidade de Roma. No entanto, essa técnica induzia a crises convulsivas nos pacientes, o que gerava riscos à saúde, levando ao abandono gradual de seu uso.

Com base nessas descobertas científicas, muitas pesquisas passaram a explorar a técnica inovadora de estimulação cerebral com o objetivo de entender os efeitos benéficos para a saúde humana, especialmente no tratamento de distúrbios neurológicos, como após um acidente vascular cerebral, em crises de depressão ou de dor crônica e no caso da doença de Parkinson. Os resultados obtidos não apenas demonstraram a eficácia clínica e terapêutica da técnica, mas também sugeriram melhorias em desempenho físico, modulação do controle autonômico cardíaco e da pressão arterial, controle do apetite, redução da dor muscular tardia, entre outros aspectos.

Conceitos da neurociência aplicáveis ao desenvolvimento cognitivo e ao TDI

A neurociência oferece importantes conceitos aplicáveis ao desenvolvimento cognitivo e à compreensão do TDI. De acordo com Ribeiro *et al.* (2024, p. 84), "a neurociência tem se mostrado uma área promissora para a compreensão dos mecanismos envolvidos no aprendizado, na memória, nas emoções, na tomada de decisões e em outros processos cognitivos". Conforme explicam Castro, Boueri & Ferreira (2023), o conceito de TDI e as abordagens direcionadas ao enfrentamento sofrem constante atualização, modificando o sentido e a aplicabilidade. Nessa perspectiva, destacam a importância da compreensão dos aspectos teóricos para articulação de estratégias a serem utilizadas junto a pessoas com TDI. Segundo os referidos autores, existe uma significativa mudança na abordagem realizada no Brasil nos últimos anos, quando houve evolução de um modelo médico que considerava apenas a patologia, para a utilização de um modelo social que valoriza as potencialidades do sujeito portador de TDI. Para Castro, Boueri & Ferreira (2023, p. 233), essa mudança de abordagem exige a ampliação de "estudos acerca dos Paradigmas de Apoio, da abordagem integrativa e das práticas baseadas em evidências".

Conforme a American Association on Intellectual and Developmental Disabilities (AAIDD), o funcionamento individual é resultante da interação de apoios com as cinco dimensões: habilidades intelectuais, comportamento adaptativo, saúde, participação e contexto. Consoante apontam Castro, Boueri & Ferreira (2023, p. 233), "o conceito atribuído à AAIDD influencia muitos pesquisadores e as políticas públicas atualmente vigentes no Brasil e no mundo".

Fonseca, Freitas & Oliveira (2022, p. 434) inferem que a abordagem atual do TDI supera abordagens ultrapassadas, que avaliavam os indivíduos pelos déficits, e propõe uma avaliação a partir das necessidades de apoio. Tal compreensão, tendo em vista os autores, "traz implicações significativas tanto no planejamento de estratégias quanto na melhora do desempenho em atividades da vida diária".

Desse modo, é importante destacar que o TDI deve ser amplamente discutido no contexto da educação institucionalizada, na qual, oficialmente, acontecem os processos de ensino e aprendizagem. Evidentemente, tais processos também ocorrem de forma não institucionalizada; contudo, é na escola que esse processo deve ser desencadeado com eficácia.

As abordagens devem ser variadas, não se limitando a cognitivas ou comportamentais. Lesões cerebrais são verificadas em indivíduos com transtorno do déficit intelectual, de modo que o conhecimento acerca do mecanismo de ação de uma doença neurológica representa importante contributo na escolha de intervenções adequadas (Souza & Gomes, 2015, *apud* Grossi, 2018).

O cérebro possui a importante habilidade de se modificar e se adaptar de acordo com as experiências vivenciadas; conforme a teoria que embasa o estudo mencionado, ocorre reestruturação nas redes neurais e nas conexões sinápticas provocadas pelo meio ambiente, o que pressupõe que a plasticidade cerebral conduz o indivíduo à aprendizagem (Grossi, 2018). Em conclusão ao estudo, verificou-se que a maioria dos sujeitos participantes, embora não tenham o conhecimento formal sobre a neurociência, seguem os critérios dessa ciência, demonstrando consciência das limitações e potencialidades dos alunos com TDI, utilizando estratégias diferentes de estímulo às aprendizagens. Tais estratégias, de acordo com a abordagem apresentada, necessitam ser diferenciadas, adaptadas às necessidades individuais, a fim de garantir o processo de inclusão.

Nesse sentido, entram as diversas técnicas de neuromodulação e suas possibilidades de entendimento e intervenção individualizada.

Técnicas de neuromodulação

Neuromodulação não invasiva refere-se a um conjunto de técnicas que utilizam estímulos externos para influenciar a atividade cerebral. Esse tipo de neuromodulação é projetado para regular a excitabilidade cortical e promover a neuroplasticidade, sendo aplicado na reabilitação de indivíduos com diversos tipos de disfunções cerebrais e para aprimoramento de funções cognitivas.

A escolha das áreas que serão estimuladas se relaciona com o funcionamento cerebral. A imagem a seguir é uma representação do cérebro humano, destacando áreas específicas associadas a funções cognitivas e linguísticas. A legenda indica diferentes regiões do córtex cerebral e suas funções principais, relacionadas principalmente com processamento de linguagem, conceitos e funções associadas ao pensamento e à comunicação.

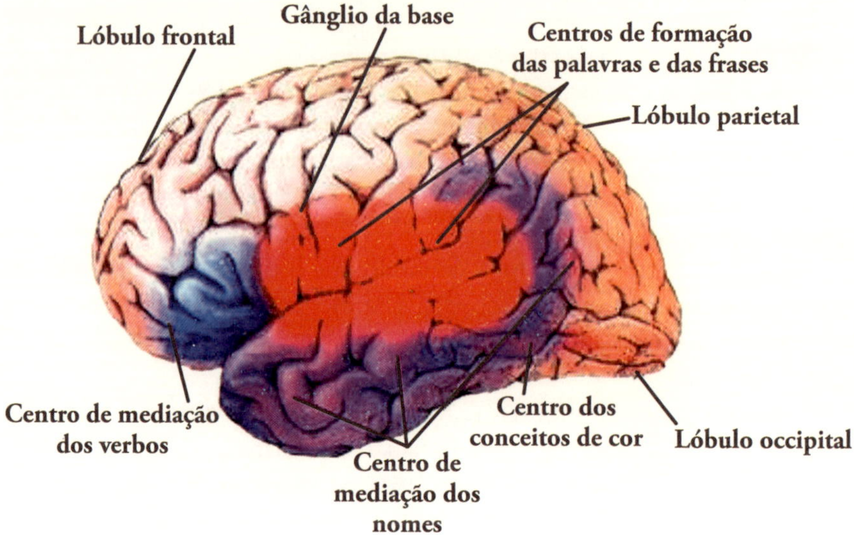

Figura 1.

Fonte: Oliveira, 2021.

As principais áreas e suas funções indicadas na imagem são:

- **Lóbulo frontal:** responsável por planejamento, raciocínio, controle motor e funções executivas.
- **Lóbulo parietal:** relacionado à percepção sensorial, como toque e integração de informações sensoriais.
- **Lóbulo occipital:** área primária associada ao processamento visual.
- **Gânglio da base:** associado a controle motor, aprendizado de habilidades e coordenação.
- **Centros de mediação dos verbos e dos nomes:** áreas específicas que processam aspectos da linguagem, como formação e compreensão de palavras.
- **Centro dos conceitos de cor:** relacionado ao reconhecimento e ao processamento de cores.
- **Centros de formação das palavras e frases:** áreas envolvidas na produção e articulação de palavras e na construção de frases.

Desenvolvimento cognitivo, deficiência intelectual e neuromodulação: interlocuções

Levando em conta os impactos do TDI na vida do sujeito e os conhecimentos trazidos pela neurociência, principalmente do funcionamento cerebral, podem-se elencar técnicas neuromodulatórias que visam personalizar o atendimento.

Oliveira (2021) conceitua que algumas ferramentas podem ser utilizadas para auxiliar a atividade das áreas envolvidas com linguagem, memória, atenção e regulação emocional, como é o caso da neuromodulação não invasiva.

A lista a seguir, elaborada por Prasad (2024), discorre sobre as diversas técnicas de neuromodulação aplicadas nos transtornos de neurodesenvolvimento:

- **Estimulação Transcraniana por Corrente Contínua (tDCS):** técnica não invasiva que permite a modulação reversível da atividade em regiões específicas do cérebro, atuando no equilíbrio entre a atividade neural excitatória e inibitória.
- **Fotobiomodulação (PBM):** também conhecida como terapia de baixa intensidade, envolve a aplicação de luz laser ou de diodos emissores de luz para tratar vários distúrbios, mostrando potencial no aprimoramento cognitivo e em condições como as doenças de Alzheimer e Parkinson.
- **Neurofeedback (NFT):** método não invasivo que monitora as ondas cerebrais de um paciente e fornece feedback em tempo real sobre o funcionamento do cérebro, ajudando a tratar condições decorrentes de padrões anormais de ondas cerebrais.
- **Estimulação do nervo vago:** a estimulação transcutânea do nervo vago (tVNS) é uma técnica não invasiva que visa estimular o nervo vago através da pele, geralmente na região da orelha ou região cervical, onde uma ramificação do nervo vago é mais superficialmente acessível. Ao contrário da estimulação do nervo vago tradicional, que requer procedimento cirúrgico para implantar um dispositivo, a tVNS utiliza eletrodos aplicados externamente, tornando-a uma opção mais acessível e segura para uma ampla gama de indivíduos.

Com base em estudo mediado por pesquisa bibliográfica, Ribeiro *et al.* (2024) constatam que técnicas de neuromodulação estão sendo cada vez mais utilizadas por profissionais da saúde e educação para modular o funcionamento cerebral, apresentando amplas aplicações, como melhorias na regulação emocional, memória, desempenho motor e capacidade de resolução de problemas. Além disso, de acordo com os dados apresentados pelo referido autor, constata-se interesse no uso de técnicas de neuromodulação para tratar o transtorno depressivo maior (TDM) e para favorecer a regulação emocional.

Conclusão

Entender como o cérebro funciona e suas implicações no comportamento humano é essencial para considerarmos as influências no desenvolvimento de indivíduos e organizações. Nesse contexto, a neurociência revela-se uma área promissora para a investigação dos mecanismos, já que é uma técnica de intervenção não invasiva e eficaz para promover alto desempenho.

Destaca-se a plasticidade cerebral como capacidade do cérebro como um dos pilares centrais, imprescindível à sua reorganização em resposta a estímulos ambientais e experiências. Além disso, estudos neurocientíficos revelam o papel crucial das conexões sinápticas na formação de habilidades cognitivas como atenção, memória e resolução de problemas. No contexto da deficiência intelectual, compreender os processos neuronais referentes às limitações cognitivas permite o desenvolvimento de intervenções eficientes que promovam o aprendizado por meio de abordagens multissensoriais e reforço positivo.

A neuromodulação, por sua vez, é apresentada, neste estudo como uma possibilidade no enfrentamento do TDI, destacando-se como uma técnica de intervenção não invasiva e eficaz para promover a qualidade de vida e melhorar o desempenho cognitivo. Conclui-se, com o presente estudo, que é necessário quebrar preconceitos antigos derivados de uma visão conservadora, entendendo que a técnica vem evoluindo e se faz necessária em diversas patologias de origem neurológica. Por fim, destaca-se a necessidade de ampliação de estudos na utilização da neuromodulação no enfrentamento da TDI.

Referências

BOGGIO P. S. *Efeitos da estimulação transcraniana por corrente contínua sobre memória operacional e controle motor*. 2007. Tese (Doutorado) – Instituto de Psicologia, Universidade de São Paulo, São Paulo, 2007.

AMERICAN ASSOCIATION ON INTELLECTUAL AND DEVELOPMENTAL DISABILITIES – AAIDD. *Intellectual disability*: definition, diagnosis, classification, and systems of supports. 12. ed. Silver Spring, MD: American Association on Intellectual and Developmental Disabilities, 2021.

BRUNONI, A. R. *Tratamento do transtorno depressivo maior com estimulação transcraniana por corrente contínua*: ensaio clínico aleatorizado, duplo cego, fatorial. 2012. Tese (Doutorado) – Programa de Pós-Graduação em Psicologia, Instituto de Psicologia da Universidade de São Paulo, 2012. Disponível em: https://repositorio.usp.br/item/002321028. Acesso em: 15 abr. 2025.

CASTRO, S. F.; BOUERI, I. Z.; FERREIRA, K. D. A. Deficiência intelectual: atualização do conceito, formação e práticas pedagógicas. *International Journal of Developmental and Educational Psychology*, v. 2, n. 1, p. 231-240, 2023. Disponível em: https://revista.infad.eu/index.php/IJODAEP/article/view/2512/2151. Acesso em: 15 abr. 2025.

DIAS, F. M. V. *et al.* Neuromodulação não-invasiva: uma revisão narrativa sobre aplicabilidade clínica, acesso ao tratamento e direções futuras. *Revista Brasileira de Pesquisa em Saúde*, v. 26, n. 1, 2024. Disponível em: https://periodicos.ufes.br/rbps/article/download/46477/32029/165136. Acesso em: 15 abr. 2025.

FONSECA, A.; FREITAS, L.; OLIVEIRA, M. Formas de avaliação e de intervenção com pessoas com deficiência intelectual nas escolas. *Revista Brasileira de Educação Especial*, v. 28, n. 3, p. 433-452, 2022. Disponível em: https://doi.org/10.1590/1980-54702022v28e0032. Acesso em: 15 abr. 2025.

FREGNI, F.; MARCOLIN, M. A. O retorno da estimulação cerebral na terapêutica dos transtornos neuropsiquiátricos: o papel da estimulação magnética transcraniana na prática clínica. *Revista de Psiquiatria Clínica*, v. 31, n. 5; p. 221-230, 2004. Disponível em: https://www.scielo.br/j/rpc/a/tZ8YfGQFmSWbL5Kd3CHYSnM/?format=pdf&lang=pt. Acesso em: 15 abr. 2025.

GROSSI, M. G. R. Neurociência e aprendizagem de pessoas com deficiência intelectual: um estudo de caso. *Vertices*, v. 20, n. 1, 2018. Disponível em: doi: https://doi.org/10.19180/1809-2667.v20n12018p120-134. Acesso em: 15 abr. 2025.

GROSSI, M. G. R.; LOPES, A. M.; COUTO, P. A. A neurociência na formação de professores: um estudo da realidade brasileira. *Revista da FAEEBA – Educação e Contemporaneidade*, v. 23, n. 41, p. 27–40, 2014. Disponível em: doi: https://doi.org/10.21879/faeeba2358-0194.2014.v23.n41.p%25p. Acesso em: 15 abr. 2025.

GUIMARÃES, R. Neuromodulação e neuroplasticidade. Dra. Rachel Guimarães, 13 mar. 2023. Disponível em: https://www.rachelguimaraes.com.br/post/neuromodulação-e-neuroplasticidade. Acesso em: 15 abr. 2025.

INSTITUTO DE PSIQUIATRIA DO PARANÁ – IPPr. Neuromodulação: o que é? Como funciona? [n.d.]. Disponível em: https://institutodepsiquiatriapr.com.br/blog/neuromodulacao-o-que-e-como-funciona/. Acesso em: 15 abr. 2025.

OLIVEIRA, R. Neuromodulação, aprendizagem e processamento da linguagem da infância à vida adulta. Brain Support, 2021. Disponível em: https://brainlatam.com/blog/neuromodulacao-aprendizagem-e-processamento-da-linguagem-da-infancia-a-vida-adulta-2924. Acesso em: 15 abr. 2025.

PRASAD B. V.; PATIL, V.; SONY, K. K. Neurodevelopmental disorders: role of non-invasive neuromodulation therapies. *Annals of Neurosciences*, v. 31, n. 2, p. 77-79, 2024.

PRIORI, A. Polarization in humans: a reappraisal of an old tool for prolonged non-invasive modulation of brain excitability. *Clinical Neurophysiology*, v. 114, n. 6, p. 924-930, 2003.

RIBEIRO, D. C. *et al.* Contribuições da neuromodulação para o desenvolvimento pessoal e profissional. *Revista Científica da UNIFENAS*, v. 6, n. 2, 2024. Disponível em: https://revistas.unifenas.br/index.php/revistaunifenas/article/view/952. Acesso em: 15 abr. 2025.

SOCIEDADE BRASILEIRA DE NEUROMODULAÇÃO. Principais dúvidas sobre a neuromodulação: Saiba mais! 9 nov. 2020. Disponível em: https://www.sbnm.com.br/2020/11/09/principais-duvidas-sobre-neuromodulacao/. Acesso em: 14 abr. 2025.

SOUZA, M. C.; GOMES, C. Neurociência e o déficit intelectual: aportes para a ação pedagógica. *Revista Psicopedagogia*, v. 32, n. 97, p. 104-114, 2015. Disponível em: https://pepsic.bvsalud.org/pdf/psicoped/v32n97/11.pdf. Acesso em: 15 abr. 2025.

CAPÍTULO 16

Perspectivas futuras na neuromodulação e na educação

O capítulo aborda a importância e a forma como a neurociência pode transformar a educação, utilizando a neuromodulação para ajudar alunos com dificuldades de aprendizagem e saúde mental. Com metodologias personalizadas, é possível atender melhor às necessidades cognitivas e emocionais dos estudantes. O neurofeedback é destaque, ajudando na memória, na cognição e no equilíbrio emocional, favorecendo o aprendizado.

Daniela Rech e Léia Flauzina

DANIELA RECH

Pedagoga habilitada em Educação Inclusiva. Licenciada em Ciências Biológicas. Especialista em Psicopedagogia Clínica e Institucional e Educação Inclusiva, com ênfase em Deficiência Intelectual, Física e Psicomotora, pela FAMEESP. Especialista em Metodologia de Ensino de Ciências, Neuropsicopedagogia, Neurociência e Aprendizagem. Selo aplicadora indicada pela Academia do Autismo. Cursos de extensão nas áreas de aprendizagem e neurodesenvolvimento. Docente e palestrante nas áreas de educação inclusiva e inclusão no mercado de trabalho. Formação em Neurofeedback e tDCS pela Neurowork. Escritora. Coautora dos livros *Autismo, uma maneira diferente de ser* e *Neuromodulação não invasiva: da teoria à prática clínica*. Atua como neuropsicopedagoga clínica.

Contatos: danirechpsico@gmail.com
Instagram: @danirechpsico
48 99210 9986

LÉIA FLAUZINA

Graduada em Pedagogia pela Universidade Castelo Branco. Pós-graduada em Psicopedagogia pela Universidade Estácio de Sá, Neuropsicopedagogia com ênfase em Educação Inclusiva e Especial, Educação Infantil, Neurociência e Aprendizagem pela Universidade Cândido Mendes, Psicomotricidade e Arteterapia pelo Instituto Sinapses. Pós em TEA e Neuropsicopedagogia Clínica pelo Instituto Marins e em ABA pelo Centro Universitário Única. Mestre em Educação pela Universidade Columbia. Terapeuta de neuromodulação – neurofeedback, estimulação transcraniana e HEG (hemoencelografia). Escritora e palestrante. Atua como psicopedagoga e neuropsicopedagoga em consultório no Rio de Janeiro, com ênfase em dificuldades e transtornos de aprendizagem.

Contatos: leia.flauzina@gmail.com
Instagram: @leiaflauzina
21 99746 5562

Breve histórico da educação mundial

A educação é um tema vasto e de grande complexidade, que envolve diversos aspectos da sociedade e, para compreendermos sua importância no contexto social, exige-se uma reflexão histórica de sua evolução. No período da pré-história, a educação teria começado de maneira intuitiva e natural, com as crianças aprendendo com os mais velhos por meio da observação. Em algum momento da história, o ser humano percebeu que poderia transmitir conhecimento a outro ser humano. O aprendizado nessa época era concentrado nas necessidades do momento. Na pré-história, essas necessidades focavam em atividades de sobrevivência, como a caça e a pesca, por exemplo. Aprendia-se observando e fazendo, e o aprendizado era para todos. Percebe-se que, na Grécia Antiga, a questão da formação dos indivíduos já era valorizada como um meio de desenvolver a mente e o seu caráter moral. Por isso, vários filósofos da época se dedicavam à construção de teorias educacionais interligadas com reflexões a respeito do conhecimento, da ética e da cidadania. Os cidadãos adquiriam conhecimentos condizentes com os interesses da sociedade em que viviam, aprendendo conteúdos como oratória, retórica, filosofia, artes e literatura. O ensino ajudava os estudantes a se prepararem para a vida política, que era o grande mote das sociedades greco-romanas. Nesse pensamento, Sócrates e Platão acreditavam que o conhecimento era necessário aos indivíduos, e que o papel do educador era ajudar a descobrir esse conhecimento. Na Grécia e na Roma Antigas, os homens livres dispunham de muito tempo ocioso e, com o objetivo de ocupá-lo, criou-se uma instituição que conhecemos até hoje: a escola. O surgimento da propriedade privada mudou as relações entre os homens, e começaram a aparecer as classes sociais e a escravidão. Para os escravos, porém, o aprendizado continuava ocorrendo de maneira informal. A escola nesse período não era para todos. A perspectiva sobre a educação é ilustrada por uma colocação de Sócrates no *VII Livro da República de Platão*: "quanto a mim, a minha opinião é esta: no mundo inteligível, a ideia do bem é a última a ser apreendida e com dificuldade, mas não se pode apreendê-la sem concluir que ela é a causa de tudo o que de reto e belo existe em todas as coisas" (Platão, 2012, p. 235). Perspectiva significa ao mesmo tempo enfoque, quando se fala, por exemplo, em perspectiva educacional, e possibilidade, crença em acontecimentos considerados prováveis e bons. Falar em perspectivas é falar de esperança no futuro. Elas designam "expectativas" e anseios que podem ser captados, capturados, sistematizados e colocados em evidência. Algumas perspectivas teóricas da educação que orientaram muitas práticas poderão desaparecer, e outras permanecerão em sua essência. Hoje, a sociedade e a educação parecem estar despertando para uma nova realidade, pois novos rumos indicam melhorias para os alunos que lutam incessantemente pelo progresso no processo de educação-aprendizagem. Se a vida política ditava a concepção de sociedade na Grécia e na Roma antigas, na Idade Média esse papel fica com a religião. A escola deixa de ser focada no ensino de habilidades políticas e passa a ter forte influência da Igreja Católica. Entre os conteúdos que eram ministrados, estavam latim e ensino religioso. No período medieval, a escola continua sendo para poucos. Enquanto as camadas mais altas da sociedade a acessam, grande parte da população é analfabeta. No período da modernidade, o movimento iluminista, que sacudiu a Europa no século XVIII, combatia o teocentrismo e defendia que o homem deveria ser senhor de si mesmo e tomar decisões com base na razão. Um pensamento que, por sua vez, culminou na aprovação da Declaração dos Direitos do Homem e do Cidadão, feita pela França. Nas décadas seguintes, essa declaração influenciaria publicações similares em outros países da Europa e da América Latina. Com direitos adquiridos, as populações de diversas camadas da sociedade ganham status de cidadãs e passam a ter acesso à escola. O conhecimento começa, então, a se democratizar. A Revolução Industrial teve também seu papel na história da educação, favorecendo sua expansão (1820-1840), marcada pela mudança da produção artesanal para a de máquina. Como as fábricas precisavam de mão de obra qualificada, ampliar a oferta de escolas para as classes mais baixas ia ao encontro dessa necessidade. A configuração mais tradicional de sala de aula que conhecemos hoje, com alunos enfileirados uns atrás dos outros, é um resquício dessa época, quando o formato de fábrica passou a ser replicado pelas instituições. Aí chega a Era Tecnológica, ou Era Digital, o período pós-era industrial, marcado pelos avanços tecnológicos, e começa a transformar a sociedade a partir da década de 1980. Como em todos os momentos históricos, podiam-se ver os reflexos do que a sociedade vivia chegando às escolas, e a tecnologia começou a transformar a educação. Esse reflexo nas escolas se deu por meio da Indústria 4.0, ou 4ª Revolução Industrial, intrínseca nos processos da alta tecnologia, e do surgimento de conceitos como computação em nuvem e internet das coisas. A Educação 4.0 traz essa realidade para dentro das escolas, passando a focar no processo de ensino e aprendizagem em habilidades requeridas pelo mercado dos dias atuais, entre elas, empreendedorismo, matemática, lógica e conhecimentos digitais. Os sistemas dentro das escolas também mudam, e diversos serviços e atividades começam a ser gerenciadas pela tecnologia. A história da educação remonta à história da humanidade, compreendendo a interpretação de todo o conjunto da ação transformadora do homem no tempo. No entanto, a educação, embora constitua elemento essencial e permanente da vida individual e social, não se construiu sempre da mesma forma; ao contrário, varia conforme as necessidades e aspirações de cada povo em sua época.

A educação no Brasil

A educação no Brasil, inicialmente, esteve sob responsabilidade dos jesuítas. Durante esse período, a ordem religiosa promoveu uma ação de catequizar os indígenas e educar os filhos dos colonos, com o intuito na formação de novos sacerdotes e da elite intelectual, além do controle da fé e da moral dos habitantes da nova terra, perdurando até a República. Com a saída dos jesuítas, Aranha (1996) ressalta que a elite colonial se preparou, nessa época, de modo predominantemente intelectual e universalista. Aumenta de forma considerável a distância que separa os letrados e a grande maioria da população analfabeta.

No período imperial, crescem as contradições sociais e políticas de um Brasil cuja economia é irregular, fragmentária e quase nunca com resultados satisfatórios. Na Primeira República, a educação sofre transformações que estão ligadas às necessidades de configuração social e econômica. Já na Segunda República, emergem projetos de renovação do ensino público, com a implantação do ideário escolanovista: os ginásios e os colégios vocacionais, o Colégio de Aplicação da Universidade de São Paulo, os pluricurriculares, o Grupo Experimental da Lapa etc. Adquirem importância as ideias de Paulo Freire, sendo que sua contribuição não se situa apenas no campo da educação de adultos. Para Freire (1996), ensinar não é transferir conhecimento, mas criar possibilidades para sua produção ou para a sua construção. Portanto, compreendemos que o princípio comunicativo da interação didática deve primar pelo diálogo entre professores e alunos no processo de ensino-aprendizagem.

Paulo Freire, Patrono da Educação Brasileira, defendia que a aprendizagem é um complemento da formação humana, e que ocorre na relação com o outro, no diálogo e na aproximação com o conhecimento do outro. Freire também acreditava que a educação é um processo de criação constante de conhecimento, e que há duas espécies gerais de educação: a dominadora e a libertadora. Desse modo, a prática docente na educação já revela as perspectivas subjacentes sobre o fazer pedagógico, bem como a abordagem didática que o professor prioriza na relação com os objetos de aprendizagem e com os alunos.

Segundo Wallon (1968), para construir uma pessoa ou sua aprendizagem, o aspecto afetivo é o foco principal, pois a atividade emocional é, ao mesmo tempo, social e biológica. A afetividade nasce dessa certeza de que o aluno aprende quando se sente valorizado, acolhido e respeitado. O que o professor pode fazer é incentivar o aluno, isto é, despertar sua atenção e seu interesse, orientando e canalizando as fontes motivacionais. Mas, quando o aluno recebe todo esse repertório motivacional e afetivo e mesmo assim não consegue alcançar seu objetivo, compreende-se que existe ali a dificuldade de aprendizagem que o impede de alcançar êxito.

Entendemos, a partir desse momento, que ali existe um conjunto de condições que podem estar dificultando a capacidade de o aluno aprender, afetando sua leitura, sua escrita, a matemática, fala ou compreensão. O processo de aprendizagem do homem é fundamental para o desenvolvimento dos grupos sociais e de suas respectivas sociedades, razão pela qual a aprendizagem das experiências passadas é essencial para a compreensão dos rumos tomados pela educação no presente.

O que se entende por aprendizagem?

Aprendizagem é um processo de mudança de comportamento que ocorre por meio da interação entre o meio ambiente e as estruturas mentais de uma pessoa. É um processo dinâmico e interativo, que permite a aquisição de conhecimentos e estratégias adaptativas, podendo ocorrer de diversas formas, como por meio da observação, do estudo, do raciocínio, dos hábitos e da convivência com outras pessoas. A educação como interatividade contempla tempos e espaços novos, diálogo com a problematização e produção própria dos educandos. Isso é fundamental, pois, nesse encontro, professor e alunos vão construindo novos modos de se praticar a educação. Nos seus bastidores, há participação, mediação e interatividade, porque há um novo ambiente de aprendizagem, remodelização dos papéis dos atores e coautores do processo, desarticulação de incertezas e novas formas de interação mediadas por orientação, condução e facilitação dos caminhos a seguir. De acordo com a nova ênfase da educação, centrada na aprendizagem, o professor é coautor do processo de aprendizagem dos alunos. Nesse enfoque, o conhecimento é construído e reconstruído continuamente. A educação e a aprendizagem são conceitos relacionados que estão interligados entre si e são importantes para o desenvolvimento humano: a primeira envolve produzir e participar de aulas, conquistar diplomas, adquirir e comprovar a aquisição de conhecimentos e habilidades; a segunda transforma informações e experiências em conhecimentos, habilidades, comportamentos e atitudes. A aprendizagem à luz da educação pode ser pensada a partir de diferentes perspectivas, como o desenvolvimento cognitivo, afetivo e social dos indivíduos, e a relação entre o ensino emancipador e a organização do trabalho pedagógico. Por isso, é importante que os métodos pedagógicos sejam inovadores, inclusivos e personalizados, permitindo a diversidade de estilos de aprendizagem, que pode ser dificultada pelas seguintes causas:

- Lentidão para concluir atividades.
- Dificuldade para focar.
- Falta de comunicação com a turma e os professores.
- Problemas para entender instruções e enunciados.
- Ansiedade.
- Agressividade.
- Irresponsabilidade.

Em alguns casos, é necessário o acompanhamento de um profissional. Normalmente, os alunos apresentam sintomas relacionados a problemas de atenção, ansiedade ou até mesmo inquietação. Isso gera desafios para aprender e absorver um novo conhecimento.

Na perspectiva futura da educação relacionada à aprendizagem está a neuromodulação, como uma ferramenta que deve estar cada vez mais integrada por meio da tecnologia para ajudar os alunos. Atualmente, alunos, professores e diretores ainda estão se adaptando ao auxílio dessas ferramentas. A promoção da saúde mental dos alunos deve ser uma prioridade nas redes educacionais. A neuromodulação é uma técnica que pode ser usada para melhorar o desempenho cognitivo dos alunos. Ela pode ser aplicada em casos de transtornos de aprendizagem, TDAH, TEA, apraxia de fala e atrasos motores de fala. A neuromodulação funciona estimulando as habilidades naturais do cérebro, o que permite treinar o seu funcionamento e melhorar o desempenho cognitivo. A técnica é baseada na neuroplasticidade, que é a capacidade das células nervosas de se adaptarem a estímulos. A neuromodulação não substitui outras formas de tratamento, como terapia da fala e terapia comportamental. Hoje, o **neurofeedback** é uma técnica não invasiva e indolor que ajuda a melhorar a compreensão e o controle dos processos cognitivos. Para aprendizagem, usamos os processos cognitivos básicos que são: percepção, atenção, memória. A neuromodulação ajuda no desenvolvimento cognitivo e no aperfeiçoamento dessas habilidades, que permitem criar autonomia em relação a diversas coisas, principalmente no campo em questão.

Aprendizagem e neuroplasticidade

A neuromodulação no ambiente educacional irá atuar na perspectiva do processo de novas conexões/neuroplasticidade, promovendo bem-estar e saúde mental aos alunos com dificuldades/transtornos de aprendizagem. Sabendo-se que agentes externos também são importantes, como exercícios, nutrição equilibrada, evitar agentes tóxicos, a neuromodulação atua facilitando esse processo de formação de novas conexões. Alunos desnutridos, sem acesso à qualidade de vida entre outras acessibilidades que devem ser garantidas pelo Estado, com certeza terão maior dificuldade. Por isso, a neuromodulação entra para fortalecer as novas conexões mediante a neuroplasticidade, melhorando a memória, a concentração e estimulando o crescimento de novas conexões neurais, de modo a manter o cérebro afiado e se permitir novas possibilidades.

Existem dois tipos de neuroplasticidade:

- **Neuroplasticidade estrutural:** o cérebro muda sua estrutura física ao aprender coisas novas. A atividade física do cérebro é o aprendizado uma vez traçados esses caminhos neuronais.
- **Neuroplasticidade funcional:** o cérebro move a função de uma área danificada para uma área não danificada. Isso significa que as células neuronais serão capazes de recuperar áreas cerebrais que foram lesionadas.

A neuromodulação capacita o sistema do cérebro dos alunos a (re)organizar os neurônios e os circuitos neurais, por meio de vivências e de aprendizagens. Nosso cérebro é feito de neurônios, de células nervosas, que se comunicam entre si por sinapses elétricas, com liberação de mediadores neuroquímicos. De acordo com os estímulos recebidos, pode haver um rearranjo dessas células. Isso quer dizer que, quanto mais utilizamos uma área do nosso cérebro, mais desenvolvida ela se tornará. A técnica da neuromodulação consiste em treinar o cérebro para normalizar esses padrões, a partir de estímulos na faixa de frequência desejada, como tentativa de potencializar o desempenho.

Ciência e aprendizagem: o que o neurofeedback revela sobre o cérebro do estudante

À medida que a educação avança, surgem novos desafios, exigindo abordagens mais personalizadas para aprimorar o desempenho cognitivo e emocional dos estudantes. Durante a infância e a adolescência, o cérebro passa por uma intensa remodelação, e essa plasticidade torna os jovens especialmente vulneráveis às influências externas. A educação inovadora nos dias atuais surge como resposta a essa nova realidade, propondo metodologias e abordagens que vão além dos modelos tradicionais de ensino, focando no desenvolvimento integral dos alunos e no uso de tecnologias para melhorar a experiência de aprendizagem. O neurofeedback é uma ferramenta que oferece vários benefícios para estudantes em fase escolar.

Ao melhorar a memória, a cognição, a regulação emocional e até o sono, essa técnica surge como uma alternativa benéfica para aqueles que buscam aprimorar o desempenho de forma não invasiva. Além disso, o neurofeedback proporciona treinamento cerebral personalizado, que atende às necessidades de cada estudante, promovendo um desenvolvimento mais equilibrado e eficiente. Para que isso aconteça, é importante que seja realizado o mapeamento cerebral, entendendo o perfil de cada pessoa e suas particularidades. Essa metodologia é uma decorrência da constatação de que o cérebro possui diversos padrões frequenciais, definidos pela dinâmica dos potenciais de ação dos neurônios das porções cerebrais escolhidas (Berger, 1929). O mapeamento cerebral permite personalizar o treinamento de acordo com as necessidades específicas de cada pessoa, auxiliando assim em seu processo de aprendizagem. Os ritmos de transferência refletem uma atividade sincronizada de grupos de neurônios, desempenhando papel fundamental na cooperação da atividade neural dentro e entre diferentes regiões específicas. As seções de treinamento irão permitir o desenvolvimento do autocontrole da atividade elétrica cerebral, a qual constituía uma função fisiológica inconsciente, aumentando a frequência de ondas cerebrais desejadas e suprindo as indesejadas (Paludo, 2017). Esses ritmos funcionam como um mecanismo que facilita a integração e a comunicação entre áreas específicas do cérebro, essenciais para processos cognitivos e comportamentais. Existem diversas classes de ritmos operacionais, cada uma exibindo características de frequências, que estão associadas a diferentes estados funcionais e comportamentais. Dessa forma, os ritmos operacionais apresentam uma organização funcional importante para a modulação de respostas comportamentais e cognitivas específicas.

Como exemplo, podemos mostrar o caso de um estudante de 12 anos, sexo masculino, que após realizar avaliação neuropsicopedagógica iniciou acompanhamento para dificuldades de aprendizagem devida a fatores emocionais, com sintomas de insegurança, desatenção, sonolência e medo constante.

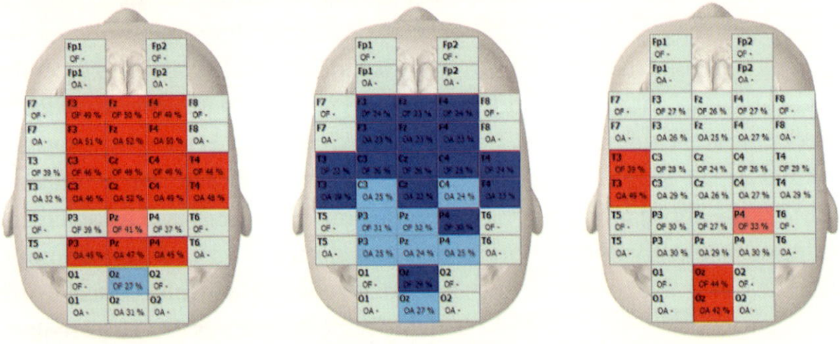

Frequências baixas **Frequências médias** **Frequências altas**

Figura 1: Mapeamento antes dos protocolos de treinamento. Visão geral das amplitudes.

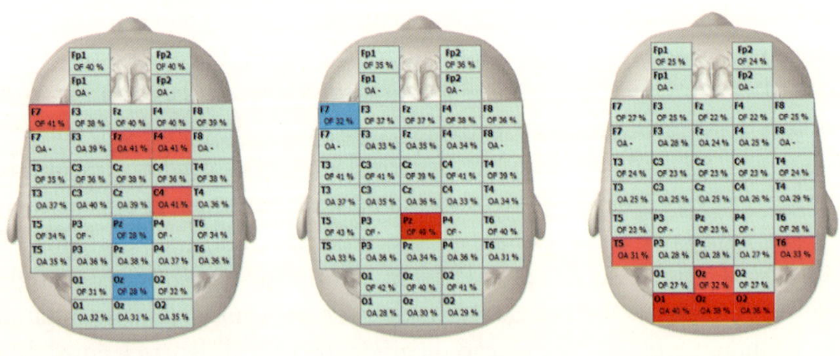

Frequências baixas **Frequências médias** **Frequências altas**

Figura 2: Mapeamento após 30 sessões de treinamento. Visão geral das amplitudes.

É possível observar no primeiro mapeamento realizado um excesso de frequências baixas, podendo sinalizar possíveis causas de comportamentos em que o paciente se queixava, como desatenção, problemas com aprendizagem (leitura e escrita pontualmente), sonolência e dificuldades para se concentrar. Após 30 sessões de neurofeedback, combinando estímulos visuais e auditivos cuidadosamente planejados, os resultados chegaram a se revelar de forma surpreendente. As mudanças não foram apenas no mapeamento, mas principalmente no comportamento diário. Episódios de ansiedade que antes eram inevitáveis diminuíram gradativamente. A insegurança, antes tão presente, deu lugar a uma confiança renovada, enquanto o sono finalmente encontrou seu equilíbrio. No campo da aprendizagem, os avanços foram igualmente notáveis. A capacidade de raciocínio lógico e a compreensão de textos começaram a se alinhar. O progresso não foi somente mais constante, mas também duradouro, trazendo uma sensação crescente de realização pessoal. Cada nova conquista intelectual também alimentou sua autoestima, criando um ciclo virtuoso de confiança e motivação. Essas transformações mostram o quanto o neurofeedback pode realmente modificar as peças cerebrais fundamentais para a aprendizagem, sendo um grande aliado no combate a suas dificuldades. A educação pode ser grandemente beneficiada mediante novas perspectivas tecnológicas, sendo o neurofeedback um excelente aliado nessa jornada.

Referências

ARANHA, M. L. A. *História da educação*. 2. ed. rev. e atual. São Paulo: Moderna, 1996.

AMERICAN PSYCHIATRIC ASSOCIATION. *DSM-5*: Manual diagnóstico e estatístico de transtornos mentais. Tradução: Maria Inês Corrêa Nascimento. 5. ed. Porto Alegre: Artmed, 2014.

BERGER, H. Über das elektrenkephalogramm des menschen. *European Archives of Psychiatry and Clinical Neuroscience*, p. 527-570, 1929.

BLOCH, M. *Apologia da história ou o ofício do historiador*. Rio de Janeiro: Jorge Zahar, 2001.

BORGES, V. P. *O que é história*. 3. ed. São Paulo: Brasiliense, 1981 (Coleção Primeiros Passos).

CARDOSO, C. F. *Uma introdução à história*. 6. ed. São Paulo: Brasiliense, 1986.

EFFGEM, V.; CANAL, C. P.; MISSAWA, D. D.; ROSSETTI, C. B. A visão de profissionais de saúde acerca do TDAH-Processo diagnóstico e práticas de tratamento. *Construção Psicopedagógica*, v. 25, n. 26, p. 34-45, 2017.

FRANCO, M. J. Dificuldade de aprendizagem: um diálogo sobre a contribuição do neurofeedback no atendimento do TDAH. *Revista GepesVida*, v. 8, n. 18, 2022.

FREIRE, P. *Pedagogia da autonomia*: saberes necessários à prática educativa. São Paulo: Paz e Terra, 2002.

FREIRE, P. *Pedagogia da esperança*: um reencontro com a pedagogia do oprimido. Rio de Janeiro: Paz e Terra, 1992.

FREIRE, P. *Pedagogia do oprimido*. Rio de Janeiro: Paz e Terra, 2005.

HAIDT, R. C. C. *Curso de didática geral*. São Paulo: Ática, 2006.

IZQUIERDO, I. *A arte de esquecer*: cérebro, memória e esquecimento. Rio de Janeiro: Vieira & Lent, 2004.

KANDEL, E. R. *Princípios de neurociências*. 5. ed. Porto Alegre: AMGH, 2014.

LENT, R. *Cem bilhões de neurônios?* Conceitos fundamentais de neurociência. 2. ed. Rio de Janeiro: Atheneu. 2010.

LUZIRIAGA, L. *História da educação e da pedagogia*. 16. ed. São Paulo: Nacional, 1985.

NÓVOA, A. Prefácio. *In*: MONARCHA, C. (org.) *História da educação brasileira*: formação do campo. Ijuí: Unijuí, 1999.

PALUDO, M. R. *O uso do neurofeedback como uma ferramenta de reabilitação no déficit de atenção e/ou hiperatividade (TDAH) de crianças*. 2017. Trabalho de Conclusão de Curso (Especialização em Neuropsicologia) – UFRGS. Porto Alegre, 2017.

PLATÃO. *A República*. São Paulo: Martin Claret, 2002.

REZENDE, B. R. *Transformando em ouro*. Rio de Janeiro: Sextante, 2006.

TELES, M. L. S. *Aprender psicologia*. 3. ed. São Paulo: Brasiliense, 2003.

SOLANO, G. C. Estudo psicofisiológico do desempenho da técnica de neurofeedback nos processos atencionais. Tese de Doutorado, Universidade Metodista de São Paulo. 2021.

WALLON, H. *A evolução psicológica da criança*. Trad. Ana Maria Bessa. Lisboa: Edições 70, 1968.